Geschichte Ostfrieslands

Carl-Heinz Dirks

Geschichte Ostfrieslands

Von der Freiheit der Friesen bis zu Deutschlands witzigstem Otto

Ellert & Richter Verlag

Inhalt

Sich Ostfriesland nähern

„Geschichte war für die älteren Forscher meistens eine Fundgrube voller anmutiger Kuriositäten. Sie haben die Korinthen aus dem Brot gepickt und dabei leider vergessen, uns über Teig, Brot und Kruste und über den Platz der Korinthen im Ganzen zu unterrichten."
B. Jan van den Broek, zitiert nach Bernd Kappelhoff

Üblicherweise nähert sich der Tourist entweder von Süden oder von Osten: Von Süden kommend auf der Autobahn 31 von Oberhausen – da sind es 249 angenehme Kilometer auf ziemlich freier Strecke, also knapp zweieinhalb Stunden – oder über die A 28 aus Bremen, dann steht bei Delmenhorst das schöne Schild „Emden 111 km".

Wenn wir aus Deutschland zurückkommen, geschieht dies meist gegen Ende des Tages, wenn der ostfriesische Abendhimmel in den schönsten Sonnenuntergangsfarben leuchtet.

Man kann sich natürlich auch von Westen nähern, aus den Niederlanden. Oder sogar aus Wilhelmshaven …

Ganz egal. Interessant ist die Tatsache, dass wir – ob über Jever, Weener, Papenburg oder Remels anreisend – immer wieder Trassen folgen, die bereits in der Bronzezeit auf ziemlich genau der gleichen Strecke verliefen: auf den Geestrücken, auf denen die alten Friesen einst die riesigen Moore überwanden.

Dazu an anderer Stelle mehr.

Die Sieben ist eine bevorzugte Zahl bei den Friesen: So gibt es sieben Ostfriesische Inseln, sieben Friesische Seelande, die sich jährlich zu Pfingsten am Upstalsboom trafen (dazu das Hinweisschild an der Autobahn „Friesische Freiheit"), und es gab im Mittelalter auch sieben Friesische Heerstraßen.

Ich zitiere aus den Siebzehn Küren, den Gesetzestexten, die auf die Zeit Karls des Großen zurückgehen.

„Viele Fragen, die heutige Historiker stellen,
sind ihren Vorgängern gar nicht in den Sinn gekommen
oder sie haben sie für unwichtig bzw. uninteressant gehalten,
andere haben sie im Licht ihrer jeweiligen Gegenwart
nur unzureichend oder falsch beantwortet."
Bernd Kappelhoff

Soweit es mir möglich war, habe ich versucht,
sowohl eine unterhaltsame (Korinthen!) als auch
möglichst zutreffende Geschichte Ostfrieslands (Schwarzbrot!)
zu verfassen.
Carl-Heinz Dirks

Es folgt der friesische Text – hier in hochdeutscher Sprache:

„... sieben Straßen, frei und fahrbar, auf denen man in die sächsischen Gebiete nach Süden ziehen kann, drei zu Lande und vier zu Wasser. Der Wasserstraßen östlichste ist die Elbe, die andere ist die Weser, die dritte die Ems, die vierte ist der Rhein.

Die östlichste Landstraße führt landeinwärts nach Hamburg und seewärts nach Jever, die mittlere landeinwärts nach Münster und seewärts nach Emden, die dritte führt landeinwärts nach Coevorden und seewärts nach Stavoren."

Erstaunlich raumgreifend, fürwahr!

Wir werden uns an geeigneter Stelle mit dem engeren ostfriesischen Bereich beschäftigen ...

Von der Doggerbank zur Kachelotplate

In der Weichsel-Eiszeit waren, wie in allen Eiszeiten, große Wassermengen in den gigantischen Gletschern gebunden. Daher lag der Meeresspiegel vor gut 10.000 Jahren etwa 60 Meter unter dem heutigen Normalnull und die Küstenlinie verlief nördlich der heutigen Doggerbank. Die gesamte südliche Nordsee war Festland, was durch Untersuchungen des Torfvorkommens nachgewiesen werden konnte. Die Britischen Inseln und das europäische Festland waren noch miteinander verbunden. Ihre heutigen Umrisse erhielt die Nordsee erst im frühen Holozän, also vor etwa 8000 Jahren. Auch der jetzige Zustand ist nur ein Übergangsstadium in der dynamischen Entwicklung der Nordsee, deren Anstieg des Meeresspiegels über die letzten 7500 Jahre bei etwa 33 Zentimetern pro Jahrhundert liegt. Im 20. Jahrhundert stieg das Wasser um etwa 19 Zentimeter an.

Vor etwa 7000 Jahren bildete sich der Ärmelkanal und trennte die Britischen Inseln vom Festland, was zur Entstehung des Wattenmeers führte. In der darauffolgenden Zeit wechselten sich Phasen stärkeren Wasseranstiegs mit solchen einer Wassersenkung ab. Vor etwa 5000 Jahren lag der Meeresspiegel an der südlichen Nordseeküste etwa vier Meter unter dem heutigen Niveau, zu Beginn unserer Zeitrechnung waren es noch knapp zwei Meter, um dann in mehreren Schüben langsamer weiter anzusteigen. Das Vordringen der See („Transgression") dauert mit Unterbrechungen – zum Beispiel durch die „Kleine Eiszeit", einer Kälteperiode vom Ende des 14. bis Mitte des 19. Jahrhunderts, bis heute an.

Nach der Weichsel-Eiszeit verschob sich die Küstenlinie in rasantem Tempo pro Jahr um 267 Meter landeinwärts. Als diese Dynamik gebrochen war, bildeten sich solide Küstenbarrieren. In einem Zeitraum von circa 5000 Jahren nahm die Sedimentzufuhr an der niederländischen Westküste so stark zu, dass sich die Strandwälle zu einer durchgehenden Küstenbarriere schließen konnten. Die heutigen Barriereeinseln des Wattenmeers sind vergleichsweise junge Gebilde. Die Existenz Langeoogs ist auf frühestens 1000 v. Chr. zurückdatierbar; die ältesten Salzmarschablagerungen auf Juist lassen auf eine Entstehung um Christi Geburt schließen.

Man geht heute davon aus, dass die Barriereeinseln der Nordsee entstanden sind, weil der Meeresspiegelanstieg sich am Ende des Atlantikums (vor 4000 Jahren) erheblich verlangsamte und die Sedimentation stark zunahm, sodass die Sandbänke über das Meeresniveau anwuchsen.

Eine solche Entwicklung können wir exemplarisch an der Insel Memmert verfolgen: Sie wurde 1650 n. Chr. zum ersten Mal als Sandbank erwähnt, „die nicht mehr bei einer gemeinen Flut unterläuft und stellenweise Bewuchs trägt". Bis in die 1950er Jahre wurde die Insel umgangssprachlich „Memmertsand" genannt, was ausdrücken sollte, dass es sich um eine Sandbank handelte.

Der von der Nachbarinsel Juist stammende Lehrer Otto Leege (1862–1951) gilt als „Vater" der Vogelinsel Memmert. 1888 betrat er dieses Eiland zum ersten Mal. Zu dieser Zeit wurden dort Vogeljagden großen Ausmaßes unternommen, die dazu führten, dass Leege 1906 beim Besuch der Insel praktisch keinen unversehrten Vogel mehr auffinden konnte. Das gab den Anstoß zu einer Initiative, wonach Memmert 1907 zu einer Vogelkolonie erklärt wurde. Leeges Sohn Otto war 1921 der erste Vogelwart, der dauerhaft die Insel bewohnte. Bis heute lebt dort ein meist einsamer Vogelwart, während für alle anderen gilt: Betreten verboten!

Nordwestlich von Memmert entsteht vor unseren Augen eine neue Insel: die Kachelotplate. Noch wird diese Sandbank häufig überspült, aber die Nordsee bringt ständig neuen Sand heran. Dass es eine Insel wird, steht schon fest.

Die Erwärmung der Ozeane durch die menschengemachte CO_2-Belastung der Atmosphäre und die damit einhergehenden immer höheren Lufttemperaturen führen zum Abschmelzen von Gletschern und Eisschilden, deren Wassermengen den Wasserspiegel der Ozeane dramatisch ansteigen lassen.

Vor etwa 6000 Jahren pendelte sich der Meeresspiegel auf ein nahezu gleichbleibendes Niveau ein. In Abhängigkeit von den relativ geringfügigen Schwankungen des globalen Klimas sowie aufgrund von nacheiszeitlichen Landhebungen oder -senkungen minimierten sich die Veränderungen des Meeresspiegels auf einen Anstieg im Dezimeterbereich.

Seit dem Beginn der Industrialisierung und damit auch der menschlich verursachten globalen Erwärmung hat sich das Tempo des Meeresspiegelanstiegs deutlich erhöht. Im gesamten 18. Jahrhundert nahm er nur um zwei Zentimeter zu, im 19. Jahrhundert um sechs und im 20. Jahrhundert bereits um 19 Zentimeter.

Falls sich der für die Zeitspanne von 1993 bis 2016 ermittelte Anstieg als Ergebnis von Wärmeausdehnung und Eisschmelze nur linear fortsetzt, würde der Meeresspiegel bis zum Jahr 2100 um weitere 28 Zentimeter ansteigen. Manche Studien befürchten sogar einen Anstieg um 65 ± 12 Zentimeter.

Für die Zukunft Ostfrieslands nicht so günstig!

Zeitabläufe:

Die letzte große Eiszeit, die Weichsel-Kaltzeit, endet vor 10.000 Jahren. Danach folgt geologisch gesehen das Holozän und klimatisch betrachtet eine Warmzeit, die ihr Optimum im Atlantikum hat (2–3 Grad wärmer als heute). Im Atlantikum (8000 bis 4000 v. Chr.) liegt auch historisch gesehen der Übergang von der Alt- zur Jungsteinzeit. Neben Jäger- und Fischergruppen entwickelt sich jetzt auch eine sesshafte bäuerliche Bevölkerung.

Von Westen aus gesehen: Die Sände, aus denen die Kachelotplate, ein Hochsand, der bereits 1840 in eine Landkarte der Region eingezeichnet wurde, entsteht. Der Name leitet sich aus dem französischen Wort „cachalot“ für Pottwal ab. Seit 2006 haben sich am Ostende der Plate Seehunde und auch Kegelrobben niedergelassen. Rechts dahinter die grüne Vogelinsel Memmert, daneben Juist, ganz hinten im Dunst Norderney.

Ein ausgesprochen flaches Land

Auf den ersten Blick ist Ostfriesland vor allem eins: flach. Es gibt dort keine Berge und nur wenige besonders auffällige Höhenunterschiede. Der Ostfriese sieht das ein bisschen anders. Für ihn ist jede noch so kleine Erhöhung ein Berg. Dabei handelt es sich dann aber nur um natürliche Sandhügel oder -dünen oder um prähistorische Grabhügel.

Die höchste natürliche Erhebung Ostfrieslands ist die Walter-Großmann-Düne auf der Insel Norderney, die auf 24,4 Meter über Normalhöhennull kommt. Diese würde aber kein Ostfriese jemals als Berg bezeichnen, sondern eben schlichtweg als das, was sie ist: eine Düne.

Berge gibt es nahe Aurich im Sandhorster Wald. Diese „Eierberge", eine Sanddünenlandschaft, sind Überreste aus der vorletzten Eiszeit. Mit einer Höhe von immerhin

Die Walter-Großmann-Düne auf der Ostfriesischen Insel Norderney ist mit 24,4 m über NN. der höchste geografische Punkt Ostfrieslands. Ihr Name geht auf den Wissenschaftler Walter Hans Gustav Großmann (1897–1980) zurück, der sich als „Geodät" mit der Vermessung und Abbildung der Erde einen Namen gemacht hat. Dünenketten schützen die Insel vor den Gewalten der Nordsee, deshalb sollen nur die ausgewiesenen Wege betreten werden. Mit großem Aufwand werden die Dünen mit Strandhafer bepflanzt und befestigt.

12,5 Metern. Der „Kugelberg“ im Naturschutzgebiet Hollsand in der Gemeinde Uplengen (20 Kilometer nordöstlich von Leer) bringt es auf die stattliche Höhe von 18,6 Metern. Manchmal soll auf den Gipfeln sogar Schnee liegen.

Am Rande der Stadt Leer liegt der sagenumwobene Plytenberg, neun Meter hoch! Die Vermutung, es könnte sich hierbei um einen Aussichtsposten handeln, von dem aus die Ems überwacht wurde, könnte zutreffen. Vielleicht war es aber auch

Südöstlich des Dorfes Freepsum befindet sich das Freepsumer Meer, ein inzwischen trockengelegter, ehemaliger Binnensee. Lange Zeit galt die Senke mit 2,5 m unter NN als der tiefstgelegene Punkt Deutschlands. Inzwischen beansprucht die Gemeinde Neuendorf-Sachsenbande in der Wilstermarsch in Schleswig-Holstein mit amtlich vermessenen 3,5 m unter NN diese Rekordmarke. Die weißen Schilder verweisen auf andere hoch- oder tiefgelegene Orte in der Bundesrepublik.

das Grab eines Wikingerfürsten, der dort mit seinem Schiff bestattet wurde.

Einheimische wie der Dichter Albrecht Janssen (1886–1972) und der Buchhändler, Verleger und Heimatforscher Theo Schuster (1931-2016) wussten aber, dass in dem Berg die zwergenhaften Eerdmanntjes wohnten, die den an diesem Ort versteckten Schatz des Friesenkönigs Radbod bewachten. Es ist allerdings wohl so, dass die Eerdmanntjes vor Jahren von missgünstigen Einwohnern vertrieben wurden.

Eine künstliche Erhebung mit rätselhaften Begleitumständen existiert zweifelsohne in Marcardsmoor. Diese Moorkolonie wurde im späten 19. Jahrhundert gegründet. Bevor die Kolonie offiziell errichtet wurde, hatten die Behörden in Aurich und Hannover bereits den Bau von Kirche, Pfarrhaus, Schule und

Das Naturschutzgebiet Neuenburger Holz liegt zwischen Zetel, Bockhorn und Neuenburg. Es steht als überwiegend historisch altes Waldgebiet auf der Friesischen Wehde, einem flachen Geestrücken als Teil der Ostfriesisch-Oldenburgischen Geest, unter Schutz. Das Waldgebiet ist von zahlreichen Bachläufen durchzogen.

Gemeindehaus eingeplant. 1907 waren die Bauarbeiten abgeschlossen, sodass die Kirche ohne Turm am 10. Februar eingeweiht wurde. Weil der Dachreiter sich als zu instabil für die Glocken erwies, wurde ein freistehender Glockenturm etwa 250 Meter von der Kirche entfernt auf der höchsten Erhebung von Marcardsmoor, 19,6 Meter über Normalhöhennull (NHN) errichtet. Die tiefste Stelle Ostfrieslands hingegen befindet sich in der Krummhörn. Das Freepsumer Meer, ein trockengelegter ehemaliger Binnensee, galt mit 2,5 Metern unter NHN lange Zeit als der tiefstgelegene Ort Deutschlands. *Dass* Ostfriesland sehr flach ist: wohl keine überraschende Neuigkeit. Interessanter wäre es, zu erfahren, *warum* Ostfriesland so flach ist. Selbstverständlich spielen auch hier die Eiszeiten wieder eine bedeutende Rolle, aber nicht nur!

Geest, Marsch, Moor und die Inseln

Die Marsch und die Geest sind durch die Eiszeit oder das Meer entstanden und prägen das Landschaftsbild Ostfrieslands maßgeblich. Sie liegen teilweise unter dem Meeresspiegel.

Der Name **Geest** leitet sich von dem friesischen Wort „güst“ ab, was so viel bedeutet wie „unfruchtbar“ oder „karg“, weil die Böden der Geest sehr nährstoffarm sind.

Die Hohe Geest besteht aus den Grundmoränen der vorletzten, der Saale-Eiszeit. Obwohl Ostfriesland in der letzten, der Weichsel-Eiszeit, eisfrei blieb, veränderte sich sein Relief. Das Auftauen des Permafrostbodens verursachte eine Abtragung der Erdoberfläche an Hängen, die zu einer langsamen, großflächigen Fließbewegung von lockerem Gestein führt und durch den Wechsel von Frost und Auftauen entsteht. Außerdem trug Wind-Erosion dazu bei, dass das Relief weiter eingeebnet wurde.

Kennzeichen für viele Geestlandschaften sind die „Knicks“ (Baum- und Strauchhecken, die als Zäune angelegt wurden). Die Inseln Juist und Langeoog bestehen in ihrem Kern aus dem Sand der Eiszeit.

Neben diesem Sand brachten die Gletscher auch Gestein jeglicher Größenordnung mit, welches im steinarmen Ostfriesland in heidnischen Zeiten für Großgräber verwandt wurde. Diese wurden später häufig zerstört, um sie als Rohstoffe für den Kirchenbau zu verwenden.

Alle älteren Städte Ostfrieslands wurden übrigens auf Geestzungen

erbaut – mit einer Ausnahme: Emden. Wie in Amsterdam stehen hier die Häuser auf Pfählen, die bis auf den festen Grund in die weiche Erde gerammt wurden.

Die **Marsch** ist eine geologisch gesehen sehr junge Landschaft, welche vor ungefähr 6000 Jahren nicht wie die Geest, sondern durch die Nordsee entstanden ist. Durch den Meeresspiegelanstieg nach der letzten Eiszeit kam es zu einer Überflutung des Landes, die bis zum heutigen Geestrand reichte. Der Meeresspiegel stieg weiter an und so wurden Schlick als auch Tier- und Pflanzenreste vom Meer herangetragen, die sich kontinuierlich dort ablagerten. Anschließend sank der Meeresspiegel wieder ab und gab die Marsch und das

Mühlen wie diese „Holländerwindmühle“ bei Dornumersiel sind in Ostfriesland wieder in größerer Zahl zu finden, nachdem sie jahrzehntelang langsam verfielen. Diese Mühle hat keine Windrose, die die Flügel in den Wind dreht, sondern einen „Steert“ (lange Balken).

Wattenmeer frei. Es entstanden das höher gelegene, küstennahe Marschenhochland, welches von Sturmfluten bis anderthalb Meter über NHN aufgeschlickt wurde, und das flachere Marschensietland, welches durch Entwässerung und Verdichtung bereits wieder gesackt ist und dadurch teilweise unter dem Meeresspiegel liegt, weshalb Deiche und Entwässerungssysteme errichtet wurden.

Die Marsch bildete sich nicht nur direkt an der Küste, sondern auch an Flussufern wie an der Ems, der Harle, der Jade.

Sie ist eine sehr fruchtbare und nährstoffreiche Landschaft, sichtbar noch heute an den großen Gulfhöfen überall im Lande. Hier wohnten einst Bauern, die sich wie Fürsten fühlten und sich oftmals auch so verhielten.

Das **Moor** wächst im Jahr um circa einen Millimeter. Unsere Moore von etwa drei Metern Stärke haben also 3000 Jahre gebraucht, um ihre heutige Gestalt zu erreichen.

Es gab und gibt noch ältere Moore, die schon in den Eiszeiten entstanden sind und nach und nach vom Wasser bedeckt wurden. Die meisten Moorlandschaften bildeten sich nach der letzten Eiszeit und sind durch einen ständigen Wasserüberschuss aus Niederschlägen und mineralhaltigem Bodenwasser gekennzeichnet. Sauerstoffmangel führt zu einem unvollständigen Abbau der pflanzlichen Überreste, die abgelagert werden, wodurch die Oberfläche von lebenden Mooren in die Höhe wächst. In den vergangenen Jahrhunderten wurden die Moore entwässert und urbanisiert (geglückte Beispiele hierfür sind die Fehnsiedlungen). Die Kanäle, die ursprünglich der Entwässerung dienten, wurden Schifffahrtsstraßen. Und als das Moor weitgehend abgebaut war, entstanden große Gärtnereien wie in Wiesmoor oder

Eine typische Moorlandschaft: Birken, Binsen und Reet. Und viel Wasser. Rund um das Ewige Meer, mit 91 Hektar der größte Hochmoorsee Deutschlands, steht das Moor unter Naturschutz. Viele andere Moore werden wieder vernässt.

Werften wie in Papenburg. Die meisten Moorlandschaften sind heute Kultur- und keine Naturlandschaften.

Natürlich ist der Torf viel zu schade, um als Blumenerde zu enden. Das wissen wir heute. Und das Moor ist viel zu wertvoll – als CO_2-Speicher erheblich wichtiger als der Wald!!

Entstehung der Inseln

Vor der niederländischen, der deutschen und der dänischen Küste, die ja mehr oder weniger eine friesische Küste ist, liegt heute eine typische Kette von **Düneninseln**, Halligen und unbewohnten Sandplaten. Die länglich geformten von West nach Ost aufgereihten Barriereinseln haben sich allein aus dem Kräftespiel von Strömung, Seegang und Wind gebildet. Aus vor 3000 Jahren noch häufiger überfluteten Sandplaten wurden Dünen tragende Inseln – und dieser Vorgang läuft direkt vor unseren Augen ab.

Bemerkenswert ist, dass es beiderseits der Elbmündung ein symmetrisch angeordnetes Muster von Strandwällen, Barriereinseln und Sandplaten gibt. Daran „schuld" sind Wellenenergie und Tidenhub.

In Küstenabschnitten mit weniger als einem Meter Tidenhub treten normalerweise langgestreckte schmale Strandwälle mit wenigen schmalen Durchlässen auf, so zum Beispiel an der niederländischen Küste von der Rheinmündung bis Alkmaar.

Spiegelverkehrt dazu existieren an der dänischen Küste nördlich von Blåvands Huk ganz ähnliche Strukturen.

Liegt der Tidenhub zwischen einem Meter bis dreieinhalb Metern, entstehen langgestreckte Barriereinseln wie Juist, Norderney, Baltrum, Langeoog, Spiekeroog und Wangerooge an der ostfriesischen Küste und die westfriesischen Inseln Vlieland, Terschelling, Ameland und Schiermonnikoog im Westen sowie Amrum und Sylt in Nordfriesland und Rømø und Fanø in Dänemark. Föhr und die Halligen waren früher einmal Teil des Festlandes. Im Schutz der Inseln liegt das Wattenmeer; zwischen ihnen verlaufen tiefe Rinnen, die Seegatten, die sich hinter den Inseln zu größeren und kleineren Prielen verzweigen. Hier läuft die Flut zweimal täglich ins Wattenmeer und zweimal täglich strömt das Wasser mit der Ebbe wieder hinaus.

Da die Flut von Westen kommt, trifft sie hinter jeder Insel erst bei zwei Dritteln der Insellänge auf den Flutstrom, der zunächst um die Ostspitze herum nach Westen fließt. So gibt es an dieser Stelle einen Stillstand des Wassers, der mitgeführte Sand sinkt zu Boden und es entsteht ein Wattenhoch. Diese flachste Stelle der Priele eignet sich hervorragend zum Wattwandern.

Bei Tidenhüben (= Ausmaß der gezeitenabhängigen Hebungen und Senkungen des Wasserstandes) von dreieinhalb bis fünf Metern entstehen offene Watten mit Sandplaten (Sandbänke). Das ist der Fall im Einflussbereich der Elbmündung, da die Deutsche Bucht dort flacher wird und sich gleichzeitig verengt. Dies führt zu einer Trichterwirkung und höher auflaufenden Fluten besonders bei Sturm aus Nordwest.

Wie Perlen an der Schnur liegen die sieben ostfriesischen Inseln aufgereiht in der Sonne. Der Merkspruch für ihre Namen – von Ost nach West: Welcher Seemann liegt bei Nacht im Bett? Wangeooge, Spiekeroog, Langeoog, Baltrum, Norderney, Juist, Borkum. Dazu kommen die „verbotenen Inseln“ Mellum und Minsener Oog, Memmert, die Kachelotplate (rechts) und Lüttje Hörn (östlich von Borkum).

Besonders dramatisch lief die Flut im Februar 1962 auf, als in Hamburg und an der Unterelbe einige Deiche brachen und 315 Menschen den Tod fanden.

Wir haben *Borkum* noch nicht genannt, aber keineswegs vergessen. Diese Insel entstand so: Am Rand des Flachwasserbereichs des Wattenmeers lagerten sich durch den Gezeitenstrom und bei Ebbe durch den Einfluss von Wind, Sand und Schlick Erhebungen der ursprünglichen Geestlandschaft ab. So entstand zunächst eine hochwasserfreie Plate, auf der sich erste Dünenketten bildeten. Ihre ungewöhnliche Hufeisenform verdankt Borkum seiner Position zwischen den beiden Mündungsarmen der Ems mit ihren Sand an- und abtransportierenden Kräften.

Übrigens gab es vor 300 Jahren in der Emsmündung noch die Insel Bant, eine Hallig, also ein Festlandrest. Sie wurde durch Salztorfgewinnung abgetragen – frühe Umweltzerstörung! – , war aber um 1750 noch in Karten eingetragen.

Welcher Seemann Liegt Bei Nacht jm Bett?

Was für eine Frage ... Ein Seemann liegt nicht im Bett, sondern in der Koje. (Eventuell auch in der Hängematte.)

Und doch ist dieser Spruch sehr nützlich, um sich die Reihenfolge der ostfriesischen Inseln zu merken, allerdings von Ost nach West.

Wir fangen an mit **Wangerooge**, geografisch eine Ostfriesische Insel,

politisch aber zu Oldenburg gehörig. Deshalb heißt die Insel auch durch Erlass des Großherzogs seit 1885 „Wangerooge" mit einem e am Ende. Hier spürt man bis heute noch ein wenig, dass der oldenburgische Adel und das städtische Großbürgertum die Insel schätzten. Am 25. April 1945 kam es zum Luftangriff auf Wangerooge durch 482 alliierte Bomber. In nur etwa fünfzehn Minuten fielen 6000 Sprengbomben, die eine Kraterlandschaft hinterließen und etwa 300 Menschenleben forderten.

Wangerooge erreicht man mit der Fähre von Harlesiel aus in einer Dreiviertelstunde Fahrt durch das Weltnaturerbe Wattenmeer, die Inselbahn bringt die Besucher dann in den Ort, der direkt am Strand liegt. Im Dorf steht der Leuchtturm, der jetzt auch ein schönes Ambiente zum Heiraten bietet. Ganz im Westen der Insel befindet sich der alte Leuchtturm, der früher einmal der Ostturm war – die Insel ist unter ihm hindurch gewandert.

Zwischen Wangerooge und **Spiekeroog** verlief die „Goldene

Der erste Dampfzug der Wangerooger Inselbahn fährt 1897. Für die 3,5 Kilometer lange Strecke brauchte ein Zug etwa 20 Minuten. Diese Zeiten sind auch heute noch gültig.

Ein einsames Haus auf Spiekeroog, dem „Dornröschen der Nordsee". Passend dazu ein typisches Gewächs der Insel, ein Büschel Wilde Rosen – auch Kamtschatka-, Japan- oder Apfelrose genannt.

Linie", eine sorgfältig vermessene Grenze zwischen Oldenburg und Ostfriesland. Ihren Lebensunterhalt erwarben die Spiekerooger wie alle Insulaner zunächst durch Landwirtschaft, Fischfang sowie das Herstellen von Muschelkalk. In der Folgezeit gewannen der Walfang sowie die Schifffahrt zunehmend an Bedeutung. Während der von Napoleon gegen die Engländer verhängten Kontinentalsperre (1806–1813) brachte nur noch der risikoreiche Schmuggel mit dem englischen Helgoland Einkünfte, was zu einer großen Armut führte. Seit Spiekeroog ab 1820 von Feriengästen aufgesucht wird, hat sich die finanzielle Situation seiner Bewohner verbessert. Beim Untergang der Bark *Johanne* am 6. November 1854 vor dem Spiekerooger Strand konnten die Insulaner mangels geeigneter Rettungsboote den mehr als 270 Passagieren und Besatzungsmitgliedern nicht beistehen. 80 Tote wurden auf dem Drinkeldodenkarkhoff (Friedhof der Ertrunkenen) beerdigt. Von den übrigen Menschen, die an Bord gewesen waren, verlor sich jede Spur.

Das Dorf Spiekeroog ist eine grüne Oase, viele alte Bäume und gepflegte Inselhäuschen, das alte Inselkirchlein, die Pferdebahn lassen einen die Zeit vergessen. Die Insel Spiekeroog gehört zu den wenigen Gegenden Deutschlands, die noch einen eindrucksvollen Sternenhimmel bieten können, der kaum von künstlichen Lichtern verschleiert wird. Darum wurde Spiekeroog nun von der International Dark Sky Association (IDA) offiziell als Sterneninsel anerkannt. Spiekeroog erreicht man von **Neuharlingersiel** aus, für die sechs Kilometer lange Fahrt braucht die Fähre eine Dreiviertelstunde. Der Fahrplan ist tideabhängig.

In Neuharlingersiel ist eine große Zahl von Baudenkmälern erhalten geblieben, so die Seriemer Mühle. Zu den weiteren Sehenswürdigkeiten gehört das Traditionsschiff *Lulu Meinders*, ein ehemaliger Fischkutter mit Baujahr 1963, das seit Mai 2010 seinen Liegeplatz in Neuharlingersiel hat.

Das Buddelschiffmuseum stellt über 100 Buddelschiffe in 0,7- bis 60-Liter-Flaschen mit originalgetreuen Schiffsmodellen aus der Zeit von 200 v. Chr. bis zum modernen Atom-U-Boot aus. Zu sehen sind unter anderem das Flaggschiff von Admiral Nelson, die Victory, und der Untergang der Titanic (1912). Die Ausstellung wird um Bauzeichnungen, Fotos und Kapitänsbilder ergänzt. Außerdem gibt es jährlich wechselnde Sonderausstellungen zum Thema Fischerei und Hochseeschifffahrt

Westlich von Spiekeroog liegt **Langeoog**. Wie der Name schon sagt: eine lange Insel, wenngleich nicht die längste, das ist Juist. Zur Zeit der Kreuzzüge (im 13. Jahrhundert) war Langeoog mit Sicherheit besiedelt, denn das Ostfriesische Urkundenbuch verzeichnet einen Mord im früheren Inselhafen. Im Jahr 1830 begann mit dem ersten Badegast, dem Amtsrichter Vangerow aus Aurich, die touristische Entwicklung der Insel.

Wilde Dünenlandschaften und ein vierzehn Kilometer langer Sandstrand – Langeoog ist eine wunderbar naturnahe Nordseeinsel. Ihr Wahrzeichen ist der 1909 erbaute Wasser-

Als Wahrzeichen von Langeoog und auch als Orientierungshilfe von See kommend dient der Wasserturm hoch in den Dünen. Er wurde auf den über zehn Meter hohen Kaap-Dünen errichtet und ist über einen Treppenweg zu erreichen. Die Aussichtsplattform des 18 Meter hohen Turms befindet sich auf einer Höhe von 23 Metern über NN.

turm – einen Leuchtturm besitzt die Insel nicht. Mit etwas Glück kann man Seehunde auf ihren Liegeplätzen beobachten, ebenso wie riesige Schwärme von Wasservögeln. Langeoog ist eine sehr kinderfreundliche Insel. Ein flacher Strand direkt am Ort, ein großes Spielhaus, Minigolf, Ponyreiten und ein Jugendhaus am Meer bieten viel Urlaub für Eltern und Kinder. Ein beliebtes Ausflugsziel ist darüber hinaus die Meierei im Osten der Insel. Langeoog erreicht man von Bensersiel aus regelmäßig mit einer Fahrtzeit von einer guten halben Stunde und einer kurzen Bahnfahrt. Autos dürfen auf Langeoog nicht verkehren. Bensersiel ist vier Kilometer von Esens entfernt und besitzt mit zwölf Kilometern den längsten Sandstrand an der niedersächsischen Küste. Bei Kindern sehr beliebt.

Es folgt die kleinste Insel, **Baltrum**. Der Name verführt zu der Annahme, dass sie so heißt, weil man „bald rum" ist um die Insel. Durch die antiken Schriftsteller Strabon und Plinius gab es bereits im 1. Jahrhundert nach Christus Hinweise auf die Existenz der Insel, aber dann schweigen die Quellen über lange Zeit.

Zwischen 1650 und 1960 ist Baltrum am Westende etwa fünf Kilometer nach Osten gewandert, das Ostende wurde dagegen nur um etwa 1,5 Kilometer nach Osten verlagert. Mit Millionenaufwand wird daher der Westen befestigt. Trotzdem verursachen Sturmfluten immer wieder große Schäden.

Im Jahr 1876 wurde die Insel „Seebad", doch die touristische Entwicklung ging nur langsam voran. Gegenwärtig ist sie mit rund 30.000 Gästen

Das historische Pfahlschutzwerk von Baltrum diente im 19. Jahrhundert als Wellenbrecher, bevor eine massive Strandmauer errichtet wurde. Einst erstreckte es sich um die gesamte Nord-West-Seite der Insel. Ein Teilstück davon ist bis heute erhalten und steht inzwischen unter Denkmalschutz.

im Jahr an der Kapazitätsgrenze angelangt. Immer noch eine Idylle, da ohne Autos. Und eine Wattwanderung vom Festland zur Insel ist gut zu machen und ein Erlebnis!

Es gibt immer noch keine Straßennamen, die Häuser werden traditionell durchnummeriert nach Baujahr, so dass es eine hübsche Suchtour sein kann, sein Quartier zu finden. (Oder ein Kinderspiel?) Nach Baltrum kommt man mit dem Bus von der Stadt Norden und nimmt anschließend die Fähre von Neßmersiel aus. Dreißig Minuten Fahrzeit, abhängig von den Gezeiten.

Im Küstenbadeort **Neßmersiel** ist der Alltagsstress unendlich weit entfernt. Ein Ort der Entspannung – so wie Baltrum!

Durch die schwere Allerheiligenflut am 1. November 1170 brach die Insel Bant auseinander. Und die Insel Buise, westlich von **Norderney**, wurde durch die Zweite Marcellusflut vom 15. bis zum 17. Januar 1362 in zwei Teile gerissen. Der dabei entstandene östliche Teil der Insel erhielt den Namen Oesterende. Die Inseln Bant und Buise nahmen durch Sediment-Abtragung und Überflutung an Größe ab und versanken nach der Petriflut vom 22. Februar 1651 endgültig in der Nordsee. Oesterende wurde durch stetige Zufuhr von Sand und Sedimenten aus ihrer westlich gelegenen Schwesterinsel immer größer. Als eigenständige und zusammenhängende Insel existiert Norderney erst seit etwa Mitte des 16. Jahrhunderts. Damit ist sie die jüngste der Ostfriesischen Inseln. Erstmals wird sie im Jahre 1550 als *Norder neye Oog* erwähnt. Am 3. Oktober 1797 wird die erste Seebadeanstalt auf einer Ostfriesischen Insel eröffnet, nachdem der preußische

Schneeweißer Sand und Relikte aus vergangenen Zeiten: In diesen Badekarren wurden auf Norderney die Damen in das flache Wasser des Spülsaums gezogen. Die Badende hockte dann in dem knöcheltiefen Wasser und konnte ihre Füße und Knie benetzen.
Ihr zur Seite stand eine Badedienerin mit einem Holzeimer für den ersten und letzten Salzwasserguss.

Die Hafeneinfahrt von Juist, der mit 17 Kilometern längsten der Ostfriesischen Inseln, kurz vor oder nach Hochwasser. Im Hintergrund ein Fährschiff und der Ort, rechts das 17 m hohe Seezeichen vor Juist, eine Aussichtsplattform, die einem aufgerichteten Boot gleicht. Dahinter der Yachthafen.

König Friedrich Wilhelm II. dies genehmigt hatte. Als das Seebad am 1. Mai 1800 offiziell eingeweiht wurde, besuchten 250 Kurgäste die Insel, die wegen fehlender Unterkünfte zum Teil in mitgebrachten Zelten hausten.

Männer und Frauen wurden getrennt mit Badekarren zu zwei verschiedenen Strandabschnitten gefahren. Dort nahmen sie liegend oder kniend ein Bad im Meer. Seit 1866 existieren der Herrenpfad und der Damenpfad. Seit 1819 gehörte die Insel als Königlich-Hannoversches Seebad zu den bekanntesten europäischen Bädern. Vor allem König Georg V. von Hannover, Duke of Cumberland, trug nachhaltig dazu bei, Norderney ein mondänes Flair zu verleihen, indem er die Insel ab 1851 mehrere Monate im Jahr zu seiner Sommerresidenz machte.

Sie ist immer noch in weiten Teilen reine Naturlandschaft, doch daneben gibt es (im Sommer ziemlich eingeschränkten) Autoverkehr, städtisches Leben, viel Tagestourismus. Keine Insel der Ruhe also. Aber durchaus attraktiv. Norderney ist eine Stadt!

Juist ist die längste Ostfriesische Insel, 17 km lang und sehr schmal, zwischen 500 und 700 Metern. Sie ist so elegant wie Norderney, nur viel ruhiger, da autolos und nicht so leicht erreichbar.

1840 erfolgte die erste Gründung des Seebades Juist, das aber 1858 wegen Mangel an Gästen wieder geschlossen werden musste. Die zweite Eröffnung des Seebades war 1866, diesmal erfolgreicher, da die Anzahl der Gäste nun langsam aber stetig zunahm. 1884 verzeichnete Juist 700 Badegäste pro Jahr.

Juist ist mit dem Fährschiff nur über schmale und flache Priele zu erreichen, das nahe der Hochwasserzeit. Das bedeutet, dass die Fähre in der Regel nur einmal am Tag nach Juist ablegt. Als Tagestourist muss man da fast immer für eine Strecke das Flugzeug nehmen, fünf Minuten Flugreise ab und bis Norddeich. **Norddeich** ist der Fährhafen für Juist und Norderney, aber zugleich auch ein beliebter Küstenbadeort. Neben der Nordsee gibt es viele Möglichkeiten, den Ort und die Gegend zu genießen. Waloseum, Seehundaufzuchtstation, das ehemalige Norddeich Radio, und die Stadt Norden ganz in der Nähe.

Wie alle anderen ostfriesischen Inseln führte **Borkum** bis zum Aufkommen des Badewesens im 19. Jahrhundert ein politisches und zumeist auch wirtschaftliches Schattendasein. Eine Ausnahme bildete der Walfang, welcher der Insel im 18. Jahrhundert zu einigem Wohlstand verhalf, aber 1782 eingestellt werden musste. Erst der ab 1830 einsetzende Badetourismus, der 1870 größere Ausmaße annahm, hat diese Situation verändert. Die Insel ist seitdem nahezu vollständig vom Tourismus abhängig. In den Jahren 1227 und 1270 ankerten Kreuzfahrerflotten vor der Insel, um dort auf besseres Wetter zu warten. Ob die Insel schon bewohnt war, ist unklar. Eine Bevölkerung wird erstmals um 1406 in einem Friedensvertrag mit der Hanse genannt.

In der ersten Hälfte des 20. Jahrhunderts war Borkum Hochburg des Bäder-Antisemitismus. Schon im Inselführer aus dem Jahr 1897 warb man damit, „judenfrei“ zu sein. Man ersann das judenfeindliche „Borkumlied“, das täglich von der Kurkapelle gespielt und von den Gästen gesungen wurde.

Der über 100 Jahre alte Musikpavillon an Borkums Strandpromenade. Der breite Strand war vor einigen Jahren infolge von Sturmfluten fast verschwunden. Seither wächst er wieder von Jahr zu Jahr. Borkum ist die westlichste und mit 31 Quadratkilometern die größte der Ostfriesischen Inseln.

Im Dezember 1934 wurden zwei Vorläufer-Exemplare der A2-Rakete, genannt „Max“ und „Moritz“, in der Nähe der Ostbake gestartet. Die vom Raketenpionier Wernher von Braun entwickelten Flüssigkeitsraketentriebwerke waren weltweit die ersten, die eine Höhe von über zwei Kilometern erreichten und den Grundstein für die späteren Großraketen legten. Nach den erfolgreichen Tests wurde die deutsche Raketenforschung in Peenemünde fortgesetzt.

Man kommt von Emden oder von Eemshaven (Niederlande) über die Ems nach Borkum in den Fährhafen, von dort bietet die Inselbahn einen direkten Anschluss in den Ort. Autofahrer erwerben eine Genehmigung, um sich und ihr Gepäck in die Unterkunft zu bringen, dann bleibt das Auto vor allem stehen. Aber ein umfangreiches Radwegenetz von 120 Kilometern durch Dünen und Wald bieten dafür mehr als nur eine Entschädigung. Drei Strände gibt es auf Borkum: den Hauptstrand direkt am Ort im Westen der Insel, den Nordstrand mit vielen Kilometern weißem Sand, und den Südstrand – nach neuen Umfragen (2022) der schönste Deutschlands – vor Juist (auf Platz drei). Aber das ist natürlich Geschmackssache. Jede Insel hat ihren eigenen Reiz.

Es lohnen sich auf Borkum der Besuch des Heimatmuseums und des Feuerschiffs Borkumriff im ehemaligen Marinehafen, und an einem Tage, nachdem es geregnet hat, bietet ein Blick vom Neuen Leuchtturm eine herrliche Aussicht über das Weltnaturerbe Wattenmeer.

Der „Neue Leuchtturm“ ersetzte den „Alten“, der im Jahre 1879 abgebrannt war. Der Bau wurde im selben Jahr in der Rekordzeit von sieben Monaten von Mai bis Dezember hochgezogen. Auch so kann ’s gehen …

Greetsiel und **Ditzum** sind keine Badeorte, aber haben beide das Flair eines Fischereihafens. Die Krabbenkutter liegen dort fotogen, es gibt Krabben („Granat“ sagt der Ostfriese) und gebackenen Fisch. Vielleicht sogar eine Fahrt mit dem Kutter.

Gefahren der See

Die ersten urkundlich erwähnten Strandungen vor Borkum sind wahrscheinlich die des römischen Feldherrn Drusus im Jahr 16 n. Chr. Die Römer versuchten damals, über die Emsmündung nach Germanien zu gelangen.

Die meisten Schiffsunglücke sind tragische Unfälle. Besonders in Küstennähe ist die Seefahrt seit jeher gefährlich und gerade eine so flache Küste wie die der Nordsee bietet kaum Landmarken (= markante Objekte an Land, die Seefahrern zur Orientierung dienen). So musste man sich früher auf die eigene Erfahrung, auf das Loten der Wassertiefe und auf die – mehr oder weniger gut geschätzte – zurückgelegte Strecke verlassen. Mit Hilfe der Logge konnte man die Geschwindigkeit durchs Wasser messen, aber nicht die Stromversetzung; mit dem Kompass die Fahrtrichtung. Zuverlässige Seekarten gab es nicht, bestenfalls „Segelanweisungen“ – und die hielt man gern geheim. Und Türme, ja, Kirchtürme, waren und sind wunderbare Landmarken!

Die Emsmündung war (und bleibt auch zukünftig) gefährlich, deshalb

errichtete Emden klugerweise 1576 den ersten 40 Meter hohen Borkumer „Leuchtturm", der auf dem Fundament des alten Kirchturms entstand und zunächst nur als Landmarke bei Tage diente.

1817 wurde alles einfacher: Das Königreich Hannover ließ den Alten Borkumer Turm zum Leuchtturm mit Öllampen und Parabolspiegeln umbauen, sodass er auch den Seefahrern nachts eine Orientierung bot. 1879 errichtete Preußen den Neuen Borkumer Leuchtturm. Die Beleuchtung der Unterems war ein preußisch-niederländisches Projekt, es wurde ein System von fünf Leuchttürmen errichtet. Damit war erstmals das sichere Befahren der Emsmündung von Borkum bis Emden bei Nacht möglich. Im Oktober 1891 wurde der Betrieb offiziell aufgenommen, im Ersten Weltkrieg allerdings wieder unterbrochen. Zu den fünf Leuchttürmen gehörte als kleinster der Pilsumer und als größter der Campener Leuchtturm, beide stehen in der Krummhörn.

Weit draußen vor den Mündungen der Ems, der Weser und der Elbe lagen die Feuerschiffe, schwimmende Leuchttürme könnte man fast sagen, auf denen die Mannschaften jeweils vierzehn Tage stationiert waren und dann ausgewechselt wurden. Inzwischen sind alle Feuerschiffe durch sehr große Tonnen ersetzt, aber es sind lohnende Objekte zur Besichtigung auf den Ostfriesischen Inseln oder an der Küste. Wie gefährlich die ostfriesischen Gewässer sein können, zeigte sich am 6. November 1854 vor Spiekeroog. Die *Johanne* befand sich mit 216 Auswandern an Bord auf ihrer Jungfernfahrt von Geestemünde (heute Stadtteil von

Nachdem der Alte Leuchtturm Borkum abgebrannt war, entsteht der neue Leuchtturm im Jahr 1879 in Rekordzeit. Zwischen der Grundsteinlegung am 1. Mai und dem Richtfest am 20. September lagen weniger als fünf Monate. Die Baupläne waren allerdings bereits fertiggestellt.

Bremerhaven) nach New York. Das Schiff strandete vor Spiekeroog. Die See zerstörte alle Rettungsboote und auch von Land aus war es unmöglich, den Passagieren zu Hilfe zu kommen. Es wird berichtet, dass die *Johanne* zur Seeseite kenterte und Masten und Takelage von oben kamen, bevor sie ihr jähes Ende fand. Nicht nur das Schiff selbst wurde zerstört, sondern auf grausame Weise auch die Körper vieler Menschen. Es dauerte mehrere Tage, bis alle Toten geborgen werden konnten. Für die 77 Toten gab es einfach nicht ausreichend Platz auf dem Inselfriedhof, weshalb der „Friedhof der Ertrunkenen" eingerichtet wurde, den die Insulaner den „Drinkeldodenkarkhoff" nennen.

In der Nacht vom 9. September 1860 fuhr sich die hannoversche Brigg *Alliance* auf dem Borkum-Riff fest. Sie war mit einer Ladung Kohle auf der Reise von Newcastle nach Geestemünde unterwegs. Am Morgen des 10. September hörten Borkumer Melkerinnen Hilfeschreie von Seeleuten, die sich verzweifelt an den Wanten und auf den Rahen festklammerten. Die Mädchen hielten die Schreie für Geisterstimmen und liefen zum Dorf zurück. Niemand glaubte, dass man den Schiffbrüchigen noch helfen könnte. Schließlich zerbrach die *Alliance* und die Brandung spülte die Leichen der Schiffbrüchigen an den Strand. Unter den Augenzeugen war auch der Navigationslehrer Adolph Bermpohl, der daraufhin folgenden Aufruf veröffentlichte:

„Es erscheint an der Zeit, endlich auch an Deutschlands Küsten Rettungsstationen zu errichten." – Ein voller Erfolg: 1861 gründete der Emder Oberzoll-

Dieser Rettungsring von der „Melanie Schulte" hängt im Seemannsheim in Emden. Es ist das einzige Stück, das von dem Schiff und seiner Besatzung übrigblieb, nachdem es um Weihnachten 1952 im Nordatlantik unterging.

Tjark Evers wollte zu Weihnachten seine Eltern auf Baltrum besuchen und bestieg am Morgen des 23. Dezember 1866 in Westeraccumersiel ein Boot, das ihn dorthin bringen sollte. Es herrschte dichter Nebel, als die Bootsleute zum Baltrumer Strand ruderten. In der festen Überzeugung, bereits den Strand erreicht zu haben, ließen sie Evers aussteigen. Das Boot verschwand im Nebel. Da erst bemerkte Evers, dass er sich nicht auf Baltrum befand, sondern auf einer Sandbank in der Accumer Ee, die bei Flut im Meer versinkt. Es gab für ihn keine Rettung vor dem Ertrinken, so schrieb er einen Abschiedsbrief in sein Notizbuch:

„Liebe Eltern, Gebrüder und Schwestern, ich stehe hier auf einer Plate und muss ertrinken, ich bekomme euch nicht wieder zu sehen und ihr mich nicht. Gott erbarme sich über mich und tröste euch. Ich stecke dieses Buch in eine Zigarrenkiste. Gott gebe, dass ihr die Zeilen von meiner Hand erhaltet. Ich grüße euch zum letzten Mal. Gott vergebe mir meine Sünden und nehme mich zu sich in sein Himmelreich. Amen.
Ich bin T. Evers von Baltrum. Der Finder wird gebeten, dieses Buch meinen Eltern zu schicken:
An Cpt. H. E. Evers, Insel Baltrum“

Evers legte das Notizbuch in eine Zigarrenkiste, die er als Geschenk mitbringen wollte, und wickelte diese in ein Taschentuch. Die Zigarrenkiste wurde auf Wangerooge angetrieben, wo sie am 3. Januar 1867 entdeckt wurde.
Der Leichnam von Tjark Evers wurde nie gefunden.

inspektor Georg Breusing den „Ostfriesischen Verein zur Rettung Schiffbrüchiger“, der 1865 in der „Deutsche(n) Gesellschaft zur Rettung Schiffbrüchiger“ (DGzRS) aufging.

Die *Melanie Schulte* war ein Stückgutfrachter, der nur wenige Wochen nach seiner Indienststellung aus nicht geklärter Ursache im Nordatlantik unterging.

Der Frachter wurde auf der Werft „Nordseewerke“ in Emden gebaut. Beim Stapellauf des Schiffs blieb der Frachter über mehrere Stunden auf der Ablaufbahn stecken, was alte Seebären nichts Gutes ahnen ließ.

Ihre erste Fahrt am 9. November 1952 führte die *Melanie Schulte* an die Ostküste Québecs. Von dort setzte sie ihre Fahrt nach Narvik fort und legte am Abend des 17. Dezember wieder ab.

Am Heiligabend ließ Reeder Heinrich Schulte mittags seinen drei auf See befindlichen Schiffen über Norddeich Radio Weihnachtsgrüße übermitteln. Als er keine Reaktion von der *Melanie Schulte* bekam, begann eine Suchaktion nach dem Schiff. Gewissheit über den Untergang des Frachters gab es erst Wochen später, als am 17. Februar auf einer der Hebriden-Inseln ein Rettungsring gefunden wurde, der den Namen des Emder Frachters trug. Der Ring hängt in der Kapelle des Emder Seemannsheims.

Der Untergang kostete 35 Besatzungsmitgliedern das Leben und ist einer der schwersten Unfälle der deutschen Handelsschifffahrt nach dem Zweiten Weltkrieg.

Durch Deichbau zur Freiheit

„Un Gott sprook: Dat Water sall sük sameln an besünner Stejen unner de Hemel, dat daar ok dat Dröge an't Lücht kummt. Un dat geböhrde.
Un Gott nöömde dat Dröge dat Land, un dat Water nöömde he de See. Un dat geböhrde an de darde Dag.
Un disse Tostand hollt an bit vandaag. Dat eenzigste Volk, dat daar noch 'n bietje an verbetert hett, dat sünd wi, de Fresen, wi hebben noch 'n good Stück Water to Land maakt."

„Und Gott sprach: Das Wasser soll sich sammeln an besonderen Stellen unter dem Himmel, damit so auch das Trockene ans Licht kommt. Und das geschah.
Und Gott nannte das Trockene Land, das Wasser aber nannte er das Meer. Und das geschah am dritten Tag.
Und dieser Zustand hält an bis zum heutigen Tage.
Das einzige Volk, das daran noch ein wenig verändert hat, sind wir, die Friesen. Wir haben eine noch größere Wasserfläche zu Land gemacht."

„Gott schuf die See – der Friese die Küste."

Ein geflügeltes Wort in Ostfriesland. Es zeugt wohl von einigem Selbstbewusstsein. Denn auch wenn die See eine wunderbare Erscheinung ist: Der seit der Eiszeit ständig steigende Meeresspiegel erfordert (und erforderte schon lange) wirkungsvolle Maßnahmen.

Um die Zeitenwende herum und noch in den Jahrhunderten danach, während des Römischen Kaiserreichs also, lag die Küste Ostfrieslands etwa auf Meeresspiegelniveau und das Land wurde – bis zum Geestrand – wenigstens hin und wieder vom Wasser der Nordsee überschwemmt.

Es war der römische Schriftsteller und Geograph Plinius der Ältere (um 23–79 n. Chr.), der im Jahr 47 an einem Feldzug gegen die Chauken teilnahm und als erster Augenzeuge über das heutige Ostfriesland berichtete. Plinius schreibt:

Plinius der Ältere (23–79 n. Chr.) war ein römischer Gelehrter. Er begleitete als Vertrauter der Kaiser Vespasian und Titus deren Feldzüge nach Germanien.
Plinius ist der erste antike Zeuge, der die friesische Küste mit eigenen Augen gesehen und beschrieben hat. Seine Historien wurden von Tacitus als Quelle benutzt. Sie sind aber wie alle historischen Werke des Plinius nicht erhalten. Er starb während des Ausbruchs des Vesuvs.

„In großartiger Bewegung ergießt sich dort zweimal im Zeitraum eines jeden Tages und einer Nacht das Meer über eine unendliche Fläche und offenbart einen ewigen Streit der Natur in einer Gegend, von der es zweifelhaft ist, ob sie zum Lande oder zum Meer gehört.

Dort bewohnt ein beklagenswertes Volk hohe Erdhügel, die mit den Händen nach dem Maß der höchsten Flut errichtet sind. In ihren Hütten gleichen sie Seefahrern, wenn das Wasser das sie umgebende Land bedeckt, Schiffbrüchigen, wenn es zurückgewichen ist und ihre Hütten gleich gestrandeten Schiffen allein dort liegen.“

Richtig heimelig – oder *hygge*, wie der Däne es nennt – klingt das nicht. Die Forschung vermutet heute, dass Plinius eine Situation kurz nach einer Sturmflut beschrieben hat.

Da aber das Wasser offenbar immer schneller anstieg, wurden zunächst die Warften erhöht, dann mehrere Warften mit Ringdeichen verbunden – und noch vor dem Jahr 1000 erkannten die Friesen: Nur ein gemeinsamer großer Deich hilft, der von Nordholland bis nach Dänemark reicht. Als einen **Goldenen Ring** bezeichneten sie die erste durchgehende Deichanlage entlang der gesamten friesischen Nordseeküste, die um das Jahr 1300 fertiggestellt wurde und das Hinterland vor Hochwassern und Sturmfluten schützen sollte. Ebenso waren die Unterläufe der Flüsse von Dämmen eingefasst.

Dieses gewaltige Projekt luden sich die Friesen auf ihre Schultern, frei nach dem Motto: „De nich will dieken, de mutt wieken – Wer nicht will deichen, der muss weichen.“

Die Friesen wollten nicht vor der Nordsee zurückweichen, offenbar war das Leben in der Marsch viel zu attraktiv. Das Deichrecht galt solange, bis schließlich der Staat die Aufgabe des Deichbaus übernahm.

Es spielte die Entfernung zum Deich keine Rolle, wohl aber die Höhenlage. Alle Ländereien, die unterhalb des höchsten Sturmflutwasserstands (fünf Meter über NHN) lagen, waren deichpflichtig – etwa 70 Prozent aller Ländereien, nur 30 Prozent waren hochwassersicher. Für diese Deicharbeit gab es keine Bagger oder Raupenfahrzeuge. Der Kleiboden klebte an den Wagenrädern, Pferdefuhrwerke blieben stecken: Mit Forke, Spaten und Tragen wurde gearbeitet – Knochenarbeit!

Wer dazu nicht fähig war oder es nicht mehr leisten konnte, der steckte seinen Spaten einfach in sein Stück Deich.

Der Pflug von Walle wurde 1927 beim Torfstechen entdeckt, allerdings erkannte man zunächst seine Bedeutung nicht. Er ist der älteste bisher in Deutschland gefundene Pflug und einer der ältesten Funde dieser Art in Europa (geschätzt mindestens 3500 Jahre alt). Der Pflugbaum ist aus einem Eichenast gefertigt und etwa 3 m lang, die Pflugschar maß im Originalzustand 60 cm. Wahrscheinlich wurde er über die Wintermonate im Moor versenkt, um das Holz zu konservieren, damals eine gängige Methode.

Und derjenige, der den Spaten herauszog, verpflichtete sich, dieses Stück Deich in Ordnung zu halten ... und ihm gehörte jetzt auch das dazugehörige Land.

Eine brutale Regelung, aber der Deich musste unter allen Umständen gepflegt werden. Jedes Mauseloch bot der nächsten Sturmflut den Ansatzpunkt für einen Deichbruch.

So hart das Gesetz des Deichs auch war: Es veränderte die Gesellschaftsstrukturen in Ostfriesland ganz entscheidend.

Im Reich Karls des Großen, also eigentlich fast überall in Westeuropa, gab es Adelige, Freie und Unfreie, oftmals noch abgestuft nach dem Grad der Unfreiheit. Der Deichbau sorgte nun für eine gewisse Gleichheit. Denn welcher Knecht würde für seinen Herrn am Deich arbeiten, wenn er die schönsten Aussichten hatte, bald selbst ein Stück Land und ein Stück Deich zu besitzen?

In der heutigen Zeit kann der Küstenschutz nur noch vom Staat übernommen werden. Die gewaltigen Erd- und Sandmassen, die bei den modernen Deichen nötig sind, übersteigen die Kräfte und die finanziellen Möglichkeiten einer kleinen Gemeinschaft bei Weitem.

Mehr dazu im Kapitel „Deichbau und Entwässerung“.

Bedeutsame Funde der Bronzezeit

Die Funde aus der Bronzezeit (2200 bis 800 vor der Zeitenwende) bestehen größtenteils aus Stein oder Keramik. Vermutlich war die Bronze so wertvoll, dass ein unbrauchbar gewordenes Gerät eingeschmolzen und wiederverwertet wurde. Aber es gibt dennoch einige sensationelle Funde aus Ostfriesland.

Der **Pflug von Walle** wurde 1927 in der Nähe von Aurich beim Torfstechen entdeckt. Der Pflug ist mit einem Alter von mindestens 3500 Jahren der bisher älteste bekannte Pflug Deutschlands und

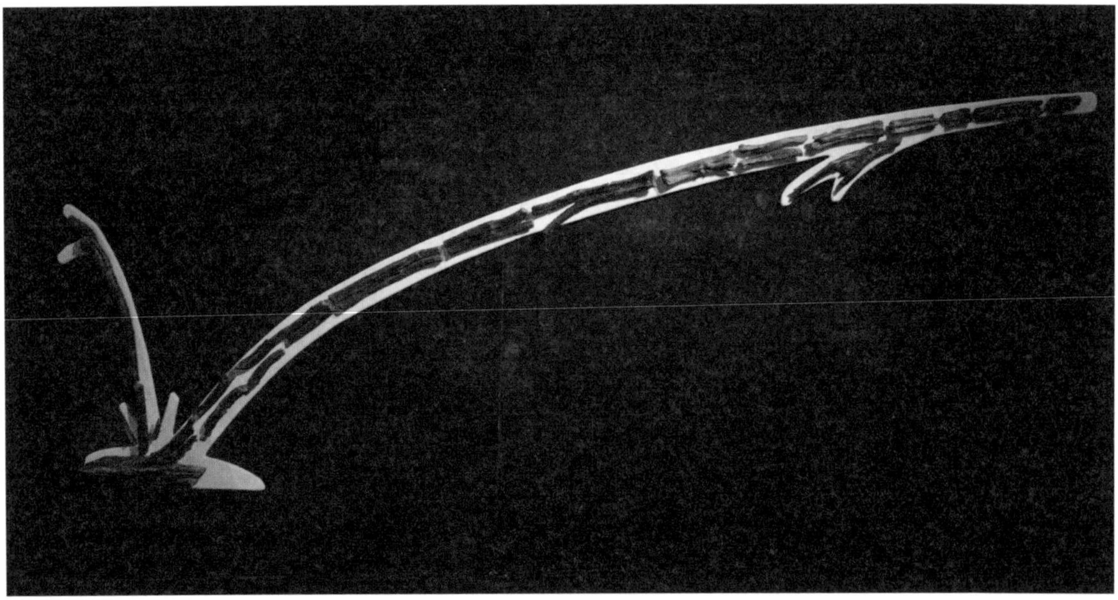

Im März 1910 findet der Moordorfer Vitus Dirks beim Graben in seinem Acker eine Metallscheibe. Nicht wissend, dass er pures Gold in den Händen hält, gibt er sie seinen Kindern zum Spielen. Dann steht sie jahrelang in seinem Stubenschrank, bevor er sie einem Altwarenhändler für einen Reichstaler verkauft. Kurz bevor der Fund ins Ausland gelangt, erwirbt ihn 1926 das Landesmuseum in Hannover. Das Original hat einen Durchmesser von 14,5 Zentimetern und ein Gewicht von 36,17 Gramm. Eine Kopie liegt im Ostfriesischen Landesmuseum in Emden. Die Buckel und die Linien weisen auf eine Kalenderfunktion hin.

einer der wenigen archäologischen Funde dieser Art in Europa. Der Pflug wurde am 9. Juli 1927 von Jann Hanßen und seinem Sohn Heye beim Torfstechen an der Unterkante einer knapp zwei Meter tiefen Torfschicht gefunden. Als Finderlohn erhielt Jann Hanßen 50 Mark, die er mit dem Grundstückseigentümer Weinstock teilen musste. Zufällig war der Lehrer Ketteler zur Stelle, der die Bedeutung der Holzstücke erkannte. Der Landrat beschlagnahmte den Fund sofort. So konnte Peter Zylmann, der Autor der „Ostfriesischen Urgeschichte" und damaliger Leiter des Auricher Gymnasiums, das Fundstück untersuchen und Moorproben für eine Pollenanalyse entnehmen. Dabei wurde festgestellt, dass der Pflug frühestens in die beginnende Bronzezeit datiert werden kann. Aufgrund der relativ weit entwickelten Form des Hakenpflugs ist jedoch auch eine Einordnung in die jüngere Bronze- oder frühe Eisenzeit denkbar.

Wahrscheinlich wurde der Waller Pflug über die Wintermonate im Moor versenkt, um das Holz zu konservieren. Dies war damals eine gängige Methode. Eine Nachbildung des Pflugs befindet sich im Historischen Museum in Aurich.

Noch beeindruckender ist der Fund der **Sonnenscheibe von Moordorf** bei Aurich 1910. Sie hat einen Durchmesser von 14,5 Zentimetern, ein Gewicht von 36,17 Gramm und be-

Die beiden Goldschalen von Terheide sind aus purem Gold. Sie befinden sich im Niedersächsischen Landesmuseum Hannover, Duplikate im Ostfriesischen Landesmuseum in Emden. Der Straßenbauarbeiter Jacob Behrend Braams hatte die beiden Goldschalen 1872 entdeckt. Goldgefäße dieser Art sind äußerst selten. Es ist unklar, ob es sich bei dem Fund um einen Opfer-, Schatz- oder Grabfund handelt. Die Kreise werden als Symbole für die Sonne gedeutet. Möglicherweise besitzen sie auch eine verschlüsselte kalendarische Funktion.

steht aus purem Gold. Die Ornamente deuten auf eine kultische Verwendung hin, zwei hervorstehende Laschen berechtigen zu der Annahme, dass die Scheibe auf einem „Sonnenwagen" bei Zeremonien umhergefahren wurde.

Der Finder freute sich anscheinend über seinen Schatz und stellte die Scheibe in einen Schrank mit weiteren schönen Gegenständen. Nach neun Jahren kam ein Auricher Altwarenhändler und erwarb die Sonnenscheibe für genau einen Reichstaler! Er verkaufte das Schnäppchen dann wohl. Der weitere Weg der Sonnenscheibe blieb dunkel, bis sie in München wieder auftauchte und irgendwie in das Britische Museum in London gelangte. Ein kleiner beigefügter Zettel nannte als Fundgebiet Ostfriesland.

Über das Römisch-Germanische Zentralmuseum in Mainz kam die Scheibe schließlich ins Landesmuseum Hannover. In allen ostfriesischen Zeitungen wurde eine Bitte an den Finder veröffentlicht, sich zu melden. Eine Belohnung war zugesagt. Keine Reaktion. Erst mehrere Wochen später meldete sich ein gewisser Vitus Dirks und teilte mit, dass er der Finder sei: „Ik harr dat Ding wall funnen!"

Er erklärte, dass er keine Zeitung lese. Der Bäcker habe ihm aber ein Brot in eine Zeitung eingepackt und in eben dieser habe er das Bild gesehen. Der Finder erinnerte sich nicht mehr genau an die Fundstelle. Ohne das Umfeld des Fundes aber ist eine Altersbestimmung nicht mehr exakt möglich. Auf einer Tagung 2016 wurden sich Fachleute nicht einig, ob die Sonnenscheibe wirklich so uralt ist – tragfähige Gegenbeweise gibt es allerdings auch nicht.

Die **Goldschalen von Terheide** sind ein 3000 Jahre alter Fund aus der jüngeren Bronzezeit. Der Straßenbauarbeiter Jacob Behrend Braams entdeckte 1872 die beiden Schalen, die heute im Niedersächsischen Landesmuseum Hannover zu sehen sind.

Duplikate befinden sich im Ostfriesischen Landesmuseum in Emden.

Das Provinzialmuseum Hannover erkannte die Bedeutung der Schalen und kaufte sie. Dem Finder zahlte das Museum 100 Taler. Das war mehr als der damalige Materialwert.

Bis heute ist nicht eindeutig bewiesen, ob es sich bei den Schalen um einen Opfer-, Schatz- oder Grabfund handelt.

Sie bestehen aus fast reinem Gold. Um einen zentralen Buckel auf dem äußeren Gefäßboden gruppieren sich konzentrische Kreise, Linien und Punktreihen. Goldgefäße dieser Art gehören zu den seltensten Funden der Bronzezeit.

Die meisten Goldschalen wurden in Südskandinavien entdeckt. Die Terheider Gefäße belegen nach gängiger Meinung damit die Zugehörigkeit Ostfrieslands zum Nordischen Kulturkreis. Die auf den Schalen sichtbaren Kreise werden als Symbole für die Sonne gedeutet. Möglicherweise besaßen sie auch eine verschlüsselte kalendarische Funktion oder fanden bei kultischen Handlungen Verwendung.

Der **Sonnenstein von Horsten** ist eine etwa einen Meter hohe und ebenso breite Platte aus rötlich grauem Granit mit unregelmäßigen Rändern. Auch hier sind konzentrische Kreise eingearbeitet: Auf der ebenen Vorderseite befinden sich 17 solcher Einkerbungen und der Mittelpunkt ist ein fast dreieinhalb Zentimeter breites Loch.

Ähnliche Darstellungen konnte man auf bronzezeitlichen Felsritzungen im südlichen Skandinavien

Bei dem Großsteingrab von Tannenhausen handelt es sich um ca. 5000 Jahre alte Megalith-Grabanlagen der Trichterbecherkultur, die im Zuge der Christianisierung zerstört wurden. Spätere Fundstücke wie Schalen, Trichterbecher, Schultergefäße, Kragenflaschen sowie Steingeräte sind im Historischen Museum Aurich ausgestellt. Die drei ursprünglichen im Original erhaltenen Findlinge werden im Volksmund auch „Butter, Brot und Käse“ – „Botter, Brood und Kees“ genannt.

finden. Auch auf den Britischen Inseln kann man unter anderem in Megalithanlagen auf dieses Motiv stoßen.

Das Original des Sonnensteins befindet sich in der Schule des Friedeburger Ortsteils Horsten, rund 18 Kilometer südwestlich von Wilhelmshaven gelegen. Eine Nachbildung steht in Horsten in der Straße „Am Warfacker".

Butter, Brot und Käse (Ostfr. Plattdeutsch: „Botter, Brood un Kees") werden die Reste eines Großsteingrabes bei Tannenhausen (Aurich) im Volksmund genannt. Von dem etwa 5000 Jahre alten Fund sind heute nur noch zwei Decksteine und ein Tragstein erhalten. Bei den Ausgrabungen Anfang der 1960er Jahre konnten die Standgruben der fehlenden Tragsteine nachgewiesen werden. Zudem stellte sich heraus, dass daneben ein zweites Grab gestanden haben musste.

Die Großsteingräber von Tannenhausen gehören der Form nach zu den Ganggräbern aus der späten Trichterbecherkultur, die die erste bäuerlich geprägte Kultur im nördlichen Mitteleuropa war. Sie folgte auf die wildbeuterisch geprägte Mittelsteinzeit. Die Gräber dürften um 3500 v. Chr. entstanden sein. Damit gehört die Anlage zu den ersten ihrer Art in dieser Region.

In Verbindung mit der Grabung wurde ein Bohlenweg nachgewiesen, der vom Moor überwachsen war.

Bohlenwege sind eine ganz erstaunliche bauliche Leistung der Bronzezeit, aber auch schon in der Jungsteinzeit wurden Wege durch das Moor gebaut.

Seit Anfang des 19. Jahrhunderts stieß man bei Torfarbeiten immer wieder auf sehr altertümliche hölzerne Verkehrswege im Moor. Lange Zeit glaubte man, dass diese

Mit bescheidensten Mitteln bauten die Menschen vor rund 5000 Jahren bis zu vier Meter breite Straßen und Bohlenwege kilometerlang durchs Moor, eine erstaunliche Leistung. Solchen Aufwand betreibt man nur, wenn es lohnend erscheint. Das bedeutet: Es muss zu jener Zeit einen intensiven Handel über das Moor hinweg gegeben haben. Die Bohlenwege waren so breit, dass sich Wagen begegnen konnten!

von den Römern angelegt seien. Diese Meinung wich der Erkenntnis, dass die Wege – in ihrer Mehrzahl jedenfalls – von der eingesessenen Bevölkerung gebaut wurden.

Einer dieser Bohlenwege ist besonders interessant: Um 3000 bis 2500 v. Chr., also lange vor den Römern, haben Menschen erstmals eine Straße übers Moor am Ewigen Meer gebaut. Sie ist etwa drei Kilometer lang, fast vier Meter breit und Bestandteil eines größeren Wegenetzes.

Auf dem wankenden Moor füllte man zuerst die großen Senken mit allerlei Strauchwerk auf und legte darauf dann eine Schicht Holz in Längsrichtung. Dann wurden mächtige Erlenstämme mit Steinäxten gefällt. Sie wurden quer auf die Unterschicht gelegt und gaben nun der neuen Straße Halt. Zum Schluss wurde obenauf noch der „Straßenbelag" aus Torf und Heidesoden verlegt, auf dem hölzerne Wagen mit starren Achsen, von Ochsen gezogen, fahren konnten.

Ein ganzes Menschenalter lang, damals etwa 30 Jahre, war die Straße wohl befahrbar. Dann gewann die Natur wieder die Oberhand und die Straße verschwand langsam unter Moor und Torf.

1984 wurden 800 Meter des Wegs aus 1,70 Metern Tiefe freigelegt, zweieinhalb weitere Kilometer wurden durch Bohrungen erforscht. Der Bohlenweg am Ewigen Meer ist eine der ältesten befestigten Straßen Deutschlands und der Bau solcher befestigten Straßen spricht eindeutig für einen relativ bedeutsamen Handel – warum sonst sollte man sich diese Mühe machen?

Ein anderer Bohlenweg wurde 1978 in Oltmannsfehn entdeckt. Der Weg war nicht ganz drei Meter breit. Er ist baugleich mit einem Weg im Bourtanger Moor, der zu einer Furt durch die Ems führte. Vielleicht waren beide Moorwege Teile eines Fernwegenetzes von Groningen zur Weser.

Die vorgeschichtlichen Funde stammen alle aus der Geest – eventuell von einer dünnen Torfschicht bedeckt.

Und aus der Marsch gibt es nichts? Dabei waren die fruchtbaren Marschböden doch viel attraktiver für die Menschen. Nun, manchmal findet man dann *doch* etwas, so beim Ausbaggern des Emder Hafens und auch in der Flussmarsch der Ems bei Jemgum. Hier haben nachweislich vor 5000 Jahren schon einmal Menschen auf dem westlichen Uferwall der Ems gelebt. Damals rodeten die Siedler den Auenwald, betrieben Ackerbau und Viehzucht, auch Jagd und Fischerei. In der folgenden Überflutungsphase mussten sie jedoch ihre damals noch ebenerdigen Wohnplätze verlassen. Mit dem ersten Jahrhundert nach der Zeitenwende begann dann in der inzwischen erneut besiedelten Marsch die Warftenperiode.

Denn der Meeresspiegel stieg wieder langsam an.

Woher kommen die Friesen eigentlich?

Waren die Friesen schon immer da? An der Nordseeküste zwischen Schelde und Rhein … und dann bis rauf nach Dänemark? Wahrscheinlich nicht.

Eine der ältesten Sagen über den Ursprung der Friesen lautet:

„Einst lebte in Indien ein König, der ein Nachkomme von Sem war, dem ältesten Sohn Noahs. Dieser König hatte drei Söhne, die in den Diensten Alexanders des Großen standen und auf ihren Fahrten auch an die Nordsee kamen, an deren südlichen Gestaden sie sich niederließen. Einer von ihnen hieß Friso, und von dem haben die Friesen ihren Namen. Die beiden anderen waren Saxo, von dem stammen die Sachsen ab, und Bruno."

Sehr präzise, fast einleuchtend, wenngleich ...

Sollten die Friesen denn wirklich aus dem Orient stammen? *„Einer der wertvollsten und interessantesten Stämme der Germanen"* – wie man vor 100 Jahren noch zu formulieren wagte?

Immerhin: Die direkte Abstammung von Noah ist ja nicht zu verachten und könnte die Sonderstellung der Friesen erklären.

Ja. Könnte. Exakt lässt sich allerdings leider nicht feststellen, wo sich der Ursprung der Friesen befindet oder befand. Die Archäologie hilft da bisher nicht weiter und schriftliche Quellen genauso wenig. Die früheste Erwähnung finden wir im ersten Jahrhundert n. Chr. bei Plinius dem Älteren. Demnach besteht ein Zusammenhang zwischen den Ursprüngen der Friesen und den Drusus-Feldzügen. Unter dem Feldherrn Drusus (38-9 v. Chr.) erreichten die Römer im Jahre 12 erstmals Ostfriesland. Der erste seiner Feldzüge (12–9 v. Chr.) diente der Erforschung der rechtsrheinischen Gebiete. Möglicherweise wollte Drusus auch die Chauken, die östlich der Ems siedelten, unterwerfen, was aber misslang, weil die Flotte strandete. Nach der Niederlage der Römer in der Varusschlacht 9 n. Chr. begann Germanicus fünf Jahre danach einen großangelegten Feldzug gegen die Germanen. Im Sommer 16 n. Chr. landete eine große römische Flotte in der Ems, so ist es von Tacitus überliefert. Möglicherweise griff sie zu ihrer Versorgung und zum Schutz der Schiffe auf den Stapel- und Lagerplatz in Bentumersiel bei Jemgum zurück.

Plinius ist übrigens als einziger Berichterstatter persönlich an der südlichen Nordseeküste gewesen und er hat die Friesen neben den Chauken und anderen Völkern, die östlich der Ems siedelten, als erster erwähnt. Wo die Chauken, die angeblich im heutigen Ostfriesland lebten, geblieben sind, ob sie weggezogen sind, einfach ihren Namen gewechselt haben oder im Stamm der Sachsen aufgegangen sind ..., die Antwort kennt ganz allein der Wind.

Und woher die Friesen stammen (unsere Eingangsfrage), ob aus Skandinavien, aus dem heutigen Nordfriesland (wohin sie später teilweise [wieder] hingezogen sind) oder von untergegangenen Inseln in der Nordsee (Helgoland war einmal sehr viel größer), bleibt nach wie vor schleierhaft. Denn schon stellt sich die Frage, wo sie denn vorher gewesen sind ... oder ob sie schon immer hier am Rande der Welt im steten Kampf zwischen den Wassern der Moore im Süden und den Wassern der Nordsee, der Mordsee, ausharrten?

Die Friesen sollten Christen werden

Nun haben wir durch Ausgrabungen und sogar durch römische Schriftsteller schon viel über die Friesen und ihr Land erfahren. Warum jedoch zwischen 400 und 600 n. Chr. die Bevölkerungszahl im Nordseeküstenraum massiv zurückgeht, bleibt weitgehend im Dunkel der Geschichte. Vermutlich verlassen die Angeln und Sachsen Norddeutschland in Richtung Britische Inseln. Um 600 tauchen die Friesen dann plötzlich wieder in mittelalterlichen, in den Klöstern verfassten schriftlichen Quellen auf. Friesische Viehzüchter, die berühmt für ihre „friesischen Tuche“ waren, und Seefahrer, die zum Beispiel Bernstein, Salz und diese Stoffe oder auch Mäntel im Rahmen eines blühenden Handelsverkehrs zwischen der Rheinmündung und der Ostsee verfrachteten. Neuere Münzfunde in der Nähe von Rostock belegen diesen Fernhandel. Dieser Seeverkehr fand zunächst natürlich nur in winzigen Booten, dicht unter der Küste und nur tagsüber statt, sodass man schnell in einem kleinen Hafen Zuflucht finden konnte. Daraus entwickelten sich richtige Handelsorte, leicht erkennbar an der Form ihrer Warften: Rysum zum Beispiel ist rund, die Höfe der Bauern liegen dort im Kreis um die Kirche herum – das bedeutet: Landwirtschaft.

Die sich entwickelnden Handelssiedlungen dagegen sind nicht mehr rund oder oval, sondern langgestreckt mit einer im Zentrum gelegenen Straße und Häusern an beiden Seiten. Zum Wasser hin lagen einst die Anlegeplätze der Boote, die für den Handel unerlässlich waren. Beispiele für solche Langwarften sind Groothusen und Grimersum (damals an einer Bucht der Nordsee gelegen) und später Emden.

Im Laufe der Zeit wurden die Friesen zum bedeutendsten Seefahrer- und Handelsvolk der Nordsee – allein der Name „Nordsee“ weist darauf hin, und die Westfriesen hatten ja auch die „Zuiderzee“ , nach dem Bau des Abschlussdeiches das „IJsselmeer“. Aus Sicht der Hanse war die Nordsee ja die Westsee.

Einen festen Verband bildeten die Friesen nie. So gab es wohl friesische Könige, die allerdings bestenfalls Erster unter Gleichen waren. Der bekannteste war Radbod oder friesisch Redbad (679-719). Nach ihm sind die Conrebberswege, was so viel wie „König Radbods Wege“ heißt, benannt, die man an vielen Stellen Ostfrieslands noch im Gelände oder als Straßennamen finden kann. Ursprünglich wohl Heerwege.

Abgesehen von den Sklaven war jeder Friese frei – im Rahmen seiner Möglichkeiten und seines Vermögens. So gab es auch in Friesland eine Oberschicht, die über größere Freiheiten verfügte, aber gleichzeitig auch eine größere Verantwortung trug, zum Beispiel bei der Erfüllung kultischer Pflichten oder in der Leitung von (selbstverständlich mündlichen) Gerichtsverfahren, bei denen das komplexe Regelwerk richtig anzuwenden war.

Diese scheinbar geordnete Welt geriet nun im achten Jahrhundert durch das Auftreten christlicher Missionare in immer stärkere Unruhe. Für die Friesen war klar, dass hinter

Der heilige Willibrord (um 658–739) war ein angelsächsischer Missionar, der auch als „Apostel der Friesen“ bezeichnet wird. Zusammen mit elf Gefährten zog er im Jahr 690 nach Friesland. Politisch unterstützt vom Franken Pippin dem Mittleren konnte er zunächst den westlichen Teil Frieslands missionieren.

dieser neuen Religion die damalige Großmacht Europas, das Frankenreich, stehen musste. In den Niederlanden war Utrecht zum Erzbistum für Friesland erhoben worden. Von dort aus versuchte der vom Papst bevollmächtigte Willibrord (658–739), die fränkische Eroberung mit der Missionierung zu verbinden. Da er die christliche Botschaft mit Hilfe des Schwertes verkündete, wehrten sich die Friesen natürlich ebenfalls mit Waffengewalt.

Einer der bekanntesten christlichen Missionare dieser Zeit war Bonifatius, der bereits 716 seine erste Reise nach Friesland unternahm, die jedoch scheiterte. Warum er im hohen Alter noch einmal aufbrach, ist unbekannt. Fakt ist, dass er und seine Begleiter im westfriesischen Dokkum im Jahr 754 erschlagen werden.

Juristisch liegt wohl nur Totschlag vor oder sogar Notwehr. Immerhin ließen die Friesen zu, dass Bonifatius' Begleiter seine Knochen als Reliquien mit nach Fulda nehmen konnten. Vorher kochten sie den Leichnam und lösten das Fleisch ab, denn andernfalls wäre der Transport unmöglich gewesen.

Ein Schüler des Bonifatius, Willehad (740–789), gleichfalls ein Angelsachse und der erste Bischof

Bonifatius (um 673 – 754 oder 755) war einer der bekanntesten christlichen Missionare im Frankenreich. Auf dem Weg zu einer Firmung friesischer Christen wird er am Morgen des 5. Juni 754 oder 755 zusammen mit seinen Begleitern bei Dokkum erschlagen. Miniatur, Göttingen, Staatsbibliothek (o.J.)

Der heilige Liudger (um 742–809) war Missionar, Gründer des Klosters Werden (Essen) und erster Bischof von Münster. Der Sohn christlicher Eltern studiert in Utrecht, reist nach England, beginnt 776 mit der Missionierung der Friesen und wird 805 vom Kölner Erzbischof Hildebold zum Bischof geweiht. Im Unterschied zur zwangsweisen Missionierung, die teilweise auch von Karl dem Großen mit Feuer und Schwert angewandt wird, ist Liudgers Stil ein friedlicher. Durch Überzeugungsarbeit und Predigten vergrößert er das christliche Territorium, ohne Zwangsmittel anzuwenden. Zum Ende der Sachsenkriege begleitet er 798 Karl den Großen ein einziges Mal auf einem Feldzug in Minden. Die letzten Jahre vor seinem Tod hat der Bischof seinen kirchlichen Amtsbezirk mehrfach bereist. Auf solch einer Reise ist Ludgerus am 26. März 809 in Billerbeck gestorben.
Auf der Abbildung übergibt Karl der Große Liudger das brabantische Kloster Lothusa. Buchmalerei aus der Vita secunda Liudgeri (Ende 11. Jahrhundert)

von Bremen, betrieb die Mission von Osten aus. Als Karl der Große, damals noch König, die Ostgrenze seines Reichs stabilisieren wollte, führte das zu den Sachsenkriegen (772 bis etwa 804). Der in dem Gebiet zwischen der Nordsee und dem Harz, dem Rhein und der Elbe siedelnde Volksstamm war Karl dem Großen ein Dorn im Auge, weil es immer wieder zu verlustreichen Überfällen auf fränkisches Gebiet kam.

Für die ostfriesische Geschichte bedeutsamer ist aber der Friese Liudger (um 742–809). Er erhielt von Karl dem Großen den Auftrag, die friesischen Lande beiderseits der Ems zu missionieren. Liudger war nicht nur Bischof von Münster, sondern auch Gründer der Abtei Werden – dieser Ort ist in der Stadt Essen aufgegangen. Die sehr angesehenen fränkischen Klöster Fulda und Werden bekamen damals erheblichen Grundbesitz in Friesland geschenkt. (Da stellt sich die Frage: Wem wurde das Land genommen?)

Durch ihre Grundstücksaufzeichnungen kennen wir heute viele ursprüngliche Namen noch bestehender Ortschaften. Und es erinnert die Ludgeri-Kirche in Norden mit ihrer wunderbaren Arp-Schnitger-Orgel an den Missionar.

Die **Lex Frisionum**, das *Gesetz der Friesen*, ist eine aus dem achten Jahrhundert stammende frühmittelalterliche Sammlung diverser Rechtsvorschriften. Sie fasst überlieferte Regelungen des friesischen Strafrechts mit aufgezwungenen fränkischen Gesetzen auf Latein und später auch Friesisch zusammen.

Die Friesen siedelten im frühen Mittelalter in losen Stammesverbänden an der Nordseeküste von der Rheinmündung bis zur Elbe. Die Christianisierung der Friesen begann mit der Eroberung des westlichen Frieslands durch den fränkischen Herrscher Pippin den Mittleren 690/695. Im Jahr 785 nahm Karl der Große durch seinen Sieg über die Sachsen, endgültig erst 804, das gesamte Friesland ein und veranlasste eine Niederschrift der friesischen Stammesgesetze.

Da das genaue Jahr der ersten Aufzeichnung der Lex Frisionum nicht bekannt ist, können auch die Jahre 802 und 803 als deren Ursprung gelten, als auf dem Reichstag zu Aachen die germanischen Stammesgesetze festgeschrieben wurden. Da die Friesen keine Schrift besaßen, setzen die schriftlichen Überlieferungen erst mit der Christianisierung ein. Die Lex Frisionum, die für nahezu ganz Friesland galt, ist also eine der wenigen Quellen des frühmittelalterlichen Frieslands.

In der Lex Frisionum ist für jeden Tatbestand ein genaues, individuelles Strafmaß festgelegt, wobei es sich meist um eine zu zahlende Geldsumme handelt.

Die Höhe des jeweiligen Strafmaßes bemisst sich nach dem Status der betroffenen Person. Im Gesetzestext ist von vier verschiedenen Ständen die Rede: die Edlen (nobilis), die Freien (liber), die Knechte oder Halbfreien (litus) und die Sklaven (servus). Ein Klerus oder ein alternativer heiliger Stand wird nicht besonders berücksichtigt.

Eine zentrale Rolle spielt das Wergeld, eine Art Schadensersatzzahlung an die Angehörigen des Opfers einer Tötung oder Verwundung.

Die Lex Frisionum gibt diverse Hinweise auf ein frühes Vorhandensein der christlichen Religion in Friesland, so zum Beispiel der Schwur auf christliche Reliquien, die Sonntagsruhe und das Verbot des Sklavenverkaufs an Heiden. Dennoch sind auch noch Hinweise auf die alten heidnischen Bräuche zu finden, wie beispielsweise das Recht der Eltern, ihr Neugeborenes zu töten. Für die Entweihung eines Tempels werden drakonische Strafen verhängt:

„*Qui fanum effregerit, et ibi aliquid de sacris tulerit, ducitur ad mare, et in sabulo, quod accessus maris operire solte, finduntur aures eius, et castratur, et immolatur Diis quorum templa violavit.*"

(„Wenn jemand in ein Heiligtum einbricht und heilige Gegenstände stiehlt, soll er zur See gebracht werden, und auf dem Sandstrand, der von der Flut bedeckt sein wird, werden seine Ohren abgeschnitten, und kastriert wird er dem Gott geopfert, dessen Tempel er entweihte.")

Karl der Große und die Friesische Freiheit

Noch heute unterscheiden sich die Friesen in ihrem Selbstverständnis von den übrigen Deutschen – und hierbei sind sich beide Parteien einig. Letztendlich ist dieses friesische Lebensgefühl auf die unvergessene Friesische Freiheit des Mittelalters zurückzuführen. Die Überlieferung der Friesischen Freiheit findet sich zum ersten Mal in den sogenannten gemeinfriesischen „Siebzehn Küren", einer Zusammenstellung von Rechten, die wohl um 1080 entstanden ist. Später wurde diese Sammlung durch die „Überküren" und die „Magnusküren" sowie das Karlsprivileg aus der Mitte des 13. Jahrhunderts ergänzt: Karl der Große selbst hatte den Friesen die Freiheit gegeben, als Lohn dafür, dass sie das heidnische normannische Joch abgeworfen und sich stattdessen dem Schutz des fränkischen Reichs und seiner christlichen Kirche anvertraut hatten. Damit erkannten die Friesen den König beziehungsweise den Kaiser – aber nur ihn – als ihren Herrn an. Bei seinen Vertretern, den auswärtigen Grafen und deren Schulzen, erkannten sie nur minimale königliche Grundrechte an.

Ein kleines Problem haben wir in diesem Zusammenhang zwar nicht übersehen, aber bislang nicht genannt: Das Privileg Karls des Großen war eine Fälschung. Aber offenbar gelang es den Friesen, ihre Freiheit nachhaltig zu behaupten, und das im doppelten Sinn: Sie haben sie nicht nur propagiert, sondern auch entwickelt und verteidigt. Eine Anerkennung der Friesischen Freiheit, das gute alte Recht der Ostfriesen auf Selbstbestimmung, fand sich schließlich sogar noch in der Schlussakte des Wiener Kongresses (1815) wieder.

Zurück zu den Anfängen. Die große Freiheit, die direkte Ausrichtung allein auf König und Gott, wäre sicherlich eine Wunschvorstellung geblieben, wenn nicht eine Gefahr von außen den Friesen zu einer Sonderstellung verholfen hätte: die Normanneneinfälle.

Der Dänenkönig Göttrik hatte 810 Friesland überfallen und den Friesen daraufhin erhebliche Tribute abverlangt. Karl erkannte, dass das Frankenreich als Landmacht den dänischen Überfällen auf dem Seeweg schutzlos ausgeliefert war. Darum richtete er in Friesland, vor allem an den Flussmündungen, eine Küstenwacht ein. So waren die Friesen zur Verteidigung des eigenen Landes verpflichtet, wurden aber von Kriegszügen außerhalb Frieslands befreit.

Recht gut überliefert ist ein Überfall der Normannen auf die ostfriesische Küste bei Hilgenriedersiel im Jahr 884. An diesem Ort sollen damals 10.000 Wikinger gelandet sein. Da ein Wikingerschiff normalerweise eine Mannschaft von 40 bis 50 Ruderern umfasste, müsste es sich bei diesem Überfall um eine Flotte von 200 Booten gehandelt haben. Der Historiker streicht in alten Erzählungen daher gern eine Null – auch 1000 Wikinger sind eine gefährliche Menge.

Immerhin: Ein ostfriesisches Aufgebot konnte die Normannen zurückschlagen. Sie seien nie wiedergekommen, heißt es, und der Bremer Erzbischof Rimbert, zu dessen Bereich das östliche Ostfriesland gehörte, belohnte die Teilnehmer der Schlacht auf solche Weise: Er schenkte ihnen und ihren Nachfahren für alle Zeiten ein Stück Land von nicht geringem Ausmaß zum gemeinsamen Besitz. Bis heute hat diese bäuerliche Gemeinschaft ihren Sitz im Alten Rathaus von Norden. Die Mitglieder dieser „Theel-Acht" vererben ihren Anteil („Theel") wie seit Jahrhunderten immer an den jüngsten Sohn der Familie. Ältere Söhne und Söhne der (nach alter Tradition nicht erbberechtigten) Töchter können „antasten", also ihr Recht in einem alten Ritual einfordern.

Die Normanneneinfälle ließen nach, deren Druck hatte die friesische Gesellschaft eher stabilisiert, die Freiheit war ein geschätztes Gut, an das man sich gewöhnt hatte. Dass diese Entwicklung aber nicht von außen beziehungsweise „von oben" gestört wurde, lag an einem neuen Sachverhalt, dem Umstand, dass nach den wilden Normannen nun die wilde See das Land bedrohte.

Die Siebzehn Küren [altfriesisch **kêre = Gesetz**]

Eine Anzahl der Küren sind sehr speziell und müssten ausführlich erläutert werden, deshalb hier nur eine beispielhafte Auswahl:

Das ist die erste Küre und König Karls Privileg und Recht aller Friesen, dass ein jeder im Besitz seines Gutes bleibe, solange er es nicht verwirkt habe.

Das ist die zweite Küre: Friede allen Gotteshäusern und allen Gottesmännern bei 72 Pfund Strafe, das Pfund zu sieben Kölner Pfennigen.

Das ist die dritte Küre, dass ein jeder das Seine unangefochten innehabe, es sei denn, dass man ihn mit Rede und Gegenrede in einem rechtmäßigen Verfahren überführe.

Das ist die vierte Küre, dass der zehn Mark schuldig ist, der ohne gerichtliche Verhandlungen und ohne Rechtsverfahren […] und ohne Erlaubnis des Volkes in den Besitz eines anderen eindringt.

[…]

Das ist die siebente Küre, dass alle Friesen auf freiem Stuhle sitzen, das verlieh ihnen König Karl, damit sie Christen würden und dem südlichen König untergeben und gehorsam würden und Haussteuer bezahlten und damit ihren Adel und ihre Freiheit erkauften.

[…]

Das ist die neunte Küre: Friedenspfennige und Haussteuer hat man Kraft des Königs Gebot zu zahlen, […] damit soll man den Schutz erkaufen auf sieben Straßen, frei und befahrbar, um nach Süden zu ziehen, drei zu Lande und vier Wasser. Von diesen Wasserstraßen die östlichste ist die Elbe, die andere ist die Weser, die dritte die Ems, die vierte der Rhein.

Die östlichste Landstraße führt landeinwärts nach Hamburg und seewärts nach Jever, die mittlere landeinwärts nach Münster und seewärts nach Emden, die dritte führt landeinwärts nach Coevorden und seewärts nach Stavoren.

Und wenn friesische Kaufleute auf einer dieser Straßen in den sächsischen Gebieten widerrechtlich bedrängt oder beraubt werden, […] dann soll man ihnen […] für ihren Schaden oder ihre Gefangenschaft Ersatz leisten.

Das ist die zehnte Küre, dass die Friesen auf keiner Heerfahrt weiter zu ziehen brauchen als ostwärts bis zur Weser und westwärts bis zum Fli, weil sie ihr Land vor der See und vor den Normannen schützen.

[…]

Das ist die vierzehnte Küre: Wenn jemand aus Kriegsgewalt oder anderer Gewalt oder aus der Gefangenschaft zurückkehrt, und er sein Stammgut und seine Äcker und seinen Wohnsitz wiedererkennen kann, und wenn sein Bruder oder sein ungetreuer Vormund oder sein Schwager oder sein Stiefvater das Land ohne seinen Willen oder ohne seine Ermächtigung oder ohne seine Erlaubnis veräußert hat, so soll er ohne Zweikampf sein eigenes Erbe in Besitz nehmen, nach dem Rechte aller Friesen.
Das ist die fünfzehnte Küre: Wenn jemand eine Witwe oder ein Mädchen oder die Frau eines anderen Mannes vergewaltigt, und er dessen überführt wird, [...] so soll er seinen Kopf vom Volke mit zwölf Mark lösen und der Frau weitere zwölf Mark als Wergeld zahlen.
Das ist die sechzehnte Küre, dass alle Friesen ihren Friedensbruch mit Geld büßen sollen. Infolgedessen sollen sie befreit sein von Stock und Staupe, von Zuchtrute und von Schere und allen Leibstrafen, [...] und wenn er sehr schwere Taten begangen hat, so hat er die nach dem Rechte des Volkes mit seinem Leben zu büßen, wenn er das Geld nicht hat.
[...]
Die Siebzehn Küren betonen die Freiheit aller Friesen und damit eng zusammenhängend das Eigentum, welches damals „Landeigentum" hieß. Und wir erkennen schnell, dass die Freiheit und die Rechte für alle gelten. Die sozialen Unterschiede werden nicht ausdrücklich betont, sind aber offenbar: In der fünfzehnten und sechzehnten Küre kann der Straftäter den Schaden mit Geld wiedergutmachen oder auch seinen Kopf retten ... aber was, *wenn er das Geld nicht hatte?*
Immerhin, und das ist schon etwas ganz Besonderes, die Ostfriesen haben behauptet und durchgesetzt, dass das Volk die Heerfolge nur bis an die Landesgrenzen leisten musste.
Das haben sie sogar gegen eine relativ geringe Zahlung unter dem Preußenkönig Friedrich dem Großen (ab 1744) durchhalten können. Erst Napoleon gelang es, nachdem er Ostfriesland zunächst dem Königreich Holland und dann dem Französischen Kaiserreich einverleibt hatte, dieses Privileg aufzuheben.

Deichbau und Entwässerung

Eine unglaubliche Leistung der Friesen ist ohne Zweifel der Deichbau. Hätten sie damals keine Deiche gebaut, wäre heute höchstwahrscheinlich bereits eine Fläche von mehr als 3400 Quadratkilometern an der deutschen Nordseeküste überflutet.

„Der Deich" ist schlichtweg eine gewaltige Untertreibung. Es musste schließlich nicht einfach nur ein einziger ziemlich gerader Damm von Nordholland bis Jütland entlang der Nordseeküste errichtet werden – nein, viele Buchten, Einschnitte und Flussmündungen verlängerten die Deichlinie um ein Vielfaches. Und es bedurfte – da es keine Zentralgewalt gab – der Zustimmung und Mitarbeit aller Friesen, die bereits vorhandenen, um einzelne Warften gelegenen Sommerdeiche zu verbinden, zu erhöhen und zu pflegen.

Bei den ersten Deichen handelte es sich um sogenannte Ringdeiche. Diese Sommerdeiche waren niedrige, nicht sonderlich breite Erdwälle mit steilen Böschungen, die in der Regel nicht höher als drei Meter waren. Sie umringten, wie der Name bereits vermuten lässt, sowohl landwirtschaftliche Flächen als auch Siedlungsgebiete und sollten vor allem zur Sommerzeit die Böden vor Überflutung und Versalzung schützen, was den Getreideanbau, vor allem von Hafer und Pferdebohnen, und die Viehzucht erst ermöglichte. Archäologischen Grabungen zufolge begann der Deichbau bereits im achten und neunten Jahrhundert. In der just vorgestellten „Lex Frisionum" (S. 44), die ihre Ursprünge zu Beginn des achten Jahrhunderts hat, wurde der Deichbau allerdings noch nicht erwähnt. Die endgültige, großräumige Errichtung der Deiche an der Nordseeküste wird auf den Zeitraum zwischen dem elften und zwölften Jahrhundert datiert.

Aus dem Sachsenspiegel von 1336: Die Menschen schützen sich gegen die Wogen der See durch eine starke Mauer. Im Laufe der Zeit erkannte man, dass ein möglichst flaches Deichprofil den Fluten besser standhält, weil die Kraft der Wellen sich dann besser totlaufen kann.

Als Werkzeuge fungierten lediglich Spaten, Forke und Tragbahre, da man mit Wagen in der lehmigen Kleierde nicht weit gekommen wäre. Die Verwendung von Lehm war essentiell – Sand wäre zu schnell weggespült worden.

Aber nicht nur den Sandmassen drohte die Wucht der Naturgewalten! Obwohl es keine nennenswerten Überlieferungen von größeren Sturmfluten zu dieser Zeit gibt, bedeutet es nicht, dass die Bevölkerung dagegen gefeit war. Die Menschen hatten damals wohl andere Sorgen, die jegliche Gedanken an das Verfassen einer Chronik verdrängten. Außerdem konnten ohnehin die wenigsten von ihnen lesen und schreiben; der Klerus besiedelte das Land erst nach und nach mit seinen Klöstern.

Ein weit verbreiteter Irrglaube ist die Behauptung, die Chinesische Mauer sei das einzige von Menschenhand errichtete Bauwerk, das aus dem Weltraum zu sehen sei. Falsch gedacht! Das während der Ming-Dynastie (1386–1644) erbaute Monument ist am Fuß etwa sechseinhalb Meter breit, im oberen Teil sind es gut vier Meter. Die Höhe variiert zwischen sechs und zwölf Metern. Das überbieten unsere Seedeiche mühelos: Sie sind fast durchgängig mindestens neun Meter hoch – eher höher – und am Fuß bis zu 100 Meter breit, um den mächtigen Wellen der Sturmflut keine direkte Angriffsfläche zu bieten. Einzig bei der Länge siegt die Chinesische Mauer: Sie soll angeblich 21.196 Kilometer lang sein, aber streckenweise sehr verfallen. Dass man sie vom Mond aus sehen kann, ist eine schöne Illusion, stimmt eindeutig nicht.

Ein Zitat aus einem Reiseführer: „Die majestätische Große Mauer wurde mit Weisheit gebaut, mit Hingabe, Blut, Schweiß und Tränen. Familien wurden zerrüttet und viele der Arbeiter starben und wurden mit eingebaut als Teil der Großen Mauer selbst."

Ähnliches könnte man auch über die Erbauung unserer Deiche sagen. Noch im „Schimmelreiter" von Theodor Storm (1888) heißt es: „Es muss was Lebendiges mit hinein."

Aber eines ist wohl klar: Die Strahlkraft des von unseren Vorfahren errichteten Küstenschutzes reicht ebenfalls bis in die schwindelerregenden Höhen des Weltraums.

Genug der Ausflüge in die große, weite Welt – schnell zurück in die salzige Nordseeluft! Natürlich war die Errichtung dieses Bollwerks für Mensch und Natur ein großer Gewinn: Das Land ist nun täglich vor den Salzwassermassen der wütenden Nordsee geschützt.

Eine unerwünschte Begleiterscheinung ist jedoch, dass das Binnenwasser nun auch nicht mehr abfließen kann! Und weil das neue Land gleich hinter dem Deich höher liegt als das übrige Landesinnere, staut sich das Wasser im Binnenland bis an die Geest, sodass sich flache Meere (friesisch – Auswärtige sagen „Seen") bilden. Bis heute übrig geblieben sind das Große, das Kleine, das Uphuser, das Loppersumer und das Timmeler Meer sowie das Sandwater; verschwunden sind viele andere, wie das Freepsumer Meer, welches mittlerweile die tiefste begehbare Stelle Ostfrieslands ist.

Wie sollte man nun dieser Problematik Abhilfe schaffen? Zunächst hoffte man, dass Sonne und

Das Timmeler Tief in der Nähe von Großefehn. Ein Tief ist ein ursprünglich natürliches Gewässer, oft ein Fließgewässer. Überflüssiges Binnenwasser vor den Deich zu bringen, ist immer noch ein echtes Problem in Ostfriesland. Früher hat man Siele in den Deich gebaut, durch die bei Niedrigwasser das Binnenwasser abfließen konnte. Da das nicht reichte, gibt es jetzt einige große Schöpfwerke.

Wind das Wasser verdunsten lassen würden, was auch geschah, allerdings nicht sonderlich nachhaltig. Die Lösung: Man legte hölzerne Röhren durch den Deich, sodass bei Ebbe das Regenwasser ablaufen könnte. Bei Flut schlossen sich die Röhren durch den Wasserdruck von außen fast automatisch. Danach wurde diese Konstruktion zu größeren hölzernen Toren erweitert, sodass man mit Booten hindurchfahren konnte und diese nicht der wilden See vor dem Deich ausgesetzt waren. Diese „Siele" wurden größtenteils zu Schleusen umgebaut und anstelle der gemauerten Röhren, (solche sind bis heute noch in Greetsiel oder Ditzum vorhanden), wurden die Sieltiefe mit Klappbrücken versehen. Dies ermöglichte, dass fortan auch größere Schiffe mit stehendem Mast durch die Lücken im Deich fahren konnten.

Die Siele waren eine großartige Erfindung, doch auch der Höhenunterschied zwischen dem Geestrand und dem flachen Binnenland ermöglichte eine Nutzung der natürlichen Wasserläufe. Hier ergab sich aber das Problem, dass das Oberflächenwasser nicht von selbst „bergauf" lief, nicht einmal die bescheidenen anderthalb Meter, die es zu überwinden galt. Also musste man pumpen. Zunächst wurden sogenannte Flutter eingesetzt: die einfachste Form einer Windmühle, bei der über einfache Rohre mit einem Flügelpaar, das „in den Wind" gestellt wurde, und einer archimedischen Schraube das Wasser in einen höher liegenden Graben gepumpt werden kann - wenn der Wind weht! Von diesen Fluttern gibt es sogar heute noch einige Exemplare. Eine Verbesserung war die „Kokermühle", bestehend aus Flügeln, die sich selbsttätig in den Wind drehten, und einem Häuschen, in dem sich in einem Köcher (darum „Koker") wiederum eine archimedische Schraube drehte. So konnte man das Wasser etwa einen Meter hoch pumpen. Wenn das nicht reichte, wurden mehrere Windräder hintereinander geschaltet. Das wohl schönste Ensemble sind die neunzehn Wasserpumpmühlen von Kinderdijk (NL).

Die Wasserpumpmühlen von Kinderdijk: In den Niederlanden pumpen noch immer unzählige Mühlen das Wasser aus dem tiefer gelegenen Land in die Kanäle oder Flussarme, so dass es ablaufen kann. Rechts steht eine Bockwindmühle, links Holländerwindmühlen. Ein Drittel der Niederlande befindet sich unterhalb des Meeresspiegels. Die Niederländer gelten als Meister des Wasserbaus. Die Ostfriesen versuchen es ihnen nachzutun.

Der Schutz vor den immer höher auflaufenden Fluten ist heute aktueller denn je. Das friesische System bestehend aus Deichen, Entwässerung und steter Kontrolle der Anlagen hat sich über Jahrhunderte bewährt. Doch heute ist der Küstenschutz eine Mammutaufgabe, die selbst die Ostfriesen überfordert. Gewaltige Erdmassen und Klei werden mit schweren Maschinen bewegt – das geht in die Millionen. Bund und Land sind daher gefordert. Doch auch alle Eigentümer, deren Grundstücke überflutet werden könnten, leisten einen Beitrag an die Deichacht bzw. die Deichverbände, die für den Küstenschutz verantwortlich zeichnen.

Die Kleine Eiszeit

So weit, so gut: Die Normannen wurden zurückgeschlagen, die Deiche waren erbaut und die Entwässerung des Landes war vorangebracht – die Freiheit erworben und gerettet. Ziemlich perfekt, das Ganze.

Aber die nächste Herausforderung war bereits im Anmarsch: die Kleine Eiszeit. Im Zeitraum von etwa 1300 bis 1900 n. Chr. herrschten auf der Nordhalbkugel sehr niedrige Temperaturen. Die Gletscher erreichten die größte Ausdehnung.

Die Kleine Eiszeit begann mit einer abrupten Abkühlung der Sommer, verbunden mit erhöhten Niederschlägen, im Zeitraum 1275 bis 1300. Von 1430 bis 1455 verstärkte sich der Kälteeinbruch weiter und die Temperaturen in ganz Europa nahmen stetig ab, während es auf Grönland zu diesem Zeitpunkt wärmer war. Die kälteste Periode der Kleinen Eiszeit wurde etwa um 1550 erreicht. Zu dieser Zeit begannen der Frühling später und der Winter früher, als wir es heute gewohnt sind, sodass die Vegetationsphase um etwa 14 Tage verkürzt war. Von 1550 bis 1800 war es in Europa etwa zweieinhalb Grad kälter als heute. Gletscher und Eiskappen waren während dieser Zeit mächtiger denn je. In Europa führten die neuen Umweltbedingungen zu schlechteren Ernten. Hungersnöte und eine generelle Verschlechterung der Gesundheit waren deren Folge. Hinzu kam eine große Anzahl an Pestopfern. Von 1347 an löschte die Pandemie etwa 40 bis 60 Prozent der europäischen Bevölkerung aus.

Mit Beginn des 14. Jahrhunderts setzte außerdem eine langanhaltende Geldentwertung ein. Die Anhäufung dieser miserablen Lebensgrundlagen war für eine Vielzahl an Menschen der ausschlaggebende Grund, zwischen dem 17. und dem 19. Jahrhundert nach Amerika auszuwandern.

Als Auslöser des plötzlichen Temperaturabfalls Ende des 13. Jahrhunderts wurden in der Retrospektive vor allem Vulkane ausgemacht. Innerhalb eines Zeitraums von 50 Jahren brachen nach 1250 vier äquatornahe Vulkane aus. Gerade Vulkanausbrüche in den Tropenregionen haben immense Auswirkungen auf das Klima, da die emittierte Asche leichter bis in die Stratosphäre gelangt. Von den dort herrschenden Höhenwinden wird diese um die ganze Erde verteilt, was über mehrere Jahre hinweg die Sonneneinstrahlung negativ beeinflussen kann. Im Nordatlantik wurde der Wärmetransport gen Norden aufgrund der geringeren Strahlkraft der Sonne so sehr geschwächt, dass ein vermehrtes Eiswachstum die direkte Folge war. Das setzte folgenden Prozess in Gang: Das neu gebildete Eis führte zu einer weiteren Abkühlung und diese wiederum zu neuer Eisbildung. Ein vermehrter Transport von Gletschereis Richtung Süden brachte daraufhin erhöhte Süßwassermassen mit sich, die leichter als Salzwasser sind, sodass sich im Ozean Schichten ausbildeten, die die Wassertemperatur im Norden weiter abkühlte. Dieser Rückkopplungsprozess sorgte dafür, dass die Kälteperiode auch noch lange Zeit nach den Vulkanausbrüchen Einfluss auf das Weltklima hatte.

So kam es unweigerlich zu Hungersnöten und Teuerungen. Inflation, Mangelernährung und Seuchen verschärften die sozialen Spannungen in der europäischen Bevölkerung.Davon blieb, wie wir sehen werden, auch Ostfriesland nicht unberührt.

Die Friesische Freiheit

Den Friesen gelang es erfolgreich, sowohl gegen die Normannen wie gegen Gewalten der See und die Gewalten der Natur zu bestehen – ganz ohne Hilfe von außen, in gemeinschaftlicher Leistung, und auch ohne Hilfe von oben. Kaiser und Gott hatten ihnen lediglich ihr Wohlwollen und ihre Freiheit geschenkt, was ja auch völlig genügte. Alle Friesen waren unabhängig und rechtlich gleich, allerdings (kaum verwunderlich) sozial ungleich – wer hat, der hat.

Keine Frage – König (und später Kaiser) Karl der Große war der anerkannte Herrscher und obendrein schön weit weg. Seinen Vertretern, den auswärtigen Grafen, und deren Vertretern vor Ort, den einheimischen Schulzen, machten die Friesen die Wahrnehmung der Regalien (der königlichen Rechte) grundsätzlich nicht streitig. Aber als die Grafen im elften Jahrhundert versuchten, die Zügel anzuziehen und das zugewiesene Gebiet in eigene Herrschaften zu verwandeln, wurden sie von den freiheitsgewohnten und -verwöhnten Friesen in ihre Schranken gewiesen. Selbst Herzog Heinrich der Löwe (von 1142 bis 1180 Herzog von Sachsen) konnte sich nicht durchsetzen, und auch die Grafen von Oldenburg mussten sich mit ihren angestammten Rechten zufriedengeben.

Ritterhelden gab es andernorts. Ihre Romane, das ritterliche Verhalten, der Minnesang und die Turniere sind bestens bekannt. Für den Friesen bedeutete der Ritter in seiner Rüstung das Feindbild schlechthin. Ihr Ideal war der Krieger zu Fuß, bewaffnet mit Rundschild und Schwert oder Lanze.

Und auch der Bau von Burgen, die für die Friesen ein Ausdruck von Herrschaftsanspruch waren, war verboten. Ebenso durften sich friesische Städte nicht mit Mauern oder Wällen umgeben. So konnte sich die sächsische Stadt Groningen, die auf einer weit in das friesische Gebiet hineinragenden Geestzunge lag, die Herrschaft über ihr Umland sichern, was langfristig zur Trennung von West- und Ostfriesland führte. „Stad en ommelande“ – Groningen und das Umland sprechen seitdem Nedersaksisch, nicht mehr Friesisch.

Die friesische Selbstverwaltung hatte keinerlei Vorbilder, weshalb Regelungen gefunden und Widersprüche geklärt werden mussten. Schließlich entwickelte sich eine Struktur von Landesgemeinden mit einer genossenschaftlichen Verfassung. An deren Spitze standen „Consules“, friesisch „Redjeven“, also „Ratgeber“, die auch einfach „Richter“ genannt wurden. Ihre Aufgabe war der Ausgleich, nicht die Herrschaft.

Sie waren an das Recht gebunden und wurden in den einzelnen Landesvierteln jeweils für ein Jahr gewählt. Jedes Landesviertel entsandte vier Vertreter in das Landesgericht, das somit aus sechzehn Konsuln oder Richtern bestand. Jeder war dabei für einen Sprengel (also für einen Unterbezirk) besonders zuständig und verdrängte im Laufe der Zeit die vom Grafen eingesetzten Schulzen.

Keine andere Landschaft in Europa hatte einen vergleichbaren Status erlangt, und erst recht kein ei-

Die Friesen führten ihre Freiheit und ihre Privilegien auf Karl den Großen (747 oder 748–814) zurück. Angenommen wird heute allerdings, dass es Karl III. (839–888), ostfränkischer König und römischer Kaiser, war, der die Friesen nach deren Sieg über ein Normannenheer 885 mit dem Privileg der „Freiheit" auszeichnete – dass sie also nur den Kaiser über sich haben.

genes Siegel – damals ein Herrschaftszeichen. Am ehesten lässt sich der Ostfriesische Landfriedensbund der Sieben Seelande wohl mit der Schweizer Eidgenossenschaft vergleichen. Günstig in beiden Fällen: ein schwieriges Gelände für Ritterheere.

Eigentlich war festgelegt, dass die Wahl zum Redjeven reihum ging und jährlich wechselte (ähnlich wie heutzutage beim Bundesrat), aber das Recht, gewählt zu werden, akkumulierte häufiger: Durch Heirat, Erbschaft oder Kauf konnte sich ein Kandidat mehrfach zur Wahl aufstellen lassen. Andererseits kostete die Ausübung eines solchen Amtes natürlich Zeit und Geld, und es war sicher auch schön bequem, sich vertreten zu lassen.

Mit dem Rückgriff auf Karl den Großen als Stifter und die Jungfrau Maria als große Heilige und Schutzpatronin der Friesischen Freiheit suchten die Friesen die Legitimation ihres Sonderdaseins mithin beim Reich und im Himmel – Mächte, die unanfechtbar, aber weit genug entfernt waren, um eine Gefahr darzustellen. Ob dieser Schutz im Ernstfall genügte, konnte schlecht geprüft werden. Also bauten die Landesgemeinden überdimensional große Kirchen. Die Kirche von Marienhafe (= „Hof der Maria") entsprach in

Die evangelisch-lutherische Marienkirche in Marienhafe war bis zu ihrem Teilabbruch im Jahre 1829 der größte und bedeutendste Sakralbau Ostfrieslands. Lange Zeit war die Kirche auch ein bedeutendes Seezeichen. Störtebeker soll hier einen Unterschlupf gehabt haben.

Der Upstalsboom war während der Zeit der Friesischen Freiheit im 12. bis 14. Jahrhundert die Versammlungsstätte der Abgesandten der friesischen Landesgemeinden, der Sieben Seelande, westlich der heutigen Stadt Aurich. Sie regelten dort das Zusammenleben innerhalb der Landesgemeinden und vertraten den Bund politisch nach außen. Seit 1833 erinnert eine Steinpyramide an diese Zusammenkünfte.

ihren Abmessungen denen des Osnabrücker Doms – für so ein kleines Dorf eine unfassbare Leistung. (Im 19. Jahrhundert konnte die Gemeinde sich das Bauwerk allerdings nicht mehr leisten, halbierte den Turm und riss die Seitenschiffe ab.)

Natürlich war der Kirchenbau nicht nur eine Huldigung dem Himmel gegenüber, sondern zugleich Zeugnis des Reichtums. Diese Kirchen waren Gegenstücke zu den Burgen des Adels und auch Repräsentationsobjekte gegenüber den Städten.

Den autonomen Landesgemeinden war sehr wohl bewusst, dass ihre Freiheit ein gemeinsames, aber auch gefährdetes Gut war. Obwohl es nie gelang, alle Frieslande unter einen Hut zu bringen, versuchten sie dennoch, als Zeichen ihrer Zusammengehörigkeit einen gesamtfriesischen Landfriedensbund auf die Beine zu stellen. Als Ort der Beschwörung von Recht, Friede und Freiheit diente ein mittelalterlicher Grabhügel westlich von Aurich: der Upstalsboom – ziemlich im Zentrum der Sieben Seelande gelegen und andererseits ohne jeglichen Bezug zu irgendeinem alten Herrschaftssitz. Hier trafen sich wohl bereits im zwölften Jahrhundert nicht *alle* Friesen, doch möglichst aus jeder Landesgemeinde zwei „Seeländische Richter". Als starke Bekräftigung der gefassten Beschlüsse diente das Totius-Frisiae-Siegel mit der Jungfrau Maria und dem Jesuskind zwischen zwei friesischen Kriegern. Die Umschrift des Siegels lautet:

> HIS SIGNIS VOTA /
> SUA REDDIT FRISIA TOTA,
> CUI CUM PROLE PIA /
> SIT CLEMENS VIRGO MARIA.

Diese schönen Reime auf Deutsch:

> *„Mit diesem Zeichen /*
> *gibt ganz Friesland sein Gelübde ab,*
> *mit ihrem frommen Sohn /*
> *sei die Jungfrau Maria gnädig*
> *dem Lande."*

Mehr geht doch wohl nicht.

Die Klöster

Die **Klosterlandschaft Ostfriesland** umfasste zu ihrer Hochphase etwa 30 Klöster, Stifte und Kommenden (das sind von der Kirche übertragene Pfründe, also Ämter, die mit mühelosem Einkommen ausgestattet waren) verschiedener Kongregationen. Der Überlieferung nach gab es im mittelalterlichen Deutschen Reich nirgendwo eine so hohe Dichte an Klöstern wie hier. Sie entstanden während einer Gründungswelle im 12. und 13. Jahrhundert. Nach der Reformation wurden die Klöster aufgelöst und die Gebäude abgetragen. Im Zuge dieser Säkularisation ging leider auch ein Großteil der Urkunden, Verträge sowie Bild- und Schriftquellen verloren. Dies erschwert die Beurteilung des ostfriesischen Klosterwesens sehr. Es ist nicht einmal möglich, eine genaue Zahl der in Ostfriesland gegründeten Klöster zu nennen. Beinahe alle ostfriesischen Klöster wurden als Doppelklöster gegründet, in denen sowohl Mönche als auch Nonnen lebten. Im Laufe des Mittelalters drängten aber die Orden verstärkt darauf, männliche und weibliche Bewohner räumlich voneinander zu trennen.

Als das älteste Ordenshaus in Ostfriesland gilt das Kloster Reepsholt. Es soll um 953 gegründet worden sein und war dem Heiligen Mauritius geweiht. Das Kloster wird urkundlich in einem Dekret Kaiser Ottos II. (955-983) aus seinem letzten Jahr als Herrscher erwähnt.

Einen Schub erhielt das ostfriesische Klosterwesen erst im Laufe des 12. und 13. Jahrhunderts. Zu dieser Zeit wurde die Region von einer Frömmigkeits- und Armutswelle erfasst, die sich damals in ganz Europa ausbreitete und wohl mit dem Einsetzen der Kleinen Eiszeit begründet werden kann.

Als erste Klostergründer treten die Benediktiner in Ostfriesland auf. Ihre Niederlassungen waren fast ausschließlich Doppelklöster. Der Heilige Hatebrand († 1198) gründete zwischen 1183 und 1198 mit Meerhusen das zweitälteste Kloster Ostfrieslands. Die Johanniter, die die Region erst mit Beginn der Kreuzzüge besiedelten, prägten die zweite Phase der Neugründungen.

Die Bettelorden erreichten Ostfriesland Mitte des 13. Jahrhunderts. Die ersten Vertreter dieser Armutsbewegung waren die Dominikaner. Sie kamen um 1264 nach Norden und machten ihr dortiges Kloster zu einer bedeutenden Niederlassung. Die Franziskaner erbauten ab 1317 in unmittelbarer Nachbarschaft der Stadt Emden ihr Kloster Faldern. Der Ort wurde später zu einem Teil der Stadt.

Von 1347 bis 1353 wütete in Europa die Pest, der geschätzte 25 Millionen Menschen – ein Drittel der damaligen europäischen Bevölkerung – zum Opfer fielen. Die Seuche hatte Ostfriesland über Utrecht erreicht, sich über die Hafenstädte ausgebreitet und die Bevölkerung rapide dezimiert. Zudem brachen unter Sturmfluten die während des hohen Mittelalters erbauten Deiche (so bei der Zweiten Marcellusflut im Jahr 1362). In deren Folge wurden bis dahin bewohnte Gebiete überflutet: Es entstanden Ley- und Harlebucht sowie der Jadebusen, eine etwa 190 Quadratkilometer große Meeresbucht. Dabei mussten neben vielen

Dörfern auch drei ostfriesische Klöster aufgegeben werden.

Für die meisten Klöster in Ostfriesland war die Zeit von 1350 bis 1400 eine Periode von Misswirtschaft, Besitzverlust und Verwahrlosung, sodass der Ruf nach Reformen immer lauter wurde.

Im 15. Jahrhundert setzte in den Frieslanden eine neue Frömmigkeitsbewegung ein, die eine Reform des Klosterwesens erforderte. Diese Neuerungen brachten eine drastische Reduktion der Bewohnerzahlen der Klöster in Ostfriesland mit sich. Laienbrüder wurden kaum noch aufgenommen, denn sie wurden nicht mehr benötigt, da der Grundbesitz der Klöster verpachtet wurde.

Nach der Reformation kam es sukzessive zur Auflösung der Klöster. Graf Enno II. (1505–1540) bemächtigte sich 1528 eines Großteils der Besitztümer der Konvente. Er ordnete an, dass alle Monstranzen und Kelche, alles Gold und Silber aus den Klöstern und Kirchen abzuliefern seien. Mit dem Erlös füllte er seine Kriegskasse. Beträchtliche Mengen der Ausstattung gingen auf diese Weise verloren. Einige Klöster, so etwa die in Ihlow und Norden, lösten sich eigenständig auf, da sich ihre Bewohner der Reformation zuwandten und daher ihre alte Wirkungsstätte verließen. Die letzte ostfriesische Nonne starb erst nach 1616.

Nach der Abwanderung der Mönche und Nonnen wurden die ehemaligen Klöster vom Grafenhaus unterschiedlich genutzt. Das Dominikanerkloster in Norden diente dem Grafen als Wohnhaus, das Zisterzienserkloster in Ihlow wurde von Graf Johann I. (1506–1572), der im Gegensatz zu seinem Vater und Bruder katholisch geblieben war, zu einem Jagdschloss umgebaut. Viele andere Klöster dienten in der Folgezeit als Steinbrüche. Von den ehemaligen ostfriesischen Klöstern finden sich heute keine stehenden Gebäudeteile mehr. Am längsten blieb die Kirche des Franziskanerklosters in Faldern (Emden) erhalten, die nach der Auflösung des Konvents in ein *Gasthaus* (Armenhaus) umgewandelt wurde und daraufhin den Namen Gasthauskirche trug. Im Jahr 1938 wurde sie bei einem Brand zerstört.

Unmittelbar nach Gründung eines Klosters begannen die Mönche zunächst damit, die wichtigsten, für das Klosterleben nötigen Gebäude, also

Das 1228 gegründete Kloster Ihlow wird von den ostfriesischen Grafen nach der Reformation in Besitz genommen und 1529 abgerissen. An seiner Stelle wurde ein Jagdschloss errichtet. Seit 2005 entstand auf den Mauersockeln ein Bauwerk aus Stahlträgern, die den ehemaligen Zisterzienserbau nachbilden sollen.

Graf Enno II. (1505 – 1540) ist von 1528 bis zu seinem Tod Herrscher der Grafschaft Ostfriesland. Als 1529 der letzte Mönch das Kloster Ihlow verlässt, holt Enno den Altar nach Aurich in seine Schlosskapelle. So entgeht dieser der Zerstörung. Etwa 100 Jahre später schenkt Graf Ulrich II. (1628 – 1648) ihn der Auricher Stadtkirche, in der er seitdem steht. Enno II. hatte großen Anteil an der Zerstörung vieler ostfriesischer Klöster, deren Besitzungen er zu Geld machte, um damit seine Kriegskasse zu füllen.

Gebetsraum, Küche und Refektorium sowie einen Schlafsaal, barackenartig aus Holz zu errichten. Anschließend wurde das Gelände für den Bau der Klosteranlage aus Stein vorbereitet, welcher manchmal erst Jahrzehnte später begann. Die dafür verwendeten Ziegel wurden vor Ort aus der reichlich zur Verfügung stehenden lehmhaltigen Erde gebrannt. Vor allem die Zisterzienser waren Experten auf diesem Gebiet. Das große „Klosterformat“ dieser Ziegelsteine ist noch in vielen Kirchenmauern zu entdecken.

Die Lebensgrundlage der Klöster war die Landwirtschaft. Der derzeitige Forschungsstand lässt vermuten, dass die Klöster Ostfrieslands im Mittelalter etwa ein Fünftel bis ein Viertel des kultivierten Bodens bewirtschafteten.

Den ostfriesischen Klöstern wurde bis zum 15. Jahrhundert eine enorme politische Bedeutung beigemessen. Da eine Zentralgewalt fehlte, dienten die Klöster als Archive und letzte Instanz. Immer wieder waren Äbte an Verhandlungen beteiligt und die Klostervorsteher (Prälaten) waren im ersten Stand der Landstände vertreten. Dabei spielte das Zisterzienserkloster in Ihlow eine überragende Rolle. Dort war ein Exemplar des Brookmerbriefs hinterlegt, der eine Grundlage für die Rechtsprechung darstellte. Zur Zeit der sogenannten Friesischen Freiheit war die Abtei sehr wahrscheinlich Archiv und Kanzlei des Upstalsboom-Bundes. Deshalb wird angenommen, dass im Kloster Ihlow auch das Siegel des Upstalsbooms, des Zentrums der Friesischen Freiheit, verwahrt wurde.

Das letzte Großereignis, bei dem ein ostfriesisches Kloster eine zentrale Rolle spielte, war die offizielle Belehnung Ulrichs I. (um 1408–1466) mit der Reichsgrafschaft Ostfriesland in der Kirche des Franziskanerklosters in Faldern am 23. Dezember 1464. Dafür musste er selbstverständlich eine erhebliche Summe an die kaiserliche Kanzlei zahlen.

Mit der Reformation konnten sich die evangelischen Landesherren –

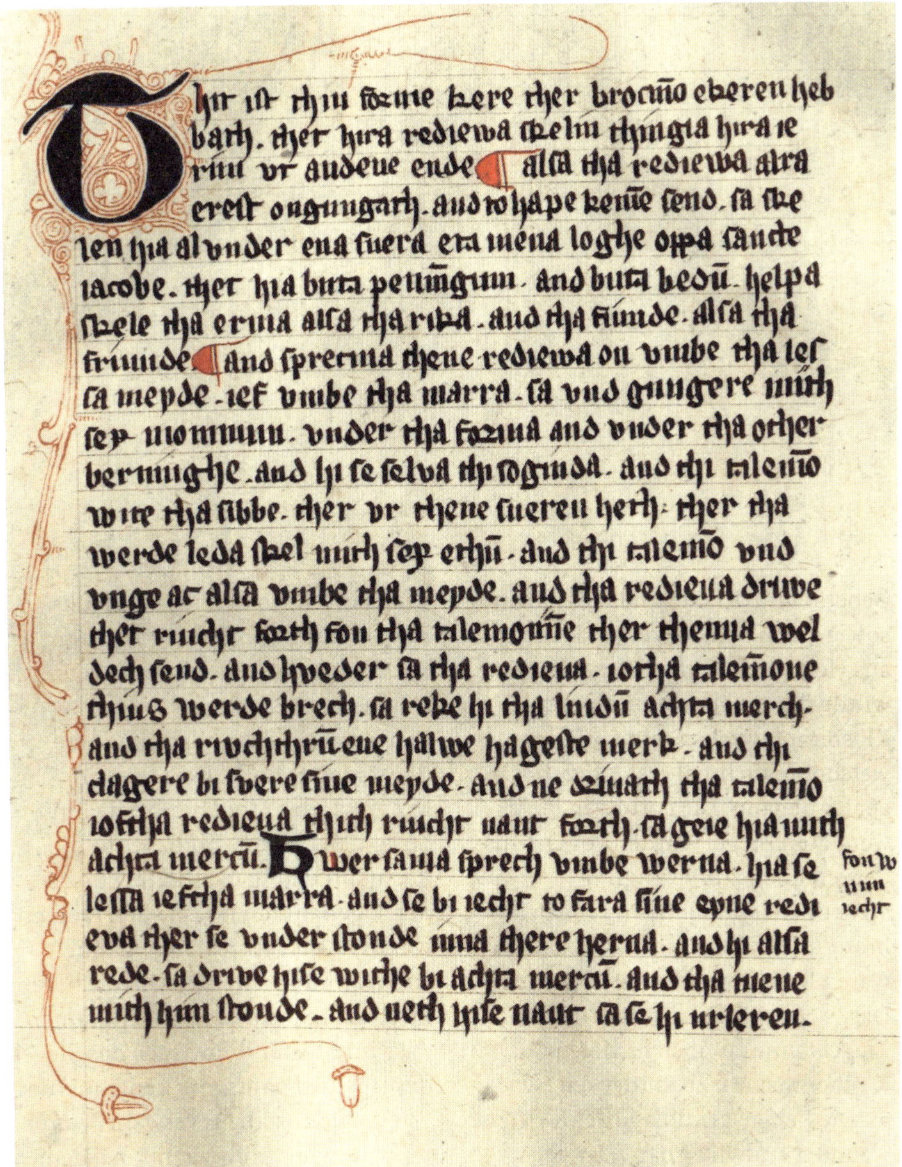

Der Brookmerbrief war das Gesetzbuch der Bewohner des ostfriesischen Brookmerlandes. Er wird erstmals nach 1276 auf Friesisch niedergeschrieben und stellt als ausführlichste friesische Rechtsquelle die Verfassung eines Landes dar, dessen Recht auf dem Willen des Volkes beruht. So war geregelt, dass die politische und richterliche Gewalt in den Händen gewählter bäuerlicher Jahresbeamter, der sogenannten „Redjeven" (Konsuln, Ratgeber), lag.

ganz im Sinne Luthers – zu Notbischöfen erklären und waren so die Herren der Kirche in ihrem Lande. Dies nutzten die ostfriesischen Grafen des Hauses Cirksena gründlich aus und beschlagnahmten die Wertgegenstände der Kirchen und Klöster. Die Klostergebäude wurden abgerissen oder umfunktioniert. So wurde aus dem Zentralarchiv der Friesen, dem Kloster Ihlow, ein gräfliches Jagdschloss und die dort gelagerten Dokumente vorsichtshalber verbrannt.

Ein Tympanon in der Larrelter Steinkirche

Selbstverständlich gab es auch „damals" bei den Friesen soziale Unterschiede. Die richtig Reichen, Betuchten und Ehrgeizigen waren natürlich nicht unbedingt zufrieden mit einer Ordnung, in der zumindest rechtlich gesehen Gleichheit herrschte. Für diese Spitzengruppe war es sicherlich eine trübe Erfahrung, reicher und selbstständiger zu sein als mancher Ritter und dennoch nur als Bauer angesehen zu werden. Da in der Ära der Friesischen Freiheit der Bau fester Häuser verboten war, engagierten sich die Mächtigen und Reichen bei der Errichtung von Kirchen. Diese dienten fortan nicht nur als Gotteshäuser, sondern auch als Verteidigungsanlagen und obendrein als notwendiges Statussymbol und Burg-Ersatz. Ippo der Alte, Bauherr der ersten Larrelter Steinkirche und Stifter des romanischen Tympanons (Türbogenfeld), gehörte sicherlich dieser wohlhabenden Schicht an.

Als Larrelt noch direkt an der Ems lag, fungierte die Kirche auf der Warft als ein weithin sichtbares Seezeichen. Und auch heute noch ist sie ein beeindruckendes Bauwerk.

Zunächst fällt dem neugierigen Betrachter der hohe Turm auf, der – höchst ungewöhnlich für die Marschlande – direkt am Kirchenschiff angebaut ist. Dass dieses architektonische Wagnis durchaus schiefgehen kann, zeigt uns das Suurhuser Beispiel, wo der zur Seite neigende Turm der Kirche versackte und dadurch zum schiefsten Turm der Welt wurde.

Weil unsere Vorfahren wussten, dass sie auf weichem Grund bauten, versahen sie die Kirchen in der Regel nur mit einem kleinen, separat stehenden Glockenhaus. Nun, die Larrelter haben Glück gehabt – oder sie waren Meister der Statik.

Der Larrelter Turm stammt aus dem 13. Jahrhundert und war ein Anbau an eine bereits vorhandene Kirche. Am Boden sind die Mauern des Turms fast zwei Meter dick, da dieser natürlich auch – oder vor allem? – Verteidigungszwecken diente. Darauf weisen auch die Schießscharten und seine Höhe von 23 Metern, ein idealer Ausguck, hin. Von wo aus hätte man sonst einen besseren Ausblick auf die Ems haben können?

Die erste steinerne Larrelter Kirche wurde um 1200 gebaut. Sie war aus Tuffstein, einem damals modernen Baustoff aus dem Rheinland, gefertigt, der allerdings für das hiesige Klima zu weich war. (Vorher, seit 800, baute man in Friesland hölzerne Kirchen, sicher auch in Larrelt, aber davon ist nichts übriggeblieben.) Larrelt ist einer der wenigen Orte Ostfrieslands, an denen man sich schon um 1200 dazu entschied, eine Kirche aus Stein zu errichten – ein Zeichen für die herausragende Bedeutung des Orts.

Es gab allerdings noch eine andere Besonderheit, die dieses Gotteshaus vorweisen kann: das Tympanon, ein steinerner Bogen über der Kirchentür. Der Larrelter Tympanon ist rund 800 Jahre alt und zierte schon die Ursprungsversion der Larrelter Steinkirche. Das Tympanon ist in roten Sandstein geschlagen, der im Laufe der langen Jahrhunderte draußen über dem Eingang stark verwitterte, sodass die Larrelter den Stein irgendwann ins Innere der Kirche verlagerten.

Es sind drei Figuren, einige Gegenstände und mehrere Inschriften, offenbar in lateinischer Sprache, zu erkennen.

Wer sind nun aber die Glücklichen, die auf dem Larrelter Türbogenfeld abgebildet wurden? Den Text, der oben am Rundbogen entlangläuft, übersetzt man heute wie folgt:

„Ippo der Greis schenkte die Steine, mit denen der Eingang geschaffen wurde." Rechts steht: „MENULFUS ME FECIT – Menulfus hat mich gemacht." Jener Menulfus ist zwar nicht abgebildet, wohl aber der neben Ippo auf einem Stuhl sitzende Ludbrud. Er hält ein Schriftband empor, auf welchem folgender Satz zu lesen ist: „Ippo war zu mir, dem Baumeister, nicht kleinlich, sondern ein Wohltäter."

Einmalig an diesem Tympanon sind zwei Merkmale: Zum einen sein Alter – es ist Ostfrieslands einziges Schriftzeugnis aus dieser frühen Zeit. Höchst ungewöhnlich ist zum anderen die Darstellung von „weltlichen" Personen an einem Kirchenportal – üblich war hier die Darstellung von Christus, der Apostel und Heiligen.

Wie gesagt, dieses heilige Haus ist etwas ganz Besonderes. Es gibt deutschlandweit kein Bauwerk aus dieser Zeit, auf dem Stifter, Baumeister und Bildhauer namentlich genannt werden.

Wer aber ist denn nun dieser Ippo?

„Ein Schwertpriester", so lesen wir. Der Historiker Johannes Stracke (1908-1986) rekonstruierte, dass Ippo der Alte nach einer kriegerischen Mission aus Skandinavien zurückgekehrt sei – möglicherweise von einem Kreuzzug gegen die Wenden, also die Slawen. Sein Schwert hängte er dann schnell an den Nagel und widmete sich nun – um 1200 – dem Bau der Kirche für seine Larrelter. Der Reichtum solch mächtiger Männer war schon damals nicht immer ehrlich erworben, weshalb sich Sühnebedürfnis und Machtsymbolik auf das Herrlichste ergänzen.

Die Inschriften auf dem Türbogenfeld lauten (Das V ist als U zu lesen):

(Nach dem Schriftzug über dem Bogen ist das Spruchband hinter Ippo zu lesen, dann der Schriftzug auf dem unteren Rand.)

IPPO SENEX SAXA / TRIBVIT QVIBVS OSTIA FACTA + MENVLFUS ME FECIT

IPPO NON PARCVS / FUIT ARTIFICI MICHI LARGVS QVE DEDIT ARTIFICI / BENEDICAT DEXTERA CHRISTI

Übersetzt: „Ippo der Greis schenkte die Steine, mit denen der Eingang geschaffen wurde.
Menulfus hat mich gemacht.
Ippo war zu mir, dem Baumeister, nicht kleinlich, sondern ein Wohltäter.
Was er dem Künstler gab, segne die Rechte Christi.

Entsprechend kommt auf der bildlichen Darstellung die rechte Hand Gottes herab. Mitten im Bild sitzt ohne Zweifel der Stifter Ippo, daneben der Architekt, der Ludbrud heißt, während der Steinmetz Menulfus nicht abgebildet ist. Der Türbogen wurde Ende des 12. / Anfang des 13. Jahrhunderts geschaffen.

Ostfriesische Häuptlinge

Das Bild eines Ritters, dem die ostfriesischen Häuptlinge nachstrebten. Sie waren in Ostfriesland Herrschende und verfügten oft über mehr Macht als irgendwelche kleine Adlige im restlichen Deutschland oder Europa – waren aber entsprechend der Ständeordnung bestenfalls Großbauern.

Männer wie Ippo den Alten in Larrelt gab es sicherlich eine ganze Reihe, denn die Friesische Freiheit war eben nicht gleichbedeutend mit der Friesischen Gleichheit. Größeres Vermögen erhöhte natürlich Ansehen und Einfluss. Das genossenschaftliche Prinzip verschleierte diese Strukturen lange Zeit. Die Oberschicht suchte nach Wegen, es den Rittern gleichzutun: Kleidung, Rüstung und Wappenschild verstanden sie sehr wohl als Zeichen ihrer persönlichen Friesischen Freiheit.

In der höchstwahrscheinlich aus dem 13. Jahrhundert stammenden Magnussage wird die Entstehung der „Friesischen Freiheit" *noch einmal* erklärt: Die Friesen haben demnach unter ihrem Anführer Magnus überraschend die Stadt Rom für Karl den Großen (747/8 bis 814) erobert. Zum Dank bot Kaiser Karl Gold und Gewänder an – Gaben, die Magnus allerdings ausschlug. Stattdessen erhielt er aus der Hand des Kaisers ein aus sieben Artikeln bestehendes Privileg, welches den Friesen ihre Freiheit attestierte: die „Magnusküren". Karl verlieh sie ihnen, wie es wörtlich heißt, „damit alle Friesen frei seien, die Geborenen wie die Ungeborenen, solange der Wind von den

Wolken weht und die Welt steht". Historiker erheben jedoch den Vorwurf der Urkundenfälschung für dieses angebliche Freiheitsprivileg. Vergleichbare gefälschte Privilegien werden auch den Städten Hamburg, Aachen und Saint-Denis in Frankreich nachgesagt.

Spätere Kaiser, nämlich Sigismund von Luxemburg im Jahr 1417 sowie Friedrich III. von Habsburg und sein Sohn Maximilian I. im Jahr 1493, bestätigten den Friesen dann aber tatsächlich ihre Freiheiten. Diese realen Urkunden hatten dennoch weitaus weniger Bedeutung und Strahlkraft als das mit einem klangvollen Namen versehene Karlsprivileg.

Wie bereits erwähnt, war es selbst den reichsten Friesen nicht gestattet, mit Stein zu bauen, weshalb nur Kirchen Schutz gegen äußere Feinde und die raue See boten. Ebenso fehlten Stadtmauern oder ein allgemein-gültiges Stadtrecht: Anstelle von Adel und Bürgern gab es nur Bauern. Lange Zeit ging das auch gut. Denn wenn es andernorts hieß: „Stadtluft macht frei!", reichte in Friesland ja schon die Landluft.

Dennoch bahnten sich allmählich Veränderungen an: Wenngleich es keine Städte gab, erwuchs der Reichtum des friesischen Küstenraums aus der Verbindung von Landwirtschaft und Handelsverkehr. Die fruchtbaren Böden der Marsch begünstigten den Ackerbau und die Viehzucht, sodass die großen Bauern zugleich als Kaufleute auftraten, die ihre Überschüsse vermarkteten. Rinder, Pferde, Schafe, Butter, Käse und Eier waren beliebte Exportgüter für diese Bauernkaufleute, dazu kamen Salz und Heringe und das allgemein begehrte friesische Tuch aus Schafswolle. Übrigens: Einen Mantel aus friesischem Tuch schenkte Karl der Große dem Kalifen Harun ar-Raschid (um 763-809), im Gegenzug erhielt er einen Elefanten.

Der Beginn der Kleinen Eiszeit ab 1275 sorgte mit seinen kühleren Sommern und erhöhten Niederschlägen für schlechtere Ernten. Die daraus resultierenden, bis 1800 anhaltenden Hungersnöte und Verschlechterungen der Gesundheit führten dazu, dass die Menschen Schutz suchten – sowohl bei den himmlischen als auch den irdischen Mächten.

Die in der Theorie jährlich wechselnden Vertreter der Gemeinden blieben immer länger in ihren Ämtern und wurden schließlich zu Mandatsträgern auf Lebenszeit. Dafür, dass sie den Schutz der Gemeinde sicherten, erwarteten die neuen Herren jetzt tatkräftige Mitarbeit bei der Ernte und beim Burgenbau. Dieses Steinhaus sollte ja alle schützen …

Lateinisch lautete ihr Titel „Capitaneus", im Friesischen wie Niederdeutschen „Hovedling, Hoofdling" – also Häuptling.

Mit dem Rückgang der bäuerlichen Schicht im Verlauf der Kleinen Eiszeit entstand eine Gruppe von Besitzlosen, die künftig als Knechte oder militärisches Gefolge der Häuptlinge arbeiteten. Da der Anteil der stimmberechtigten Bauern in den Gemeinden kontinuierlich abnahm, blieb nur der Ausweg, die Rechtsprechung und die Friedenswahrung den Häuptlingsfamilien zu überlassen. Ein zweischneidiges

Schwert wäre da wohl das passende Bild, da sich die Häuptlinge natürlich immer wieder in Fehden um den ersten Rang im Lande verstrickten.

Ihre Familien setzten alles daran, ihren Platz in der europäischen Adelswelt einzunehmen. Ein harter Kampf.

Das Wappen der tom Brook. Dieses mächtige Häuptlingsgeschlecht versucht seit der zweiten Hälfte des 14. Jahrhunderts ganz Ostfriesland zu beherrschen. Dagegen setzen sich die anderen Häuptlinge zur Wehr. Die Familie der tom Brook stirbt 1435 aus.

Ein Beispiel: die tom Brooks

Die Zeit der Häuptlingsherrschaft hatte sich bereits angebahnt. Da sie nicht die Rechte der einzelnen Bauern beschnitt, hatte sie recht lange Bestand. Daher sprach auch nichts dagegen, die öffentliche Gewalt in die Hand einer Großfamilie zu legen, um so den Schutz des Rechtsfriedens zu gewährleisten.

Eine der ersten großen Häuptlingsfamilien – damals noch „Consules" oder „Ratgeber des Brookmerlandes" genannt – waren die tom Brooks. Erstmals Schlagzeilen machten sie, als sie mit dem Propst von Hinte in Streit gerieten, dessen Behausung zerstörten und dabei einen Priester töteten. Der Propst, ein Vertreter des Bischofs von Münster, schreckte glücklicherweise vor Gegenmaßnahmen zurück. Vielmehr bestimmte er vier Sendkirchen, gewissermaßen Mutterkirchen, für die umliegenden Gemeinden: Marienhafe, Engerhafe, Victorbur und Aurich. Nicht ganz so einfach verlief die Entwicklung der weltlichen Herrschaft, die ursprünglich den Grafen von Ravensberg zugesprochen war, aber 1253 durch den Kaiser an den Bischof von Münster überging. Das Brookmerland verband sich aber bald mit dem Auricherland, in dem der Graf von Oldenburg gewisse Rechte besaß.

Der Hauptsitz der tom Brooks war die (heute nicht mehr vorhandene) Oldeborg bei Engerhafe. Der Ahnherr war der Konsul Keno Kenisna in Norden, der zwei Söhne hinterließ: Hilmer und Keno Kenisna.

Friesische Namensgebung:

Bei den Friesen gab es keine festen Nachnamen. Die Kinder erhielten einfach den Vornamen des Vaters als Nachnamen. So hieß der Großvater in unserem Fall Keno Hilmerisna, die Söhne Hilmer und Keno Kenisna, deren Söhne dann Hilmerisna und der andere Zweig Kenisna. Die Betonung liegt stets auf der ersten Silbe! Dies sind friesische Formen, später verwendete man niederdeutsche: Jan Freerks(en), seine Söhne dann Freerk, Dirk und Willm Janssen. Deren erste Söhne bekamen wiederum den Vornamen des Großvaters und hießen also Jan Freerks, Jan Dirks(en) und Jan Willms. Dieses System blieb bis zur Zeit Napoleons und noch danach erhalten.

Hilmers Sohn Keno (um 1310–1376), Enkel des alten Konsuls, nannte sich als Erster seiner Zunft „tom Brook" und erschien unter diesem Namen nun auch als Häuptling im Brookmerland. Sein Sohn Ocko war einem Fräulein aus Hinte versprochen, reiste jedoch kurz vor der Heirat nach Italien ab und landete am Hof der Königin von Neapel. Hier wurde er zum Ritter ernannt und in den höfischen Sitten ausgebildet. Zurück in der Heimat heiratete er nun zunächst die wartende Folkeldis, die ihm neben ihrer Jungfräulichkeit vor allem auch die Güter in Strackholt und Hinte übereignete.

Ocko kaufte dazu Erbansprüche in Wirdum und Grimersum und war nun bedrohlich nahe an die Gebiete von Allena in Osterhusen und der Abdena in Emden gelangt. Sein Problem: Er mochte zwar Herr über ein großes, relativ zentral gelegenes Gebiet sein, aber eine Machtgrundlage stellten eher die reichen Lande der Marschen dar als das sumpfige Brookmerland.

In Neapel in der Minne geübt, ließ „Ritter" Ocko, wie er sich selbst inzwischen gern betitelte, keine Gelegenheiten ungenutzt: Eine hübsche blonde Ostfriesin schenkte ihm, noch bevor Folkeldis ihm einen Sohn gebar, einen sogenannten „Bastard", Widzel getauft.

Als es im Frühjahr 1380 zum Schlagabtausch zwischen den Abdenas und Allenas auf der einen und den Brookmannen auf der anderen Seite kam, war Ockos Truppe vollends überlegen. So gewann er nacheinander die Burgen Loppersum, Suurhusen, Canhusen und Cirkwehrum für sich.

Der nächste Schachzug ließ nicht lange auf sich warten: Ocko ließ sich im April 1381 mit seinem Besitz von Herzog Albrecht von Bayern, zugleich Graf von Holland, in Den Haag belehnen! (Zum Verständnis: Er übergab all seinen Besitz dem Herzog und bekam ihn umgehend zurück.)

Er hoffte natürlich, aus dieser Verbindung großen Nutzen ziehen zu können. Dieses Versprechen der Hilfeleistung konnte Herzog Albrecht leider nicht erfüllen. Er saß weit weg und die Gegner waren sehr, sehr nahe.

Folkmar Allena (unbekannt - 1406), der Häuptling von Osterhusen, verstand es, seine Freunde zu einem neuen Feldzug zu motivieren; Ocko Kenisma tom Brook erfuhr davon und verschanzte sich auf seiner Burg in Aurich. Er bat um einen Waffenstillstand und ein Gespräch, das außerhalb der Burg stattfinden sollte und unglücklicherweise ergebnislos blieb. Auf dem Rückweg zur Burg wurde Ocko von einigen Männern angegriffen und erschlagen. Der Überfall fand im Schatten seiner eigenen Burgmauern und vor den Augen seiner Frau statt.

Nachfolger Ockos wurde, da der Sohn Keno noch unmündig war, zunächst Widzel. Dieser hatte wie sein Vater große Pläne. Zum Erstaunen aller – seine Stiefmutter musste entsetzt gewesen sein – verbündete er sich dazu mit dem größten Widersacher der tom Brooks – mit Folkmar Allena. Gemeinsam reisten sie zum Grafen Albrecht von Holland und boten ihm sämtliche Besitztümer als Lehen an.

Jetzt ging es gegen die Truppen der Bischöfe von Minden und Münster, des Erzbischofs von Bremen und des Grafen von Oldenburg. Bei Detern an der ostfriesischen Grenze

Dieses Bild gilt lange Zeit als ein Portrait des Likedeelers oder Seeräubers Klaus Störtebeker, zeigt aber sehr wahrscheinlich den Vertrauten (also den Hofnarren) Kaiser Maximilians I., Kunz von der Rosen. Und nicht den berühmten Piraten.

kam es zum Kampf. Mit achtzig seiner letzten Getreuen floh Widzel in die Kirche, ein eigentlich geschützter Ort, aber die Bischöfe dachten gar nicht an die Heiligkeit des Ortes. Der garantierte Schutz war vergessen. Sie ließen die Kirche anzünden und beschossen sie mit ihren beiden Kanonen. Die Männer, die halb erstickt hinaus taumelten, wurden niedergemacht; die in der Kirche eingesperrt blieben, unter ihnen auch Widzel, erstickten.

Sein Halbbruder Keno wurde sein Nachfolger. Als Keno II. führte er die Geschäfte 18 Jahre lang von 1399 bis 1417, und starb schließlich, sehr ungewöhnlich für die Familie Kenisna, im Bett. Aber damit ist die Geschichte der tom Brooks noch nicht zu Ende.

Störtebeker & Co

Keno II. tom Brook war also von 1399 bis 1417 Häuptling des Brookmerlandes. Während seiner Herrschaft blühte die Zeit der Vitalienbrüder in Ostfriesland und zugleich erreichte die Macht der tom Brooks ihren Höhepunkt.

Keno II. war mit Adda Idzinga verheiratet. Sein Nachfolger wurde ihr gemeinsamer Sohn Ocko II. tom Brook.

Schon unter Kenos II. Vorgänger Widzel waren das Brookmerland und weitere friesische Länder zu einem Rückzugsort von Seeräubern, den sogenannten Vitalienbrüdern, im Gebiet der Nordsee geworden. Zeitgleich herrschten Machtkämpfe und Auseinandersetzungen zwischen den verschiedenen ostfriesischen Häuptlingen, an denen sich auch die Vitalienbrüder rege beteiligten. Sie nannten sich auch Likedeeler (Selbstbewertung: „Gleichteiler"), weil jeder den gleichen Anteil an der Beute bekam, der Anführer hingegen zwei.

Im Krieg Dänemarks gegen Schweden hatten ihre Schiffe die eingeschlossene Stadt Stockholm im Auftrag der Hanse mit Lebensmitteln (= Viktualien, vielleicht darum *Vitalienbrüder*) versorgt. Sie verfügten über Kaperbriefe, waren also rechtlich gesehen keine Seeräuber, und durften demnach dänische Schiffe überfallen. Nach dem Sieg der dänischen Königin Margrethe über den schwedischen König Albrecht verloren die Kaperbriefe ihre Gültigkeit. Die Vitalienbrüder aber machten (jetzt als Seeräuber) weiterhin von Gotland aus die Ostsee unsicher, bis die Hanse und der Deutsche Ritterorden sie 1395 vertrieben.

Die Freibeuter zogen in die Nordsee. Besonders Ostfriesland bot sich als lukrative Anlaufstelle an, da diese Gegend nicht zur Hanse gehörte, aber viele schöne kleine Häfen besaß. Diese unterstanden der Herrschaft von Häuptlingen, die durchaus gern von der Ware, die ihre „Gäste" an Land brachten und dort öffentlich zum Kauf anboten, profitierten. So wusch eine Hand die andere und kaum ein Hafenort verzichtete auf diese Einnahmequelle. Vorreiter waren dabei vor allem Emden, Larrelt, Jever und Esens sowie insbesondere Marienhafe mit den tom Brooks.

Die dortige Kirche, von dessen Ausguck man das Wattenmeer ausgezeichnet überblicken konnte und der eine auffällige Landmarke darstellte, soll der Stützpunkt des berühmten Störtebekers gewesen sein. Störtebeker wird dennoch nicht in diesem Turm gewohnt haben, sondern in der Burg Upgant im Nachbarort, wo er 1398 die Häuptlingstochter Tiada Wiardsna heiratete. Aus dieser Ehe ging ein Sohn, Hayo, hervor.

Hier soll kurz eingeflochten werden, dass der Kirchturm zwar höchstwahrscheinlich eine wunderbare Aussicht bot, aber in der kalten Jahreszeit bestimmt kein wohliges Zuhause war. Was wir überhaupt bedenken sollten, ist die Tatsache, dass unsere Freunde, die Likedeeler, nicht in der Karibik tätig waren, sondern in der Nordsee. Und hier gab es nach den Regeln der Hanse eine Winterpause in der Schifffahrt.

Vom 11. November bis zum 22. Februar durfte keine Kogge auslaufen, da Nebel und Finsternis nach wie vor gefürchtet waren. Daher blieben auch die Seeräuber an Land und vertrieben sich die Zeit mit Reparaturarbeiten, Waffentraining, Alkohol, Würfelspiel und wohl auch mit fröhlichen jungen und älteren Damen.

Für die Seeräuber war es sehr günstig, dass die Hansekoggen dicht unter der ostfriesischen Küste entlangfuhren, während die Inseln und das Wattenmeer den Piraten ausgezeichneten Schutz boten.

Die Marienhafer Kirche von See aus gesehen. Das sogenannte Störtebeker-Tief, ein Ausläufer der Leybucht, reichte bis an den Fuß des Kirchturms. In diesem Turm haben die Vitalienbrüder sicher nicht gelebt, ihn aber als Aussichtsposten genutzt.

Dieser Küstenabschnitt bot sich für kenntnisreiche „Seeräuber" nicht nur als Rückzugsort an, sondern war auch eine ideale Basis für Kaperfahrten. So war der Schaden für die Hanse allerdings immens.

Und so beschloss der Hansetag zu Lübeck am 2. Februar 1400, wenige Monate nachdem Keno Häuptling des Brookmerlandes wurde, zur Bekämpfung der Seeräuber die Entsendung bewaffneter Koggen in die Nordsee.

Keno tom Brook reagierte, indem er sich in einem Schreiben an die Hansestädte für die Duldung der Vitalienbrüder entschuldigte und ihre sofortige Entlassung versprach. Die Vitalienbrüder fanden jedoch bei Kenos Gegnern Hisko Abdena von Emden und Edo Wiemken (Häuptling von Östringen, Rüstringen und dem Wangerland) sowie beim Grafen von Oldenburg neue Unterstützer, woraufhin Keno und seine Verbündeten erneut Seeräuber anheuerten.

So könnten wir uns die Seeschlacht der Hanse gegen die Vitalienbrüder im Frühjahr 1400 in der Osterems vorstellen. Dabei sterben 80 Seeräuber, 25 werden gefangen genommen und am 11. Mai 1400 in Emden hingerichtet. Störtebeker entkommt.

Daraufhin entschloss sich die Hanse zu militärischen Operationen in Ostfriesland. Am 5. Mai 1400 traf ihre Flotte mit 950 Bewaffneten an Bord in der Osterems auf die Schiffe der Vitalienbrüder mit 200 Mann und besiegte diese. Es wurden angeblich 80 Seeräuber getötet und über Bord geworfen. Der Rest konnte sich an Land retten und fliehen – 25 Vitalienbrüder wurden dort aufgegriffen, nach Emden gebracht und wenige Tage später hingerichtet.

Am 6. Mai besetzte die Hanse die Stadt Emden und die Burg des Häuptlings Hisko Abdena und erlangte so einen festen Stützpunkt in Ostfriesland. Schon am 23. Mai bestätigten alle Häuptlinge und Gemeinden Ostfrieslands der Hanse, nie wieder Vitalienbrüder aufzunehmen, so auch Keno tom Brook.

Wer war Jonker Sissingha?

Ik, Jonker Sissingha van Groninga,
Dronk deze hensa / In een flensa
Door myn kraga / In myn maga.

(Ich, Junker Sissingha aus Groningen,
Trank diesen Becher in einem Zuge
Durch meinen Kragen in meinen Magen.)

So stand es auf dem silbernen Becher, zwei Liter Wein fassend, der bis zum Großen Brand 1842 im Museum für Hamburgische Geschichte verwahrt wurde und dann leider verloren ging. Ist Sissingha unser Störtebeker? Einiges spricht dafür.

Ein **Johan Stortebeker** wurde am 15. August 1400 von Albrecht von Holland zusammen mit 114 Vitalienbrüdern angeworben, um dessen schärfste Konkurrenz im Handel, die Hanse, zu schwächen. In diesem Abkommen wird ausdrücklich ein Johan Stortebeker genannt.

1413 wurde ein Kapitän Johann Stortebeker vom englischen König Heinrich V. mit 40 Mann Besatzung unter Vertrag genommen, um englische Handelsschiffe zu beschützen. Störtebeker kann weder 1401 auf dem Hamburger Grasbrook hingerichtet worden sein (wofür es keinerlei Belege gibt) noch kann „Nicolao Störtebeker" aus dem „Wismarer Verfestungsbuch" mit unserem Störtebeker identisch sein. Das ist schon deshalb sehr unwahrscheinlich, weil jener Bursche von drei Männern verprügelt worden war, während Störtebeker bekanntlich eine eiserne Kette zerreißen konnte.

Der Name „Klaus Störtebeker" tauchte in den Quellen erstmals in der „Rufus-Chronik" des Lübecker Franziskanermönchs Hermann Korners von 1435 auf. Der Vorname Klaus oder Nikolaus bezieht sich wohl auf den Heiligen Nikolaus, den Beschützer der Kinder und Seefahrer. Und „Störtebeker" ist ein Kampfname, ein Ausdruck der Bewunderung für jemanden, der zwei Liter Wein in **einem** Zug herunterstürzen konnte.

Bleibt noch „van Groninga" – aus Groningen: Dass es da die Familie Sissingh(a) gab, ist bewiesen. Und dass ostfriesische (dazu können wir die Groninger in diesem Zusammenhang wohl zählen) junge Männer aus vornehmen Familien auf Abenteuer aus waren, liegt nicht fern – siehe Ocko tom Brook.

Zusammengefasst: Störtebeker hat noch 1413 gelebt, damals 50 Jahre alt, stammte aus dem Groningerland und hieß Junker Johann Sissingh(a).

Volksfest in Hamburg: Eine große Volksmenge nimmt Anteil an der Hinrichtung einer ganzen Anzahl von Piraten. Dies geschah immer wieder. Dass auch ein gewisser Störtebeker 1401 auf dem Grasbrook geköpft wurde, ist aber eher eine Legende.

Focko Ukena (um 1370–1436) war ein ostfriesischer Häuptling des Moormer- und Lengenerlandes. Er entstammt dem mächtigen ostfriesischen Häuptlingsgeschlecht der Ukena. 1426 kommt es zwischen Ocko tom Brook (1407 – 1436), Häuptling des Brookmer- und des Auricherlandes, und Focko Ukena, die eigentlich verbündet sind, zum offenen Krieg. 1427 nach der Schlacht auf den Wilden Äckern wird Ocko gefangen genommen und vor Focko Ukena geführt. Romantisierendes Historiengemälde von Tjarko Meyer Cramer, 1803

Keno tom Brook weitete in der Folgezeit seine Herrschaftsgebiete in Ostfriesland aus. 1404 schloss er Frieden mit seinem alten Gegner Folkmar Allena und gab ihm die Burg Canhusen zurück. Danach machte er es sich zur Aufgabe, verbliebene oder neu errichtete Stützpunkte der Vitalienbrüder einzunehmen und eroberte die Orte Norden und Pilsum, woraufhin ihm von der Hanse als Lohn weitere Burgen und Schlösser, so in Nesse, Arle, Berum, Greetsiel und Osterhusen zur Verwaltung anvertraut wurden. Im Jahr 1408 eroberte er zusammen mit Focko Ukena die Gemeinden Collinghorst, Potshausen und die Esseburg in Ihrhove. Am 21. Oktober 1413 vertrieb er schließlich Hisko Abdena aus Emden, welcher nach Groningen floh. 1415 belagerte er die Burgen von Rheide, Termunten und Delfzijl, nahm im September schließlich die Stadt Groningen ein und weitete so seine Herrschaft tief nach Westen aus. Keno tom Brook war auf dem Höhepunkt seiner Macht angelangt.

Sein Ziel, das gesamte Friesland zwischen Zuiderzee und Weser unter seiner Herrschaft zu vereinen, erreichte er zwar nicht, doch starb er – anders als seine beiden Vorgänger – 1417, wie schon berichtet, eines natürlichen Todes in seinem Bett.

Doch ganz so weit sind wir noch nicht:

Die Seeräuberplage beschäftigte die Hamburger und die Häuptlinge noch länger.

Die Aktion 1400 in der Osterems und die Verhandlungen in Emden führten dazu, dass die Häuptlinge und ihre Anhänger den Hansestädten gelobten, niemals mehr Vitalienbrüder oder andere Räuber aufzunehmen oder zu beschützen. Doch diese Zusage war nur von kurzer Dauer. Das Problem bestand darin, dass die Hanseaten dem Emder Propst Hisko Abdena voll vertrauten – und das zu Unrecht. So behielt er seinen Status, während seine alten Gegner Keno tom Brook und Aynard Allena vorübergehend als Geiseln nach Bremen abgeführt wurden.

Nach ihrem Erfolg über die Piraten und die friesischen Häuptlinge brannten die Hanseaten eine nicht geringe Anzahl an Burgen nieder – Hisko wird es gefreut haben. Ihr Ziel hatte die Hanse aber nicht erreicht: Weder wurde Ostfriesland dauerhaft befriedet noch war das Seeräuberproblem gelöst – deren Anführer waren fast alle entkommen.

Es wird berichtet, dass Störtebeker mit dem Schiff nach Upgant und von dort zu Fuß nach Larrelt geflohen sei. Dort kaufte er ein Schiff und gelangte so ins Groningerland.

Einen so guten Mann konnte natürlich auch ein Graf Albrecht

nicht übersehen – und kurzerhand war Störtebeker wieder im Geschäft.

Bei seiner Flucht hinterließ er in Upgant sein Kopfkissen, sein Nachthemd und ein Paar Pantoffeln. Diese Relikte wurden von der Familie von Briesen in Uttum aufbewahrt und erst 1864 dem Ostfriesischen Landesmuseum übergeben. Leider ging das Kopfkissen verloren und das Hemd verbrannte im Zweiten Weltkrieg. Die Pantoffeln sind noch vorhanden. Alt sind sie zweifelsohne, aber wie alt – das weiß man nicht so genau. Eine Analyse im Jahr 2009 brachte kein klares Ergebnis … und würde eigentlich auch gar nichts beweisen.

Noch eine Fußnote:

Kein friesischer Ort gehörte der Hanse an. Somit gehört diese nur insofern zur ostfriesischen Geschichte, als es zwischen den ostfriesischen Häuptlingen und den Kaufleuten der Hanse wegen der Piraterie vor der ostfriesischen Küste langjährige Streitigkeiten gab.

Ein beachtliches Chaos

Die tom Brooks vertrieben die Abdena aus Emden und im Jahr darauf auch deren Gefolgschaft, die Vetkoper, aus Groningen, was ihnen die absolute Vorherrschaft in Friesland bescherte. Die übrigen Häuptlinge akzeptierten das, weil es ihnen zunächst günstig schien. Dann aber erkannten sie das Fehlen der Friesischen Freiheit (man staune!). Als der mächtigste Gefolgsmann der tom Brooks, Häuptling Focko Ukena, seinem Herrn den Dienst aufkündigte, wechselten zahlreiche andere Häuptlinge zu Focko über, um mit der Freiheit aller Friesen auch ihre Häuptlingsfreiheit wiederzuerlangen. Der Sieg von Focko Ukena über Ocko II. 1427 in der Schlacht auf den Wilden Äckern zwischen Marienhafe und Engerhafe bedeutete den endgültigen Sturz der tom Brooks.

Die gemeinen Friesen sahen die freien Landesgemeinden wieder auferstehen, doch sie täuschten sich. Focko Ukena in Leer, seine Söhne in Aurich und Norden, die nach Emden zurückgekehrten Abdena und andere Häuptlinge, die auf ihrer Seite standen, dachten überhaupt nicht daran.

Der Ruf nach Recht und Freiheit war eben nicht nur eine bloße Idee, sondern seit jeher in Ostfriesland auch eine Realität. Aber solange sich die Häuptlinge einig waren, hatten Bauern und Bürger kaum eine Chance.

Doch diese Geschlossenheit der Häuptlinge sollte nicht mehr lange Bestand haben.

Der Aufstieg der Cirksena

Die Cirksena waren eine aus einem Greetsieler Häuptlingsgeschlecht hervorgegangene ostfriesische Adelsfamilie, die ab 1464 als Reichsgrafen und ab 1654 als Reichsfürsten in Ostfriesland regiert und 1744 im Mannesstamm erlischt. Ihr Wappen ist ein gekrönter goldener Jungfrauenadler (auch Harpyie genannt) auf schwarzem Grund. Das Wappen findet bis heute Verwendung im Stadtwappen von Emden, der Gemeinde Krummhörn, des Landkreises Aurich sowie Delfzijls (NL).

Eine Gruppe von Häuptlingen, voran die Cirksena in Greetsiel, setzte sich an die Spitze der Opposition gegen Focko Ukena. Sie und ihre Anhänger einigten sich mit den wieder aufgelebten Landesgemeinden auf den Freiheitsbund der Sieben Ostfrieslande(!), dessen Ziele von den Bauern bestimmt waren. Man versprach sich gegenseitigen Beistand und die Aufrechterhaltung von gemeinfriesischem Landrecht und der Friesischen Freiheit. Das Bündnis war selbstverständlich gegen die Ukena gerichtet, gegen die mehrfach militärisch vorgegangen wurde. Als Leer gefallen war, floh Focko, während einer seiner Söhne sich nach Aurich absetzte und der andere erschlagen wurde. Die beiden Schwiegersöhne Fockos, die Häuptlinge Sibet in Bant an der Jade und Imel Abdena in Emden an der Ems, leisteten allerdings Widerstand gegenüber dem „Freiheitsbund". Rechtlich gesehen war man gegen diese beiden Cirksena handlungsunfähig, weil sie klugerweise den Einsatz von Gewalt vermieden. Da sie aber die Seeräuberei unterstützten, konnte man die Hanse zum Eingreifen bewegen. So überrumpelten die Hamburger 1433 zunächst Emden und nahmen Imel Abdena in Geiselhaft, dann schlugen sie Sibet und belagerten und zerstörten die Sibetsburg, die im heutigen Wilhelmshaven stand.

Seit 1400 hatte Hamburg großes Interesse an Ostfriesland und setzte sich nach den vorausgegangenen Erfahrungen im Jahr 1433 schließlich in Emden fest – mit dem Ziel, dort eine Art ordentliche Landesherrschaft einzurichten. Damit taten die Hamburger den Cirksenas einen großen Gefallen, denn so wurden nicht die zu den Totengräbern der Friesischen Freiheit.

Nachdem sich die Verhältnisse stabilisiert hatten, übertrug Hamburg den Brüdern Edzard und Ulrich Cirksena 1439 Emden und beinahe den gesamten Westen Ostfrieslands auf Treu und Glauben zur Verwahrung.

Als Edzard kinderlos verstorben war und Ulrich mit Erb- und Heiratsverträgen und anderen Vereinbarungen seine Macht auszubauen begann, kehrten die Hamburger besorgt zurück.

Das nahm Ulrich gelassen hin – offenbar war er ein geborener Spieler auf der Bühne der Politik. So holte er sich zum Beispiel den nach Kirchenrecht erforderlichen Dispens, also die Erlaubnis, seine Cousine dritten Grades, Theda, zu heiraten, nicht beim zuständigen Bischof von Münster, sondern wie alle hohen Herren in Rom beim Papst. Er akzeptierte auch, dass die Hamburger ihm zeitweise die Verwaltung Emdens aberkannten. Nach verschiedenen Streitigkeiten gab Hamburg schließlich nach und verpfändete Ulrich die Herrschaft im Jahr 1453 für 10.000 lübische Mark. Diese Geldsumme konnte er aufbringen.

Was ihm allerdings fehlte, war eine reichsrechtliche Absicherung seines Anspruchs als Häuptling in Ostfriesland. Gefahr drohte von mehreren Seiten: Da waren die Ansprüche der Hamburger, die des Bischofs von Münster sowie die der Grafen von Holland und von Oldenburg.

Wo blieb die friesische Sprache?

Die Sprache der Wissenschaft im Mittelalter, mündlich wie schriftlich, war Latein; die Sprache des Volkes an der südlichen Nordseeküste von der Rheinmündung bis über die Weser hinaus war hingegen Friesisch, während ihre Nachbarn im Südwesten niederfränkische Dialekte sprachen (woraus sich das Niederländische entwickelte). Die Sachsen dagegen, die südlichen Nachbarn der Friesen, sprachen Nedersaksisch oder Nedderdüütsch. Die Vorstufe des Mittelniederdeutschen, der Sprache der Hanse, nennt man Altsächsisch – von „deutsch" war da noch keine Rede.

Die sächsische und Hansestadt Groningen brachte ihr Umland unter ihre Kontrolle und setzte infolgedessen auch Nedersaksisch als Umgangssprache durch, sodass fortan die Westfriesen von den Ostfriesen sprachlich getrennt waren. Natürlich benutzten die ostfriesischen Händler mit größter Wahrscheinlichkeit auch schon die niederdeutsche Sprache. Doch erst mit der Festsetzung der Hamburger in Ostfriesland ab 1400 passten sich wohl zunächst in der Stadt Emden die Verwaltungsbeamten, die Kaufleute und alle, die ihren Vorteil darin sahen, der Sprache der Besatzer an. Es war chic und schlau, neben Friesisch ebenso die Hansesprache zu beherrschen. Auch kam unter der Hamburger Herrschaft ein größerer Schwung von Plattdeutsch sprechenden Westfalen in die Stadt. Und ganz langsam setzte sich Niederdeutsch (= Plattdeutsch) als die verbreitete Sprache in Ostfriesland durch.

Ostfriesisch wird in Ostfriesland heute nur noch von 2000 Menschen im Saterland, der kleinsten Sprachinsel Europas, im Moor an Ostfrieslands südlichem Rande – im Oldenburger Münsterland – gesprochen.

Ein kleiner Glücksfall in Bezug auf die friesische Sprache ist allerdings **Johannes Cadovius-Müller** (1650 in Hamburg–1725 in Stedesdorf): Nach dem Studium der Theologie und Medizin an den Universitäten Greifswald und Rostock vermittelte sein Vater ihm eine Stelle in Ostfriesland. Von 1675 bis an sein Lebensende arbeitete Cadovius-Müller als Pastor in Stedesdorf. Er stammte zwar nicht aus der Region, schätzte aber von Anfang an die ostfriesische Sprache sehr, die seinerzeit auszusterben begann. Schon früh schuf er die Basis für sein Hauptwerk „Memoriale linguae Frisicae", das er zu Lebzeiten aber nicht mehr veröffentlichte.

Cadovius-Müller ging akribisch vor und notierte zahlreiche Wörter, Redewendungen und Texte, basierend auf dem Wortschatz des Harlinger Friesisch. Er muss bei seinen Arbeiten, zumindest in Teilen, fremde Helfer bemüht haben. Die Namen dieser Personen notierte er leider nicht.

Das von Cadovius-Müller erstellte Werk umfasst über die Wörterliste hinaus diverse friesische Redewendungen, eine Übersicht der in Friesland gebräuchlichen Maße und Gewichte, Bibelstellen und das alte friesische Tanzlied von „Buske di Remmer".

Cadovius-Müller nannte als Gründe für die rückläufige Verwendung der ostfriesischen Sprache folgende: eine signifikante Ansiedlung von Einwohnern, die nicht aus Ostfriesland stammten, den Umzug der Friesen in ländliche Gegenden, sodass sich das Friesische in keiner Stadt etablieren konnte, die Durchsetzung der hochdeutschen Sprache an Schulen und in der Verwaltung – und nicht zu vernachlässigen: die Neigung der Ostfriesen, nur *untereinander* Ostfriesisch zu kommunizieren. Personen, die der Sprache nicht mächtig waren oder sind, konnten oder können sie so nur selten erlernen …

Damit sagte er spätere Entwicklungen voraus.

Wer mehr wissen möchte über die Sprache(n) in Ostfriesland, der lese das Buch „Wi proten un wi snackt in Ostfriesland", von Carl-Heinz Dirks, 2021 Ellert & Richter Verlag.

Sturmfluten und Abwehr

Hier einige der bedeutendsten Sturmfluten der letzten 1000 Jahre, die lange Zeit nach den Tagesheiligen benannt wurden:

- Die **Julianenflut** am 1. Februar 1164 führte zum Einbruch des Jadebusens und zu schätzungsweise 20.000 Toten.
- Die **Erste Marcellusflut** am 16. Januar 1219 brachte schwere Schäden und geschätzt 36.000 Tote mit sich.
- Durch die **Clemensflut** im November 1334 wurde der Jadebusen erweitert und Butjadingen zu einer Insel.
- Die **Zweite Marcellusflut** vom 16. Januar 1362 wird auch die „Grote Manndränke" genannt. Sie forderte etwa 100.000 Menschenleben. Der Dollart (eine Meeresbucht an der Emsmündung) entstand, 30 Dörfer gingen unter, der Jadebusen erweiterte sich und die Leybucht erreichte Marienhafe.
- Durch die **Erste Dionysiusflut** am 9. Oktober 1374 reichte die Leybucht bis an die Stadt Norden.
- Die **Cosmas- und Damian-Flut** vom 26. September 1509 führte zur größten Ausdehnung von Dollart und Jadebusen; die Ems brach bei Emden durch, sodass die Emsschleife, an der die Stadt liegt, langsam verschlickte.
- In der **Allerheiligenflut** vom 1. November 1570 wurden die Marschen von Flandern bis Eiderstedt überflutet. Dreizehn Quadratkilometer Land gingen in Ostfriesland verloren. Die Flutmarke am schiefen Turm der Kirche von Suurhusen zeigte vier Meter vierzig über Normalnull. Zwischen Ems und Weser sind 10.000 Menschen ertrunken.
- Die **Weihnachtsflut** in der Nacht vom 24. Dezember 1717 war die schwerste bis dahin bekannte Sturmflut, weshalb ihr ein eigener Textabschnitt gewidmet sein soll.

Die Gezeiten sind gut erforscht. So gibt es – besonders für die Schifffahrt im Wattenmeer von großer Bedeutung – jährlich den Tidenkalender, der den Eintritt von Hoch- und Niedrigwasserzeiten auf die Minute genau nebst Höhe des Gezeitenwasserstands angibt. Bei Springtide ist der Tidenhub besonders groß, da sich die Kräfte von Sonne, Mond und Erde addieren – bei Nipptide dagegen besonders niedrig. In den Vorausberechnungen sind natürlich die meteorologischen Bedingungen, also das Wetter, nicht enthalten. Bei Orkanen oder schweren Stürmen werden Springtiden dann zu gefährlichen Sturmfluten. Die Höhe eines Sturmflutwasserstands hängt von diversen Faktoren ab: von der Windrichtung, der Winddauer, dem Weg des Sturmtiefs über die See sowie der Wassertiefe. Die Kraft des Sturms nimmt nämlich bei gleicher Windgeschwindigkeit mit abnehmender Wassertiefe erheblich zu. Deshalb sind bei Sturmfluten Flachmeerküsten gefährdeter als die tiefen Ozeane.

Die vom Wind erzeugten Wellen nennt man den Seegang. Dessen Kraft ist gewaltig. Ein Sturmseegang mit einer mittleren Wellenhöhe von fünf Metern ist in der Nordsee gar nicht einmal selten – und liefert pro Küstenkilometer eine Energieleistung von 240 Megawatt. Das entsprach z. B. der Leistung des Kernkraftwerks Lingen im Emsland!

Die Menschen waren 1717 vollkommen überrascht, besonders weil der Mond im letzten Viertel stand – demnach war keine Springflut zu erwarten und der zuvor stürmende Südwestwind war abgeflaut. Man legte sich unbesorgt schlafen.

In der Nacht aber drehte der Wind auf Nordwest und wurde zu einem gewaltigen Orkan. Als **Weihnachtsflut** wird diese Sturmflut vom 24. auf den 25. Dezember 1717 bezeichnet. Zwischen den Niederlanden und Dänemark kam es zu zahlreichen Deichbrüchen und verheerenden Überschwemmungen. Von Tondern im nördlichen Herzogtum Schleswig bis nach Emden ertranken etwa 9000 Menschen; auch in den Niederlanden starben 2500 Personen. Zu den von der Sturmflut am schwersten betroffenen Gebieten gehörten die Grafschaft Oldenburg, die Herrschaft Jever (mit etwa 1700 Toten) und die Grafschaft Ostfriesland.

Im oldenburgischen Butjadingen ergab sich ein Bevölkerungsverlust von nahezu 30 Prozent.

In Ostfriesland verendeten 2300 Pferde, 9500 Rinder, 2800 Schafe und 1800 Schweine. Außerdem wurden Tausende Häuser vom Wasser weggerissen (in Ostfriesland 900) oder schwer beschädigt (1800 an der Zahl). Hinterbliebene bekamen in dieser Zeit nur schwerlich Gewissheit über den Verbleib ihrer von den Fluten weggetriebenen Familienangehörigen. Von den 284 ertrunkenen Personen aus Werdum in Ostfriesland waren zum Beispiel bis zum 5. Februar 1718 nur 32 gefunden worden. In Bolkeweer starb das elterliche Ehepaar der Bauernfamilie im Bett, während die Magd mit den zwei Kindern auf den Dachboden des Hauses geklettert war, wo man die junge Frau noch am Leben fand, die beiden Kinder tot in ihren Armen. In Funnix wurden 80 Kinder in zwei Schiffe geworfen, die nach Wittmund trieben. Dort wurden die Kinder geborgen. Manche Häuser waren so kon-

Eine der gewaltigsten Sturmfluten verwüstet Weihnachten 1717 große Teile der Niederlande und Norddeutschlands. Nachdem der starke Nordwestwind am Abend auf Südwest drehte, schien die Gefahr vorüber. Die Menschen wurden im Schlaf vom wieder auf Nordwest drehendem Sturm überrascht. Die Wassermassen erreichten häufig den Geestrand.

struiert, dass sich das Dachgeschoss vom Mauerwerk löste und auf diese Weise ins Binnenland treiben konnte. Aber bei Wellengang, Kälte, Nässe (es war Dezember) und ohne Nahrung oder Trinkwasser war das Überleben ein Glücksfall.

Die Schäden an den Deichen und Sielen waren sehr schwer.

Und bevor die Deiche auch nur provisorisch repariert waren, gab es in der Nacht vom 25. auf den 26. Februar 1718 eine erneute Sturmflut, die die Menschen mutlos machte, denn eine Rinderseuche und eine Mäuseplage verheerenden Ausmaßes waren den Sturmfluten bereits vorausgegangen.

Der Deichbau kam nur schleppend wieder in Gang, da das Kapital fehlte, die Bewohner zusehends verarmten und resigniert hatten oder längst ausgewandert waren. So ergriffen die Landesherren die Initiative, nachdem die Region noch mehrfach unter Überflutungen und Deichabrissen gelitten hatte: Ostfriesland lieh sich bei den niederländischen Generalstaaten 1,2 Millionen holländische Gulden, die erst 1792, also nach 74 Jahren, restlos getilgt waren.

Vermutlich sahen die Menschen damals – und vor allem die Pastoren – eine Sturmflut als Strafgericht Gottes an. Denn wie sonst wäre diese Sturmflut zu erklären, die entgegen aller

physikalischen Voraussetzungen das Land überfiel?

Eine ganz andere Sache war das „zweite Gesicht", ein in Ostfriesland und besonders in Seefahrerfamilien vorkommendes Phänomen, das wissenschaftlich nicht zu erklären ist. So auch in dieser Geschichte von 1719:

Es wohnet in der Dornumergrode ein Bauersmann, noch jung von Jahren, der hat schon vier Jahre vorher, nämlich in der ersten Flut gesaget, dass eine größere Flut kommen würde. Und wenn in den vorigen Jahren die Deiche hin und wieder durchbrachen, so hat er beständig gesaget, das wäre noch nicht die rechte Flut, sondern sie müsse viel höher kommen, und zwar so hoch, dass bei seinem Haus ein großes Schiff vorbeisegeln müsste. Das hat den Herrn Pastor aber doch nachdenklich gemacht, dass alles genauso eingetreten ist, wie der Bauer vorausgesehen hat. Immerhin hat er für die Sturmflut eine Erklärung: „Ungehorsam und Widerspenstigkeit werden bei dem gemeinen Pöbel fast als Tugenden oder als Kennzeichen der Ostfriesischen Freiheit gerechnet."

Schwere Sturmfluten wird es in jedem Fall auch weiterhin geben, es besteht sogar eine berechtigte Befürchtung, dass der Meeresspiegel deutlich ansteigt und so die Sturmflutgefahr dramatisch zunimmt. In den letzten 300 Jahren hat es in Ostfriesland glücklicherweise keine gravierenden Verheerungen mehr durch die See gegeben, zu verdanken dem modernen Deichbau mit Höhen bis zu neun Metern, zum Meer flach abfallendem Deichprofil, sorgfältiger Pflege und ständiger Kontrolle der Grasnarbe. Und nicht zuletzt: Bei Sturm aus Südwest oder West liegt Ostfriesland einigermaßen im Windschatten. So hat die furchtbare Sturmflut 1953 in Holland gewaltigen Schaden angerichtet – Ostfriesland war kaum betroffen. Ähnlich wie 1962, wo erhebliche Teile Hamburgs unter Wasser standen und glücklicherweise Helmut Schmidt und unzählige Helfer tatkräftig Schlimmeres verhindert haben. In Ostfriesland gab es nur ein paar Schäden am Deich bei Pogum und bei Pilsum. Das war und ist aber Mahnung genug, weiterhin in die Deichsicherheit zu investieren. In gewisser Weise trägt auch das Emssperrwerk bei Gandersum zum Küstenschutz bei, das 2002 in Betrieb genommen wurde. Bei Sturmflutgefahr werden die Tore geschlossen und

die Emsdeiche bleiben sicher. Allerdings steigt das Wasser vor dem Sperrwerk, so im Dollart und im Emder Außenhafen, was schon zu Problemen am Borkumkai führte. Und nicht wenige Ostfriesen sind der Ansicht, dass das Emssperrwerk eigentlich vor allem der Meyer-Werft in Papenburg dient, die ihre gewaltigen Kreuzfahrtschiffe nur zur Nordsee bringen kann, wenn die Ems aufgestaut wird und so dem Tiefgang der Schiffe entspricht. Für Naturschützer ein Ärgernis, für Touristen eine Schau, wenn so ein Riesenpott langsam rückwärts der offenen See entgegen geschleppt wird.

Das Hochwasser an der Ahr 2021 zeigt uns deutlich: Schwere Sturmfluten sind bedrohlich, aber das Binnenwasser muss genauso beherrscht werden. Jahrhundertelang erfüllten die Siele, die Schleusen im Deich, diese Aufgabe relativ gut. Bei tagelangem Hochwasser aber funktioniert das System nicht, und dann gerät so mancher Landstrich unter Wasser. So wurden Schöpfwerke errichtet, das waren zunächst nach holländischem Vorbild Windmühlen, die das Wasser aus den tiefer gelegenen Gebieten pumpten um so Überflutungen zu vermeiden. Aber inzwischen gibt es eine ganze Reihe kleiner und großer elektrisch betriebener Schöpfwerke.

Wir betrachten als Beispiel den I. Entwässerungsverband Emden mit zwei Hauptschöpfwerken und drei Sielbauwerken, nämlich dem Siel

und Schöpfwerk Knock, dem Schöpfwerk Greetsiel und dem Alten und dem Neuen Siel Greetsiel sowie den zweiundzwanzig Unterschöpfwerken.

Da ein Drittel des Verbandsgebietes unter NHN (Normalhöhennull) liegt (bis 1993 NN = Normalnull genannt), muss dieser Entwässerungsverband die niedrigsten Pegelstände im Nordwesten Niedersachsens einhalten, nämlich in den Wintermonaten NHN - 1,40 Meter und in den Sommermonaten NHN - 1,27 Meter. An der Knock können 50 Prozent des Niederschlagswassers über Sielzüge und 50 Prozent über den Pumpbetrieb abgeführt werden. Die vier Pumpen schaffen 60 Kubikmeter in der Sekunde.

In Greetsiel muss das Niederschlagswasser zu über 90 Prozent gepumpt werden, nur ein geringer Anteil wird gesielt. Die jährlichen Stromkosten für die Haupt- und Unterschöpfwerke lagen je nach Niederschlagsmenge bislang zwischen 150.000 bis 270.000 Euro – ab 2022 werden die Preise steigen.

Das Emssperrwerk bei Gandersum (etwas östlich von Emden), erbaut 1998 bis 2002, soll zukünftig das Binnenland vor Sturmfluten schützen. Zugleich oder vor allem wird so ermöglicht, die Ems zu stauen. Durch Ausbaggern der Fahrrinne können so große Kreuzfahrtschiffe von der Meyer-Werft in die Nordsee überführt werden.

Die Reichsgrafschaft Ostfriesland

Kaiser Friedrich III. (1415–1493) ist ab 1440 römisch-deutscher König und ab 1452 Kaiser des Heiligen Römischen Reiches. Er belehnt den ostfriesischen Häuptling Ulrich Cirksena 1464 (selbstverständlich nach langem Bitten und der Zahlung einer nicht geringen Summe) mit der Grafschaft Ostfriesland.

Erst als sein Stiefbruder Edzard und seine Frau 1441, ohne Kinder zu hinterlassen, sterben, wird Ulrich (rechts) Haupterbe der Häuptlingsfamilie Cirksena. Ulrich, der sich seit 1444 auch Häuptling in Ostfriesland nennt, erreicht 1464 die Umwandlung seines Herrschaftsgebiets in ein Lehen des Reichs.

Wenn der Häuptling Ulrich Cirksena seine Landesherrschaft absichern wollte, brauchte er den Kaiser. Diesem musste er glaubhaft versichern – denn der saß ja zu weit weg, um es nachprüfen zu können –, dass man ein Eigengut besaß und reichsunmittelbar, also frei von anderen Abhängigkeiten sowie groß genug war, um eine Grafschaft vorzustellen. Ulrichs Abgesandte lieferten eine niederdeutsche Grenzbeschreibung, die unbesehen in die hochdeutsche Urkunde aufgenommen wurde: „Von der Westeremse oosterwards biss an die

Auch König Maximilian I. (1459–1519), 1508 bis zu seinem Tod römisch-deutscher Kaiser, ist stets in Geldnot, und so lässt sich mit ihm verhandeln. Die Stadt Emden erhält auf diese Weise 1495 ihr schönes Wappen (oben). Über dem blauen Wasser der Ems die rote Mauer – auch ein Zeichen der städtischen Freiheit, darüber vorsichtshalber die Harpyie der Cirksena, ihres Landesherrn, von den Emdern umgewandelt in das „Engelke".

Weser, von der see zutwert [südwärts] biss an die teutschen palen."

Über das absichtlich so ungenau abgegrenzte Gebiet wurde Ulrich 1464 zum Grafen „in" Ostfriesland erhoben. Am 23. Dezember in der Gasthauskirche in Faldern (das schon fast zu Emden gehörte) belehnte ihn Kaiser Friedrich III. schließlich mit dem gewünschten Gebiet. Der Kaiser war natürlich dankbar für eine angemessene Zahlung. Die Häuptlinge Ostfrieslands hatten Ulrich längst anerkannt; der Bischof von Münster leistete keinen Protest gegen die Verletzung seiner Rechte.

Ulrich sorgte für eine ordentliche Verwaltung seiner Grafschaft durch Vertrauensleute in seinen Burgen Greetsiel, Norden, Berum, Emden, Aurich, Leerort und Stickhausen. Die wenige Schreibarbeit erledigten zu-

Ulrich I. (1408–1466), seit 1464 erster Graf von Ostfriesland, stirbt nur zwei Jahre nach Amtsantritt. Sein Sohn Enno I. (Abb.) überlässt die Regierungsarbeit weitgehend seiner Mutter Theda und unternimmt erst einmal eine Pilgerreise ins Heilige Land. Nach der Rückkehr aus Jerusalem will er seine Schwester aus den Fängen eines vermeintlichen Verführers retten, dabei ertrinkt er im Burggraben der Friedeburg im Harlingerland.

Herzog Albrecht von Sachsen (1443–1500) hat 1488 den von den Bürgern in Brügge gefangen gehaltenen Kaiser Maximilian I. befreit. Maximilian überträgt ihm daraufhin nicht nur die Statthalterschaft der Niederlande, sondern auch 1498 die Erbstatthalterschaft von Friesland, das er jedoch erst mit Waffengewalt erobern musste (Seite 83, links).

nächst geistliche Personen, aber für eine solidere Verwaltung brauchte es Beamte, die nicht von der Kirche abhängig waren.

Was Ulrich nicht mehr erlebt hat: 1567 wurde in Norden eine Lateinschule gegründet, das spätere Ulrichsgymnasium, das damit eines der ältesten Gymnasien Deutschlands ist. Wahrscheinlich wurde im selben Jahr auch in Emden eine Lateinschule errichtet, das heutige Johannes-Althusius-Gymnasium.

Bevorzugter Aufenthaltsort der Grafenfamilie war Norden und nicht Emden – die Stadt, die sich schon damals sukzessive in Richtung ihrer späteren Bedeutung entwickelte. Die Hamburger hatten Emden das Stapelrecht hinterlassen. Das bedeutete, dass alle an Emden vorbeifahrenden Schiffe ihre Waren drei Tage in Emden zu „stapeln“ hatten, das heißt: zum Verkauf anbieten mussten – eine in allen Hansestädten übliche Einrichtung. Für Emden wurde das Recht zu einer Goldgrube. 1494 bestätigte Kaiser Maximilian I. der Stadt das Stapelrecht, 1495 verlieh er ihr sogar ein eigenes Wappen – wahrscheinlich gegen eine nicht zu geringe Gebühr.

Schon 1466 starb Ulrich nach nur knapp zwei Jahren im Amt. Sein ältester Sohn Enno hatte zunächst wenig Interesse an der Regierungsarbeit und überließ diese seiner Mutter Theda.

1489 brach Enno zu einer Pilgerreise ins Heilige Land auf, wo er in Jerusalem am Heiligen Grab zum Ritter geschlagen wurde. Nach seiner Rückkehr ist er im Winter 1491 bei der Belagerung der Friedeburg im Eis des Burggrabens eingebrochen und ertrunken. Weil er glaubte, dass der Drost von Friedeburg seine Schwester Almuth entführt hatte, wollte er ihn zur Rechenschaft ziehen.

So machte Enno I., kaum richtig an die Macht gekommen, Platz für seinen Bruder Edzard, den man später den Großen nannte.

Aufstieg und Fall Edzards des Großen

Die Aufgabe war klar: Unterwerfung der gesamten ostfriesischen Halbinsel – also auch des Harlinger- und des Jeverlandes sowie Butjadingen. Dafür erfand Edzard einen kaiserlichen Lehnsbrief von 1454, in dem – im Unterschied zum echten von 1464 – diese Länder namentlich genannt wurden. Diesen Besitztitel ließ er sich 1495 von Kaiser Maximilian I. (1459–1519) auf dem Reichstag zu Worms bestätigen. Die Fälschung war ein voller Erfolg, musste aber noch durch Waffen oder Verhandlungen in die Realität umgesetzt werden. Edzard hatte bereits die Herrschaften Gödens, Inn- und

Knyphausen gewonnen, da drohte plötzlich Gefahr aus dem Westen:

Herzog Albrecht von Sachsen (1443–1500) hatte den Kaiser seit Jahren in den Niederlanden militärisch und finanziell unterstützt. Nun ließ er sich als Ausgleich für seine Geldforderungen 1498 zum „ewigen Gubernator und Potestaten" von Friesland ernennen. Jenes Friesland umfasste – absichtlich ungenau begrenzt, wir kennen solches Vorgehen ja schon – die ganze Nordseeküste vom westerlauwerschen Friesland bis Dithmarschen und darüber hinaus die „Strandfriesen", also alles Land von der Zuiderzee bis Sylt.

Formal musste Edzard dem sächsischen Herzog huldigen, praktisch verbündete er sich aber mit ihm. Zunächst nahm er Appingedam und das „Oldambt" (Gemeinden in Groningen) in Besitz. Als Albrecht dann in Emden gestorben war, machte sich Edzard 1506 zum Herrn über Groningen. Welch wunderbare Vision von einem Groß-Ostfriesland tauchte da kurz auf!

Doch verständlicherweise gefiel der Erfolg den Nachbarn ganz und gar nicht. Herzog Georg von Sachsen (1471–1539), ein Gegner des Protestantismus, erwirkte die Reichsacht (das ist der Entzug der Rechtsfähigkeit) gegen Edzard. Herzog Heinrich zu Braunschweig und Lüneburg (1489–1568) wollte für seinen Sohn, den Erzbischof von Bremen, auch die weltliche Macht. In ihrem Gefolge fielen die Grafen von Oldenburg und Hoya sowie die Herren von Jever und Esens 1514 in Ostfriesland ein. Edzard

Edzard I. (1462–1528), genannt „der Große", nimmt Partei gegen den kaiserlichen Statthalter der Niederlande, den Herzog Georg von Sachsen. Dafür fällt er in die Acht des Reiches. Kaiser Maximilian I. löst ihn 1517 aus der Reichsacht und belehnt ihn mit Ostfriesland in seinen vorherigen Ausdehnungen.

Blick von den Resten der Festung Leerort nach Westen über die Ems: Hier rettete ein Kanonenschuss, der dem Braunschweiger Herzog Heinrich den Kopf zerschmetterte, Graf Edzard.

Reformation in Ostfriesland

„Auch Friesland wünscht Diener des Wortes“, so schrieb es Martin Luther 1522. Er sollte recht haben: Die Reformation ergriff die ganze Region. Das Volk der Friesen hatte es seit jeher verstanden, den geistlichen Herren ein entschiedenes *Halt* entgegen zu rufen, sobald diese sich über sie erheben und sie beherrschen wollten. Feste steuerliche Abgaben waren undenkbar. Als Papst Gregor VII. die Ehelosigkeit der Priester verkündete, bestanden die Friesen darauf, dass ihre Priester weiterhin heiraten dürften.

Als Martin Luther am 31. Oktober 1517 seine 95 Thesen veröffentlichte, gelangten deren Inhalte rasch auch nach Ostfriesland. Graf Edzard von Ostfriesland duldete die neue Lehre, ohne von deren Richtigkeit überzeugt zu sein. Bald gab es Prediger in Aurich, Oldersum und Emden, die Luthers reformatorische Auffassungen vertraten. In Emden trat Georg Aportanus, Theologe und Reformator Ostfrieslands, öffentlich auf, bis ihm die Kanzel der Großen Kirche verboten wurde. Daraufhin predigte Aportanus auf einer Wiese vor der Stadt mit so viel Beredsamkeit vor einer begeisterten Menge, dass Edzard ihn wieder in Stadt und Kirche zurückholen ließ.

Die von Martin Luther (Abb.) angestoßene Reformation erreicht schon 1519 Ostfriesland. Der ostfriesische Graf Edzard steht der Bewegung freundlich gegenüber, ist aber bald nicht mehr Herr der Lage. Und das Fräulein Maria, „edle Herrin von Jever“ (1500 – 1575), die letzte Regentin der Herrschaft Jever, muss strenggläubig das Geschehen widerstrebend hinnehmen.

stand nicht übermäßig gut da. In dieser misslichen Lage half ihm wohl der Herzog Karl von Geldern (1467–1538), dem allerdings dafür Groningen überschrieben wurde.

Gerettet hat Edzard schließlich ein Kanonenschuss aus der Festung Leerort, der dem Braunschweiger Herzog den Kopf zerschmetterte. Die Feinde zogen daraufhin ab.

So stand Edzard da, wo er schon zwanzig Jahre zuvor gestanden hatte. Groningen und Butjadingen waren für immer verloren. Als Ziel blieb der Erwerb des Harlinger- und des Jeverlandes.

Aber seine Gegner gaben nicht auf und führten Klage gegen den Ketzer bei Edzard. Doch der Graf empfing die Kläger nicht, sondern ließ sie nur wissen, dass er weder die eine noch die andere Lehre bekämpfen oder untersagen würde. Einige Zeit später schienen sich die katholischen Priester damit abgefunden zu haben und zogen sich aus der Großen Kirche in die Franziskanerkirche zurück. Graf Edzard beließ die Priester im Amt und sie durften auch weiterhin ihre Einkünfte beziehen.

Religionsgespräche in Jemgum, Norden und Oldersum gaben der neuen Lehre besonderen Aufschwung. Laien und Priester konnten die Protokolle nachlesen.

Inzwischen hatte Luthers Lehre auch das Harlingerland erreicht und als Heinrich Cramer im Jeverland bereits 1524 das Abendmahl in Wein und Brot austeilte und geheiratet hatte, konnte das strenggläubige Fräulein Maria von Jever dieses Geschehen nur noch widerstrebend hinnehmen.

Emden hingegen entwickelte sich zu einer Fluchtburg aller protestantischen Christen, die ihres Glaubens wegen aus England, Brabant, Frankreich, Spanien und den Niederlanden hatten fliehen müssen. Ein Stein über der Osttür der Großen Kirche, viele Jahre später (1660) gestiftet, erinnert daran:

Relief am Ostportal der Großen Kirche (heute Johannes a Lasco Bibliothek) in Emden.

Godts kerck vervolgt, verdreven,
heft Godt hyr trost gegeven.

(Gottes Kirche verfolgt, vertrieben
hat Gott hier Trost gegeben.)

In Emden wurden zeitweise 70 Prozent aller niederländischen calvinistischen Schriften gedruckt und hier fand auch 1571 die Emder Synode statt, eine fast geheime Versammlung, auf der die Regeln für das Miteinander der reformierten Gemeinden festgelegt wurden. Wesentlich war dabei der Beschluss, dass jede Gemeinde ihre Angelegenheiten selbst regeln sollte, zum Beispiel auch die Wahl der Pastoren. Und nur jene Themen, die über die Befugnisse der unteren Ebene hinausgingen, sollten von einer höheren Instanz geregelt werden. Noch heute bezeichnet man dies als das Subsidiaritätsprinzip.

Enno II. (1505–1540) ist Graf von Ostfriesland in den Jahren 1528 bis 1540. Er soll nach dem Wunsch seines Vaters (Edzard des Großen) eine jeversche Erbtochter heiraten, um auf diese Weise das Jeverland für Ostfriesland zu gewinnen. Mit seiner Weigerung beleidigte er Maria von Jever – und sie vermachte ihr Land den Oldenburgern.

Enno verspielt das Erbe

In der Johannes a Lasco Bibliothek zu Emden, ehemals die Große Kirche und Moederkerk der niederländischen Calvinisten, steht das Graf-Enno-Grabmonument, das erstaunlicherweise den Zweiten Weltkrieg überstanden hat. Seine Witwe Anna ließ es 1540 für ihn errichten. Enno hatte innerhalb kürzester Zeit das Erbe seines Vaters verspielt und damit den Niedergang der Familie Cirksena eröffnet. Aber der hat immerhin 200 Jahre lang gedauert und niemand vermag wohl so weit in die Zukunft zu blicken.

Nach dem Ableben Edzards 1528 war Enno II. bis 1540 Herrscher der Grafschaft Ostfriesland. Er regierte in weiten Teilen zusammen mit seinem Bruder Johann. Dieser blieb allerdings katholisch, während Enno lutherischer Konfession war. Da er die Heiratsversprechen seines Vaters gegenüber den Erbinnen des Jeverlandes nicht einhielt, ging das Jeverland auf immer für Ostfriesland verloren. Enno und sein Bruder Johann hätten die jeverschen Erbtöchter heiraten sollen, aber ersterer fühlte sich stark genug, das Jeverland auf andere Weise für sich zu beanspruchen. Maria von Jever war durch diese Untreue schwer gekränkt und so sorgte sie dafür, dass das Land nach ihrem Tod an Oldenburg überging.

Ennos Witwe Anna (1501–1575), Gräfin von Ostfriesland und seit 1542 vormundschaftliche Regentin des Landes, lässt 1540 in der Großen Kirche in Emden ein prächtiges Grabmal für ihren Mann errichten. Die Kirche wird im Zweiten Weltkrieg zur Ruine, das Grabmal übersteht das Bombardement und steht am alten Platz – jetzt in der Johannes a Lasco Bibliothek.

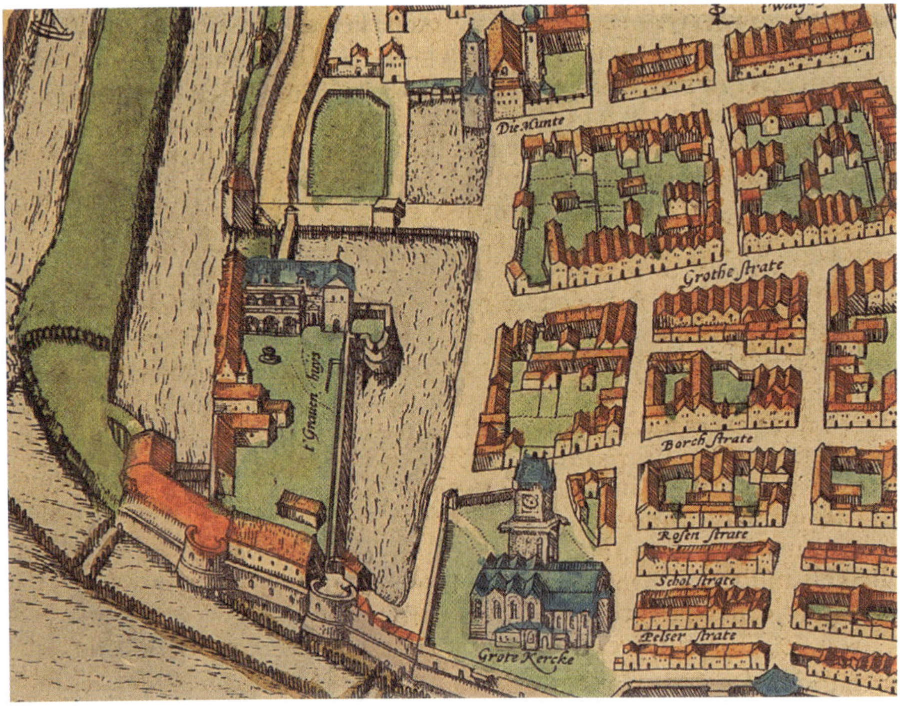

Die Burg der Grafen- und Fürstenfamilie Cirksena lag am westlichen Ende der Stadt Emden, direkt an der Ems, und ist von 1464 bis 1595 Residenz mit einem eigenen Hafen. In der Emder Revolution 1595 wird der Wall zwischen Burg und Stadt niedergelegt.

Auf Butjadingen verzichtete Enno freiwillig, als er Anna von Oldenburg zur Frau nahm. Blieb also nur noch das Harlingerland. Zwar vertrieb Enno den Junker Balthasar von Esens im Jahr 1530, aber dieser kehrte mithilfe des Herzogs von Geldern zurück und verwüstete Ostfriesland.

So blieb Balthasar weiterhin Häuptling im Harlingerland.

Und letztlich war auch Ennos Raub der Klöster ein gewaltiger Misserfolg: Er hatte keinerlei theologisches Interesse, aber er sah – nach dem Vorbild vieler Fürsten – in der Reformation die Gelegenheit, die Klöster zugunsten des Staates, also zu *seinen* Gunsten, aufzuheben. Enno hatte großen Anteil an deren Zerstörung, deren Besitzungen er zu Geld machte, um damit seine eigene Kasse aufzubessern. Und man beseitigte nicht nur die Gebäude bis auf die Fundamente, zerstörte die Bibliotheken, beschlagnahmte alle Kunstschätze und Kultgegenstände, sondern vernichtete auch alle Archive, damit niemand jemals mehr nach alten Klosterrechten forschen könnte. Im Zuge dessen ging natürlich auch ein erheblicher Teil der ostfriesischen Geschichtsüberlieferung für alle Zeiten verloren.

Enno verlegte seine Residenz auf die Burg in Emden. Sein Bruder Johann ließ sich von den Ständen abfinden, wanderte in die Niederlande aus, bekannte sich wieder zum katholischen Glauben und heiratete eine außereheliche Tochter des Kaisers Maximilian. Enno seinerseits hatte 1530 die Gräfin Anna von Oldenburg (1501–1575) zur Frau genommen. Als er mit 35 Jahren verstarb, übernahm zunächst sie die Regierungsgeschäfte.

Zur Ordnung des Kirchenwesens berief sie 1543 den Polen Johannes a

Lasco als Superintendenten, dem es jedoch nicht gelang, die auseinanderstrebenden Richtungen zu einigen.

Trotz des reichen Klosterguts, das in diesen Jahrzehnten in die Hand der Landesherrschaft gekommen war, wuchs deren Schuldenlast kontinuierlich.

Die Polizeiordnung der Gräfin Anna

In der bis 1561 andauernden Regierungszeit der Anna von Oldenburg, die von den Landständen (= politische Vertretungen der Stände) gestützt wurde, strebte sie einen Ausgleich zwischen den religiösen Lagern an. Obwohl sie persönlich eher der reformierten Konfession zugeneigt war, erkannte sie, dass gegenüber dem ostfriesischen Adel, in dem das Luthertum sowie der Zwinglianismus / Calvinismus gleichermaßen verbreitet waren, keine der beiden protestantischen Richtungen als Landesbekenntnis durchsetzbar war. Auch Katholiken und Spiritualisten wurden in ihrer Regentschaft weiterhin im Lande geduldet und an ihrer Glaubensausübung nicht gehindert. Allein auf Druck des Kaisers verbot sie 1549 den Täufern den Aufenthalt in der Grafschaft.

Nach dem Tode ihres Mannes 1540 übernahm Gräfin Anna (1501–1575) 1542 die Vormundsregentschaft über ihre unmündigen Kinder und wurde eine bedeutende Herrscherin. Sie erlässt eine Polizeiordnung, führt die Schulpflicht ein, versucht das Münzwesen zu regeln und toleriert die verschiedenen Konfessionen. Entgegen der Bestimmung ihres Mannes lässt sie allerdings alle drei Söhne mit der Grafschaft belehnen, was erhebliche Probleme mit sich bringt.

Gräfin Anna erließ im Jahr 1545 eine Polizeiordnung, in der zahlreiche nützliche Dinge geregelt wurden, darunter Vorschriften, die erst Jahrhunderte später ins deutsche Recht übernommen wurden. So auch die Schulpflicht:

Wenn die Kinder der Armen fünf bis sechs Jahre alt sind, sollen sie zum Schulbesuch angehalten werden; sobald sie aber aus der Schule entlassen sind und ihre Kost selber verdienen können, soll ihnen das Betteln verboten werden.

Gotteslästerungen wie Fluchen und Schwören wurden untersagt und mit einer Geldstrafe belegt.

Die Geistlichen und Kirchendiener wurden beauftragt, mit Sorgfalt über die „verschämten Armen" zu wachen, die durch Alter oder Krankheit ihren Unterhalt nicht verdienen konnten, damit es ihnen nicht an Kleidung, Speise und Trank fehlen würde. Zu ihrem Unterhalt wären die eingezogenen Strafgelder der Gotteslästerer zu verwenden. Reichte dieses Geld nicht aus, sollte der Pastor von der Kanzel zur Beisteuer auffordern.

In einem anderen Passus aus der Polizeiordnung hieß es, dass niemand aus der Herrlichkeit Heu verkaufen durfte, bevor nicht nach Billigkeit die Armen damit versorgt waren. Pächter, die über 30 Grasen (circa 1,2 Hektar) Land gepachtet hatten, waren gehalten, armer Leute Kühe unentgeltlich in die Weide zu nehmen.

Interessant ist auch jener Abschnitt, in dem Gräfin Anna versuchte, der sehr verbreiteten Völlerei und Trunksucht Einhalt zu gebieten. Bei Verlöbnissen und Kirmissen, an den Heiligen Abenden und zu Fastnacht wurden Völlerei und Trunksucht unter harte Strafen gestellt. „Die grobe Versündigung wider Gott durch Missachtung dieser Ermahnung wird mit zehn Gulden gebüßt, wovon die Hälfte den Armen zufließt."

Der Gebrauch von Seidenstoffen wurde sehr stark beschränkt, dagegen war den Frauen das Tragen von Gold- und Silbergeschmeide ohne Steuer gestattet.

Ganz besonders wurden Hochzeiten, Kindstaufen und Beerdigungen aufs Korn genommen, wo seit alters her kräftig gefeiert wurde. „Wenn am Sonntage Braut und Bräutigam nach christlicher Ordnung ehelich verbunden sind, darf man gegen Abend ein anständiges Gastmahl veranstalten und je nach Vermögen einen, zwei, höchstens aber drei Braten auftragen. Nur wenn die Braut aus einem entfernten Ort stammt, darf die Hochzeit zwei Tage dauern. Wer am Montagabend noch in der Gesellschaft gefunden wird, hat zehn Gulden verwirkt."

Bei Kindstaufen durften Reiche und Hofbesitzer nicht mehr Freunde einladen, als höchstens an zwei viereckigen Tischen Platz finden konnten. Mittelmäßig Begüterte sollten nicht mehr als fünf, höchstens sechs Gerichte bei Kindstaufen auftragen.

Bei Beerdigungen war es ebenfalls bei Strafe von zehn Gulden verboten, sich länger als zwei Stunden nach der Mahlzeit im Sterbehause aufzuhalten.

Kein Wirt durfte vor oder während der Predigt Bier ausschenken. Jeder Gast durfte höchstens zwei Kannen Bier trinken und um sieben Uhr abends musste die Schenke geschlossen werden. Hamburger Bier sollte nur dort angeboten werden, wo reiche Familien lebten oder fremde Kaufleute einkehrten.

Die bisherige Buße für Totschlag von 22 Gulden wurde auf 40 Gulden erhöht. Mord hingegen wurde mit dem Schwert bestraft.

Wer durch List oder Betrug eine zweite Frau nahm, ohne vorher von der ersten durch einen Richter geschieden zu sein, der sollte mit dem Schwert gerichtet werden. Ebenso derjenige, der gleich einem Tyrannen täglich mit seiner Frau in Hader lebte, wenn dies erwiesen wäre. Aber auch die Frau konnte entsprechend bestraft werden, wenn sie als der schuldige Teil erkannt worden war.

Diese Verordnungen der Gräfin Anna können durchaus als Sittengeschichte der damaligen Zeit gelten. Und die erlassenen Bestimmungen waren offenbar notwendige Reaktionen auf häufige und immer wiederkehrende Vorkommnisse und Verhaltensweisen, an denen Anstoß genommen wurde.

Gräfin Anna hat vieles in Angriff genommen und manches bewirkt, insofern war sie eine herausragende Gestalt im ostfriesischen Grafenhaus.

Die Regelung des Münzwesens

Ein weiteres Anliegen der Gräfin Anna war die Regelung des Münzwesens. Leichter gesagt als getan, wie sich aus dem Folgenden fast von selbst ergibt. Ein paar Beispiele mit Münzen, die damals in Umlauf waren:

Der Portugaleser [35 Gramm Gold] wurde 21 Carlsgulden gleichgesetzt, der Rosenobel – eine englische Goldmünze von 7,7 Gramm – war gleich vier Rydergulden, der Henricusnobel hatte die Kaufkraft von vier Emder Gulden (ursprünglich der Goldgulden der ostfriesischen Stadt Emden; gegen Mitte des 16. Jahrhunderts entwickelte sich der Emder Gulden zu einer Rechnungsmünze in der Bedeutung von zehn Schaap = 200 Witten). Ein Dukaten wurde mit 20 Schaap berechnet und der Goldreal hatte den Gegenwert von drei Rydergulden. Die Krone mit der Sonne galt 19 Schaap, der Engellotte 30 Schaap. Der vollgewichtige Goldgulden war 15 Schaap wert, der Philippsgulden sowie der Joachimstaler 13 Schaap. Der alte Emder Gulden wurde mit 14 Schaap bewertet und der Gulden der Städte Kampen, Deventer und Zwolle, der Clemmergulden und jener von Nijmegen mit zehn Schaap. Der Oldenburger Gulden lag mit elf Schaap etwas darüber.

Ein Schaap als Bezugswert für alle anderen in Umlauf befindlichen Münzen war eine ostfriesische Münze, von denen 15 einem ostfriesischen Taler entsprachen. Ein Schaap hatte wiederum den Wert von zwei Stübern, jeder Stüber war gleich zehn Witt oder vier Oortjes.

Der preußische Reichstaler galt später 27 Schaap oder 54 Stüber. Das bedeutet, dass fünf preußische Reichstaler neun ostfriesische Daler wert waren oder 13 ½ Gulden, da dieser in Ostfriesland 20 Stüber galt.

Damit ist das ostfriesische Münzwesen wohl in aller Klarheit und höchst nachvollziehbar dargelegt. Oder auch nicht! Das Münzwesen war aber im ganzen Reich chaotisch.

Wir sehen hier die Vorder- und Rückseite eines Emder Guldens zu 28 Stüber aus der Regierungszeit Kaiser Ferdinands II. (1619–1637). Beim Stüber handelt es sich um die Nachprägung einer ursprünglich niederländischen Münze, des **Stuivers** (bis 1815). 20 Stuiver ergeben einen Gulden, und so wird in den Niederlanden das 5-Cent-Stück noch bis zur Einführung des Euro als *Stuiver* bezeichnet.

Schweren Schaden fügte sie ihrem Lande allerdings dadurch zu, dass sie 1558 unter Nichtachtung der Bestimmung Edzards des Großen, dass allein der Erstgeborene Herr des Landes werden sollte, die Belehnung aller drei Söhne mit der Grafschaft durch den Kaiser veranlasste. Der Streit war vorprogrammiert.

Ostfriesische Hexenprozesse

Es sind nur wenige Protokolle von Hexenprozessen erhalten geblieben. Conrad Borchling meinte, als er 1903 die Protokolle der Auricher Hexenprozesse herausgab: „Im Bezirk des heutigen Ostfrieslands endlich sind die Acten der Beningaschen Handschrift das erste und, wie es scheint, einzige Beispiel eines Hexenprocessprotokolls."

Seitdem sind aber Artikel über Hexenprozesse in Uphusen und Pewsum erschienen. Die Beschuldigten der beiden kurz aufeinander folgenden Prozesse stammten aus Riepe, heute ein Ortsteil der Gemeinde Ihlow im Landkreis Aurich. Borchling spricht von 19 Verbrannten und einigen, die wahrscheinlich begnadigt wurden.

Der erste Satz seiner Dokumentation im „Emder Jahrbuch" enthält erst einmal eine klare Verurteilung des Hexenglaubens und der Hexenprozesse. „So segensreich und befreiend die Reformation in vielen Punkten für unser deutsches Vaterland gewirkt hat, das letzte und verderblichste Geschenk des absterbenden Mittelalters, die große Hexenverfolgung, hat sie uns nicht fernzuhalten vermocht."

Borchling gibt einen großen Überblick über die ihm bekannten Hexenverfolgungen in Ostfriesland, darunter über den ersten ihm bekannten Fall aus einer reformierten Gemeinde westlich von Emden: Rysum, 1591. Zur Tötung zweier Hexen durch das Schwert (was in der damaligen Zeit eine Gnade ist!) wird der gräfliche Scharfrichter von Emden nach Rysum entsandt.

In Aurich fanden die Verfahren 1543 in ihrer grausamsten Form statt. Die Folter wurde angewendet, Denunziationen erpresst, 19 Menschen durch die Gräfin Anna von Oldenburg und ihre Richter, unter ihnen der berühmte Eggerik Beninga, Geschichtsschreiber und einer der ersten Staatsmänner Ostfrieslands, zum Tode verurteilt und auf dem Scheiterhaufen verbrannt.

Die Auricher Hexenprozesse enthielten Aussagen einer Uphuser Hexe, die weitere Frauen aus ihrem Dorf belastete. Für deren Verfolgung sorgte Beninga, vielleicht im Auftrag der Gräfin Anna, indem er das Geständnis nach Uphusen schickte. Eine Beschuldigte wird „peinlich verhört" (also gefoltert). Frau Ette Houwerda, die für ihre minderjährigen Kinder über die Herrlichkeit Uphusen herrschte, ließ die Gefangene wieder frei, trug aber deren Söhnen auf, dass sie sich zur Ver-

Die Kirche von Grimersum wird zwischen 1270 und 1280 im Übergangsstil der Romano-Gotik erbaut. In der Kirche sind mehrere Grabsteine und Grabplatten aufgestellt, darunter als bedeutendstes das Renaissance-Grabmal von Eggerik Beninga (1490–1562). Er verfasste eine ostfriesische Chronik, die *Cronica der Fresen*, in plattdeutscher Sprache. Sie enthält die Geschichte der Friesen von der ältesten Zeit an bis 1562. Er war von 1540 bis 1556 der Ratgeber der Gräfin Anna von Ostfriesland. In dieser Eigenschaft führte er leider auch Hexenprozesse.

fügung halten solle. Die brachten sie nach Suurhusen, wo sie für die Gerichtsbarkeit von Uphusen unerreichbar war. Dort starb die Angeklagte später.

Im Jahr 1564 gab es einen weiteren Hexenprozess in Uphusen, den der Häuptling Eger Houwerda mit der Freilassung der Beschuldigten beendete, weil ihr Bruder und ihre Schwäger für sie bürgten.

1565 fand wiederum ein Prozess statt. Die Angeklagte wurde gefoltert, am Ende der Verhöre aber freigelassen. Ihr Vater und drei andere namentlich genannte Männer bürgten für sie. „Bezeichnend für die harmlose Unschuld der Gertrud Focken ist ihre geradezu rührende Aussage, „dat se“ - die als Hexe vor Gericht stand, gefoltert und peinlich verhört wurde! -„nicht wete, wat toveren sy“. (Dass sie nicht nicht wisse, was Zaubern sei.)

Die letzte Hexe in diesen Uphuser Akten wird für 1577 erwähnt. Ihr gelang es jedoch zu fliehen.

Von 1590 bis 1593 fand ein Hexenprozess in Pewsum statt, der auch zwei Frauen aus Loquard, heute eine Ortschaft der Gemeinde Krummhörn im Landkreis Aurich, betraf. Dabei setzten sich der Graf und seine Beamten sogar über das damals geltende Recht hinweg. Der energische Protest der beiden Ehemänner der Bezichtigten ging bis zum Reichskammergericht in Speyer, und dieses nahm wider Erwarten die Beklagten in seinen Schutz und verurteilte das bisherige Verfahren. Es lud tatsächlich den Grafen als

„Malleus maleficarum“, der Hexenhammer, ist ein Werk des deutschen Dominikaners, Theologen und Inquisitors Heinrich Kramer. Er legitimiert damit die Hexenverfolgung und befördert sie wesentlich. Das 1486 erstmals in Speyer gedruckte Buch erreichte bis zum Ende des 17. Jahrhunderts 29 Auflagen mit rund 30.000 Exemplaren.

obersten Gerichtsherrn bzw. seinen Vertreter ans Reichskammergericht zur Verantwortung: Es wäre dem gemeinen Recht des Heiligen Römischen Reiches völlig zuwider gehandelt, wenn man Leute mit gutem Namen und Leumund allein auf in der Folter erpresste Aussagen und Angaben anderer Personen hin verurteile.

Das freilich nutzte den Beklagten wenig. Sie wurden weiter verfolgt und das Vermögen der Beschuldigten eingezogen. Dem Staat fielen zwei Drittel des Vermögens zu, ein Drittel der Kirche. Wie man aus der eingeleiteten Untersuchung auf Gotteslästerung ersieht, ging die Klage von der Kirche aus, die sich den weltlichen Arm zur Verfolgung der Anklage lieh, weil die Strafen, auch die Todesstrafe, nur von den staatlichen Institutionen vollstreckt werden durften.

Die Ehemänner bringen eine Kaution von 60.000 Gulden auf, ein Vermögen. Später bringen sie noch einmal eine Kaution in ungenannter Höhe auf. Die Frauen werden zweimal freigelassen und wieder verhaftet, das letzte Mal im Spätherbst 1592. Man foltert sie immer wieder. Dazu spielt in der Kirche von Pewsum die Orgel, damit man die Schreie nicht hört. Die Dorfbewohner dürfen nicht in die Nähe des Geschehens kommen, unter der Androhung einer Strafe von zehn Gulden.

Anfang März stirbt die Angeklagte Tyabben im kalten Kerker. Ihr sind der rechte Arm und der Hals gebrochen. Natürlich vom Teufel, sagen die Folterknechte. Der Henker wirft die Leiche in einen offenen Sarg. Sie wird hinter einem Pferd aus Pewsum zum Galgen geschleift, dort ausgezogen und nackt in eine Grube geworfen.

Für Edzard II. (1532–1599), den ältesten Sohn von Graf Enno II. und dessen Frau Anna von Oldenburg, sind die Hexenprozesse rechtens. Seine Meinung dazu hält er in einem Dokument fest, das aus dem Jahr 1593 stammt. Nach dem Tod seines Bruders Johann (1591) war Edzard II. Alleinherrscher über die Grafschaft Ostfriesland geworden.

Für den Grafen Edzard II., Annas Sohn und Nachfolger, ist das alles rechtens, wie er in einem Schriftstück im Jahr 1593 abschließend feststellt. Sybben, die Schwester der Toten, die auch unter der Folter nichts gestanden hat, will nicht entlassen werden. Sie erlangt aber später – gegen Kaution – doch noch die Freiheit.

Zwischen 1542 und 1665 wurden in Ostfriesland über 60 Frauen als Hexen verfolgt und ein Mann. Mehrheitlich wurden sie verbrannt, in reformierten Gebieten gnädiger Weise geköpft oder sogar freigelassen.

Das Harlinger Land wird ostfriesisch

Das Harlingerland nimmt in der ostfriesischen Geschichte eine Sonderstellung ein. Über viele hundert Jahre hatten die Bewohner des zwischen Ostfriesland und dem Jeverland gelegenen Landstrichs ihre Selbstständigkeit bewahren können. Doch mit dem Berumer Vergleich vom 28. Januar 1600 zwischen dem Grafen Enno III. (1563–1625) von Ostfriesland und dem Hause Rietberg endete diese Epoche. Das Gebiet kam damit zu Ostfriesland.

Wenn wir die heutige Landkarte betrachten, erscheint es logisch, dass Esens, Stedesdorf und Wittmund zu Ostfriesland gehören. Tatsächlich war aber die Geschichte bis dahin eine ziemlich verwickelte Angelegenheit: Die Grafschaft Rietberg lag an der oberen Ems in Westfalen. Otto III. von Rietberg, der von 1516 bis 1535 regierte, war in erster Ehe mit Anna Gräfin von Sayn verheiratet. Aus dieser Ehe stammten zwei Söhne, von denen einer früh starb, der andere als Otto IV. zunächst die Herrschaft übernahm. Als dieser 1552 kinderlos starb, fiel die Herrschaft an Ottos Sohn Johann II. von Rietberg, der aus Ottos zweiter Ehe mit Onna (Anna), der Tochter des ostfriesischen Häuptlings Hero Omken, stammte. Durch diese zweite Heirat erwarb Otto die Anwartschaft auf das Harlingerland, das sein Sohn 1540 nach dem Tod von Onnas Bruder Balthasar von Esens auch erhielt. Bis 1600 blieb es in Personalunion mit Rietberg verbunden.

Johann II. nahm meistens Residenz im friesischen Esens. Von hier aus brach er immer wieder Streit mit der benachbarten Grafschaft Ostfriesland vom Zaun. Im Jahr 1556 bemächtigte er sich eines Landstriches westlich des Accumer Tiefs. Daraufhin verklagte Gräfin Anna von Ostfriesland Johann vor dem Reichskammergericht und beim Niederrheinisch-Westfälischen Reichskreis. Aber trotz der Richtersprüche sorgte Johann weiter für Ärger.

Nach einigen anderen Vorfällen zog Johann II. daraufhin mit Söldnern von Esens nach Rietberg und überfiel den Grafen Bernhard VII. zur Lippe. Der Niederrheinisch-Westfälische Reichskreis erklärte Johann daraufhin offiziell zu einem „Friedensbrecher". Doch Johann dachte nicht daran, sich zu beugen. Erst nachdem die Truppen des Reichskreises Rietbergs Streitmacht ausgehungert hatten, ergab sich Johann im Juni 1557. Er wurde 1560 gefangen genommen und starb 1562 in Köln.

Mit Johann II. starb die männliche Linie der Grafen von Rietberg aus. Allerdings wurden seine Töchter Armgard und Walburgis aus erster Ehe 1565 wieder mit Rietberg belehnt. Walburgis wurde das Harlingerland als Erbe gegeben. Sie heiratete 1581 den Grafen Enno III. von Ostfriesland. Aus dieser Ehe gingen zwei Töchter hervor, Sabina Catharina (1582–1601) und Agnes (1584–1616). Gegen eine Abfindung von zunächst 200.000, später erhöht auf 300.000 Taler, traten diese die Herrlichkeiten Esens, Stedesdorf und Wittmund und damit das gesamte Harlingerland an das ostfriesische Grafenhaus ab. Damit war der Graf von Ostfriesland auch Herr des Harlingerlandes, aber das

In der Zeit von Balthasar Arend (1640–1687) war ein großer Teil der Harlebucht noch nicht eingedeicht. Die Harlebucht, die in einer Reihe starker Sturmfluten (Julianenflut 1164, Erste Marcellusflut 1219, Luciaflut 1287, zweite Marcellusflut 1362) und in der Zweiten Dionysiusflut 1377 bis südlich von Asel reichte, wurde durch frühe Deiche und Sielbauten als fruchtbares Land dem Meer wieder abgetrotzt. Zu Arends Zeiten war der Funnixsiel ein Hafen am offenen Meer – heute etwa neun Kilometer von der Küste entfernt.

Harlingerland war nicht Teil von Ostfriesland. Es handelte sich lediglich um eine Personalunion.

Seit 1600 gehörte das Harlingerland also zu Ostfriesland, auch wenn es rechtlich in vielerlei Hinsicht noch eine Sonderstellung einnahm. So hatten die ostfriesischen Stände, mit denen die Grafen in ständigem Konflikt lagen, keine Handhabe im Harlingerland. Erst mit der Neugründung der Landstände nach der Franzosenzeit Anfang des 19. Jahrhunderts waren auch die Harlinger dort vertreten.

Emden – vom Händlerdorf zur Weltstadt

Das goldene Engelchen auf der roten Mauer, darunter die blauen Wellen der Ems, so sieht das Emder Stadtwappen aus. Entwickelt wurde es aus dem goldenen Jungfrauenadler der Grafenfamilie Cirksena, die damals Landesherren mit Sitz in Emden waren. Der goldene Engel ist also eigentlich gar keiner, sondern eine Harpye, ein weiblicher Unheilsdämon aus der griechischen Mythologie, in der Heraldik auch als „Jungfrauenadler" bekannt.

Wegen der Neutralität Emdens im Spanisch-Niederländischen Krieg (1568–1648), dem Achtzigjährigen Befreiungskampf, zog es manchen niederländischen Unternehmer dorthin. Es waren also nicht nur religiöse Flüchtlinge, die in Emden Aufnahme fanden, sondern auch Reeder, Kaufleute und Handwerker, die die Freiheit und den freien Zugang zur See für ihre Geschäfte benötigten. Mit ihren ökonomischen Interessen kam auch ein bürgerliches Bewusstsein nach Emden. Gegen Mitte des 16. Jahrhunderts blühte die Stadt auf. Gegen Ende des Jahrhunderts überrundete sie kurzzeitig Hamburg und Amsterdam.

Dabei hatte alles sehr spät und bescheiden angefangen. Um 800 wurde das friesische Handelszentrum Dorestad am Niederrhein zerstört. Ein Teil der Händler zog daraufhin in den Norden und fand an der geschützten Emsschleife am Nordufer des Flusses eine neue Heimat. Die Mündung eines kleinen Flusses, der Aa oder Ee, bot einen brauchbaren Hafen. Aus dem damaligen Ee-Münde (oder friesisch Amuthon) wurde „Emden".

Die Stadt lag am Ende des Heerwegs von und nach Münster und

1495 verleiht Kaiser Maximilian I. (1459 – 1519) der Stadt Emden ein eigenes Wappen. Ein Affront gegenüber dem ostfriesischen Grafen. Hier sehen wir die sehr schöne Urkunde mit dem gewaltigen Siegel.

unterstand dem Bischof derselbigen Stadt, der in Emden einen Propst als seinen Vertreter einsetzte.

Ein Propst war nur in Ostfriesland ein Laie, der ein geistliches Amt innehatte. Die Emder Häuptlingsfamilie Abdena übernahm das Amt erblich. Die Abdenas arbeiteten um 1400 mit den Seeräubern zusammen, was zum Einschreiten der Hamburger führte, die Ostfriesland zeitweise besetzten, weil sie um die Sicherheit ihrer Seewege fürchteten. Schließlich war ihnen dennoch der Aufwand zu groß und sie überließen der Häuptlingsfamilie Cirksena, die sich geschickt angeboten hatte, zunächst unter Vorbehalt, doch bald dauerhaft die Herrschaft über Ostfriesland. Emden bekam eine Ratsverfassung mit vier Bürgermeistern, die aber dem Stadtherrn verpflichtet und nicht etwa Vertreter der Bürgergemeinde waren – das sollte nicht übersehen werden!

1464 wurde Ulrich Cirksena in der Franziskanerkirche von Faldern (nicht lange danach ein Stadtteil von Emden) zum Grafen von Ostfriesland erhoben.

1495 verlieh Maximilian I. Emden das Stadtwappen, das „Engelke up de Müre" – der gelbe Engel (eigentlich der gelbe Adler der Cirksena) auf der roten Stadtmauer (die so gar nicht existierte, aber die städtische Freiheit symbolisierte) über den blauen Fluten der Ems. Gelb-Rot-Blau: die Emder Flagge.

Noch im selben Jahr „lieh" Emden dem Landesherrn 10.000 Rheinische Gulden, die Edzard dem Bischof von Münster gab. Der verzichtete dann im Gegenzug 1497 endgültig auf seine Rechte an und in Emden.

In der Cosmas- und Damian-Flut 1509 durchbrach die „frische Ems" südlich von Nesserland die Emsschleife vor Emden, wonach die Zufahrt zum Hafen zu verschlicken begann. Die Stadt wehrte sich verzweifelt und mit großem Aufwand: 1583 wurde das Nesserlander Höft

Ubbo Emmius (1547–1625) ist Historiker, Autor einer umfassenden Friesischen Geschichte und auch Geograph. Er vermisst auf seinen Wanderungen das Land und stellt darauf aufbauend die erste wirklich brauchbare Karte von Ostfriesland her. Gut zu sehen, dass sich durch den veränderten Lauf der Ems die Lage Emdens verschlechtert hat.

errichtet, eine viereinhalb Kilometer lange Eichenspundwand, die die Ems wieder in ihren alten Verlauf zwingen sollte. 1631, also mitten im Dreißigjährigen Krieg, wurde das Vorhaben dann endgültig aufgegeben.

Emden hatte in den hundert Jahren zwischen 1500 und 1600 einen schwindelerregenden Aufstieg erlebt. Die Stellung der Stadt in Ostfriesland wurde immer gewichtiger. Dazu trug die gräfliche Familie ihren Teil durch den Streit der Söhne des Grafen Enno II. – Edzard II., Johann und Christoph – bei.

Edzard der Große hatte klugerweise festgesetzt, dass der Erstgeborene alleiniger Nachfolger werden sollte, aber Ennos Witwe Gräfin Anna von Oldenburg verschaffte allen drei Söhnen die kaiserliche Belehnung. Christoph fiel 1566 im Türkenkrieg, Edzard II. wurde durch seine Frau Katharina Wasa, Tochter des Schwedenkönigs Gustav I., in seiner lutherischen Überzeugung bestärkt, und sein Bruder Johann war engagierter Calvinist. So kam es zu Auseinandersetzungen, in denen sich die ostfriesischen Stände bewähren konnten.

Im letzten Drittel des 16. Jahrhunderts spielte Ostfriesland im großen Weltgeschehen mit wie nie vorher oder nachher. Das Ländchen und seine Hauptstadt waren offenbar in Europa etwa so bekannt wie wir heute New York kennen. Der britische

Dichter Christopher Marlowe (1564–1593) schrieb ein Drama, in dem der Teufel dem Dr. Faust die Stadt Emden verspricht:

> **Guter Engel**:
> Denk du an Gott und Himmel,
> lieber Faust!
>
> **Böser Engel:**
> Nein, Faust, denk du an Ehre,
> Macht und Reichtum!
> *(Die beiden Engel verschwinden.)*
>
> **Faustus:**
> An Macht und Ehr'!
> Ei wohl, mein soll die Herrschaft
> Emdens werden!
> Was kann, wenn Mephistopheles
> mir beisteht,
> ein Gott mir schaden? Fort mit
> allem Zweifel!
> Faust, du bist sicher!
> Mephistopheles,
> komm, bring die frohe Botschaft
> Luzifers —
> Schlug es nicht zwölf? — Komm,
> Mephistopheles,
> *(Mephistopheles tritt auf.)*

Zu dieser Zeit gehörte Emden neben Genf und Wittenberg zu den bedeutendsten Schauplätzen der Reformation. Unter anderem wirkten hier der Prediger und Theologe Johannes a Lasco (1499–1560), Albert Hardenberg (um 1510–1574) und Menso Alting (1541–1612). Die Taufe von 300 Erwachsenen in einem Vorraum der Großen Kirche durch Melchior Hofmann 1530 war der Beginn der Täuferbewegung in Nordwestdeutschland und in den Niederlanden – Emden war ein beliebter Zufluchtsort für eine Vielzahl von Flüchtlingen aus dem benachbarten Land. Die Synode von Emden (1571) war die erste Nationalsynode (= kirchliche Versammlung) der niederländischen Reformierten. Aufgrund dieses bedeutsamen Ereignisses verlieh der Rat der Gemeinschaft Evangelischer Kirchen in Europa im Dezember 2013 Emden als erstem Ort auf dem Kontinent den Titel „Reformationsstadt Europas".

Solange die holländischen Städte der spanischen Hoheit gehorchten, hatten die Aktivitäten der Wassergeusen deren Schifffahrt schwer behindert und damit Importe für das niederländische und westdeutsche Hinterland über Emden begünstigt.

Die Bezeichnung „Geusen" als Ehrenname nahmen jene Männer an, die im April 1566 als Vertreter des niederländischen Adels eine Bittschrift an die Statthalterin Margarethe in Brüssel abliefern wollten. Margarethe war unsicher, wie sie sich verhalten sollte, da flüsterte ihr ein Ratgeber zu: „N'ayez pas peur, Madame, ce ne sont que des gueux. – Keine Angst, Madame, das sind doch nur Bettler."

Die *Wasser*geusen waren ursprünglich eher Seeräuber, die alsbald im niederländischen Freiheitskrieg gegen Spanien kämpften. Dabei blockierten sie mehrfach auch die Emsmündung, um den Nachschub für die Stadt Groningen zu behindern, die 1580 wieder „spanisch" war. Sie wurde 1594 dann – ein bisschen gegen ihren Willen – befreit. Nicht immer war klar, auf welcher Seite die Geusen standen. Emden und Ostfriesland mussten sich offiziell zurückhalten, tatsächlich aber hatten die Geusen im Winter schon einmal ihr Quartier zwischen Emden und der Insel Nesserland (heute durch Eindeichungen zu Emden gehörend) aufgeschlagen. Und die Gerüchte, dass die Geusen bei den Emder Wirtsleuten gern gesehene Gäste abgaben, waren nicht von der Hand zu weisen.

Graf Edzard fürchtete nicht ganz zu Unrecht, dass seine calvinistischen Widersacher einem Aufruhr nicht abgeneigt waren, und die Angst davor motivierte ihn unglücklicherweise zu seiner ebenso hartnäckigen wie erfolglosen lutherischen Kirchenpolitik.

1575 kam der Groninger Prediger Menso Alting nach Emden. Bis zu dessen Ankunft war der Calvinismus

Menso Alting (1541 – 1612) war ein bedeutender Prediger und Theologe während der Zeit der Reformation. Alting beeinflusste maßgeblich die Durchsetzung des Calvinismus in Emden und hat die Sonderstellung der Stadt im Staatsgefüge der Grafschaft mitbegründet. Menso Alting war mit Ubbo Emmius befreundet. Mit ihm wechselte er fast täglich Briefe.

zwar die beherrschende, aber doch eigentlich tolerant ausgeübte Glaubensrichtung in der Stadt gewesen. Sie vertrug sich mit den Lutheranern und ertrug sogar gemäßigte Gruppierungen der Täufer. Diese Großzügigkeit in konfessionellen Dingen prägte die Oberschicht der Stadt Emden. Alting suchte und fand im Emder Kirchenrat ein Instrument seiner Politik, während der Emder Magistrat weiterhin als eine vom Grafen eingesetzte Behörde fungierte.

Die dürftigen Möglichkeiten der Emder Bürgerschaft zur politischen Mitsprache gerieten mehr und mehr in Widerspruch zur erreichten Größe der Stadt, deren Einwohnerzahl sich von rund 5000 mindestens verdreifacht hatte, genauere Zahlen gibt es nicht. So begann man, angeblich alte Rechte einzufordern: die freie Wahl der Bürgermeister und Ratsherren, die Kontrolle über das städtische Rechnungswesen und eine stark erweiterte Gerichtshoheit. Die Gruppe, die am stärksten hinter diesen Forderungen stand, waren die Handwerker. Allerdings saßen die meisten von ihnen im Stadtteil Faldern, der unmittelbar östlich an Emden anschloss und gar nicht zum städtischen Rechtsbereich gehörte, sondern dem Grafen unterstand, sodass seine Einwohner von den erweiterten Emder Stadtrechten gar nicht betroffen gewesen wären.

Um solchen Gefahren vorzubeugen, wurde das Verlangen nach der rechtlichen Vereinigung Falderns mit Emden in den Katalog der Forderungen an den Grafen übernommen. Dieses Konzept widersprach aber auch nicht unbedingt den Vorstellungen des – wir vergessen nicht – vom Grafen abhängigen Magistrats. Der hegte bereits 1564 den Plan, ein neues Rathaus zu bauen. Das alte stand etwa an der Stelle, an der sich heute das Otto-Huus befindet. Das neue stand dort, wo nach der Zerstörung im Zweiten Weltkrieg auch das neue „Rathaus“

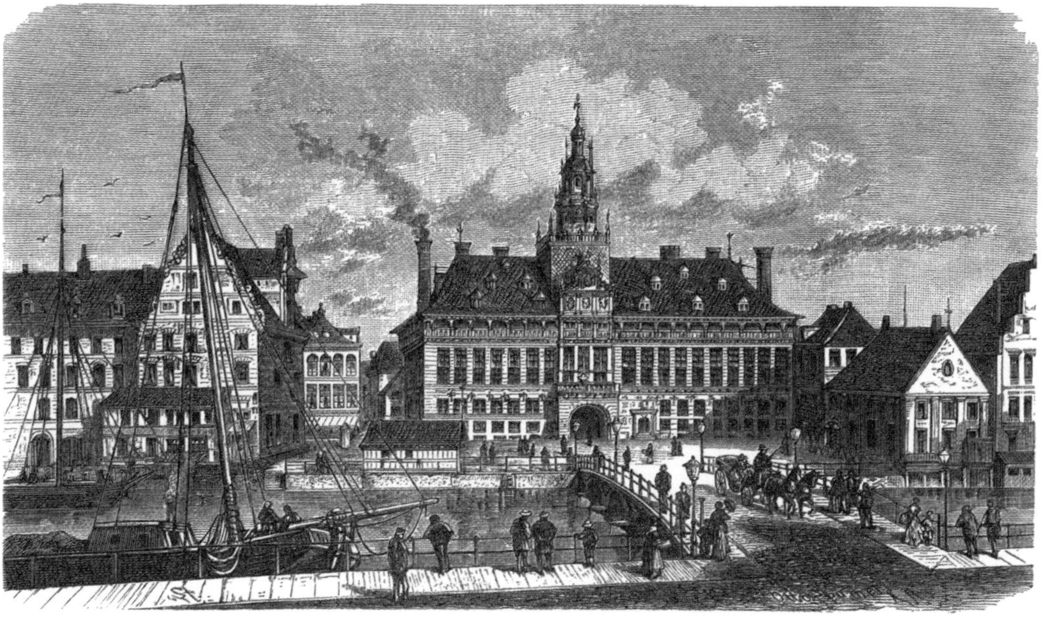

Das Rathaus zu Emden.

steht, dem alten ein wenig nachempfunden, aber unvergleichlich schlichter. Das Gebäude dient jetzt als Ostfriesisches Landesmuseum.

1564 hatte man schon 2600 Pfähle gelagert, auf denen das geplante Gebäude ruhen sollte. *In Emden muss gerammt werden*, was bedeutet, dass alle Häuser wie in Amsterdam auf Pfählen stehen, die bis auf den festen Sandgrund reichen.

Der Baubeginn verzögerte sich dann, ob nun aufgrund einer Sturmflut (damals kamen Ebbe und Flut bis in den Delft), oder wegen des beginnenden niederländischen Aufstands oder wegen der Pest ... Das neue Emder Rathaus wurde östlich des Delfts gebaut, in Mittelfaldern, das schon seit dem 15. Jhdt. zur Stadt gehörte. Es war eines der schönsten in Europa, erbaut nach dem Vorbild des Rathauses von Antwerpen, damals vielleicht die reichste Stadt des Kontinents. In dieser Hinsicht war den Emdern nicht angst und bange, genauso wenig wie beim Schmuck des Brückengeländers über dem Brauersgraben: „SPQE“ steht da in Stein gehauen – bei den alten Römern hieß es „SPQR: Senat und Volk von Rom“. Dahinter musste Emden ja wohl nicht zurückstehen.

In diesen Jahrzehnten Ende des 16. Jahrhunderts machte Emden eine Entwicklung durch, für die die meisten großen deutschen Städte Jahrhunderte brauchten.

Um 1550 noch voll im Griff der Landesherrschaft war Emden 1611 eine quasi-autonome Stadtrepublik geworden, ein Status knapp unter einer Reichsstadt.

In der Zwischenzeit überschlugen sich allerdings die Ereignisse:

Als der ehemals katholische Prediger Menso Alting aus Eelde bei Groningen 1575 nach Emden kam, war

Ein Blick auf das 1574 bis 1576 erbaute prächtige Rathaus der Stadt Emden, das 1944 fast vollkommen zerstört wurde. Im Vordergrund der alte Hafen, der Delft, über den damals noch eine Brücke führte. Im neu erbauten Rathaus an alter Stelle befindet sich heute das Ostfriesische Landesmuseum. Moorleiche, Rüstkammer und Münzkabinett lohnen einen Besuch.

das Rathaus noch im Bau, alles schien einigermaßen friedlich. Er beeindruckte in seiner Probepredigt gewaltig und wollte in der Folgezeit „durch die Disziplin in Emden eine Christokratie aufrichten". Immer wieder wurden Gemeindemitglieder, die sich mit Nachbarn stritten, die zu viel getrunken hatten, deren Schwierigkeiten im Eheleben bekannt wurden oder die mit Wiedertäufern oder Juden Umgang pflegten, vom Kirchenrat ermahnt und vom Abendmahl ausgeschlossen. Durch öffentliche Buße konnten sie sich dann wieder von diesem Bann befreien.

Das war strenge Kirchenzucht, die wohl eher äußerlich gehandhabt wurde. Getreu dem Motto über der kleinen Tür des Rathauses:

CONCORDIĀ RES PARVAE CRESCUNT

„Durch Eintracht wachsen kleine Dinge."

„Zwietracht zerstört sie", geht der lateinische Vers weiter.

Und es ging hoch her in Emden. Täglich kamen neue Flüchtlinge, weshalb auf Deutsch, Französisch, Englisch und Niederländisch gepredigt wurde. Ideales Verhalten war dabei die Teilnahme am Vorbereitungsgottesdienst sonntags um sechs Uhr. Der Hauptgottesdienst mit Austeilung des Abendmahls ging dann von zehn bis elf oder zwölf Uhr und nachmittags wurde über den Katechismus gepredigt.

In der Großen Kirche fanden jetzt nur noch reformierte Gottesdienste statt, die Lutheraner waren in die „Neue Münze" ausgewichen – zweifelsohne ein Gebäude des Grafen.

Dann aber starb am 10. September 1588 Edzards älteste Tochter Margarethe. Am darauffolgenden Morgen befahl der Graf, die Große Kirche für die Beerdigung drei Tage später zu rüsten.

Am 12. September protestierten Menso Alting und die übrigen Pastoren, sie könnten nicht zulassen, dass falsche Lehrer in der Großen Kirche predigten. Am 13. September kam schließlich die Ansage aus Aurich, dass die Große Kirche Eigentum des Grafen sei und dass er dort in jedem Fall seine Tochter beisetzen dürfte, *wie auch Abraham sein Weib Sarah in Hebron unter den Heiden beerdigen ließ*. Damit fühlten sich die Reformierten um Alting mit den Heiden gleichgesetzt – die Situation war völlig verfahren. Letztlich wurde der Leichnam ohne Predigt in der Großen Kirche bestattet. Die Ansprache wurde dann auf der Burg nachgeholt – eine klare Niederlage für Graf Edzard II. und seine Ehefrau, die schwedische Prinzessin Katharina Wasa.

Anfang März 1595 wollte der Graf weitere Sitzungen des Emder Kirchenrats untersagen und verlangte sogar eine Abrechnung über die kirchlichen Armengelder, weil er den Verdacht hegte, das Geld sei anderweitig verwandt worden. Diese Forderung lehnte der Kirchenrat selbstverständlich ab und rief zu einer Ratsversammlung am Folgetag, dem 18. März 1595, auf, zu der eine Vielzahl von Bürgern erschien. Der genaue Grund für die Versammlung ist nicht bekannt, jedoch die Tatsache, dass dieser Akt sehr gut vorbereitet war.

Nach der Sitzung sprach Menso Alting vor der Menge und bot an, Emden zu verlassen. Damit sollte es angeblich zum Ausgleich mit dem Grafen kommen …

Nun ergriff Gerhard Bolardus, ein Mitglied der Vierziger und Kirchenältester, das Wort. (Ende des 16. Jahrhunderts regierte in der Stadt der Magistrat, die Vierziger waren das Organ der Bürgergemeinde.) Bolardus gab zu bedenken, ob es nicht besser wäre in einem solchen Fall zugelassene Mittel gegen eine Tyrannei einzusetzen. Er bot an, mit Leib, Gut und Blut als ihr Anführer dafür zu kämpfen. Und siehe da: Waffen für die Bürger lagen schon bereit, es wurden 21 Kompanien eingeteilt und schnell waren Rathaus, Märkte, Plätze, Hafen und Wälle besetzt. Eiligst berichteten die gräflichen Beamten ihrem Herrn in Aurich von den neuerlichen Entwicklungen.

Emden wurde zur Hauptstadt eines ständischen Ostfrieslands – wie Aurich als Residenz der Cirksena seit Edzard II. die Hauptstadt des gräflichen Ostfrieslands war. Am 24. März verjagten die Emder den gesamten Magistrat. Knapp einen Monat später, am 19. April, griff man endlich die Burg an, deren Besatzung sofort aufgab. Dann wurden die Wälle der ehemaligen Festung zur Stadtseite hin eingeebnet. So nahm die „Emder Revolution“ ihren unblutigen Verlauf.

Menso Alting hatte die Errichtung seines Gottesstaates vor Augen; die Emder Bürger lediglich eine möglichst große Unabhängigkeit vom Landesherrn. Und so suchte und fand man bei den niederländischen Generalstaaten Schutz vor dem

Durch die Aufnahme von calvinistisch-reformierten Glaubensflüchtlingen aus den spanischen Niederlanden entwickelt sich Emden seit Mitte des 16. Jahrhunderts zu einem Großhafen von europäischer Bedeutung, was vor allem durch die Blockade niederländischer Häfen seitens der Spanier begründet war. Dekorative Ansicht von Emden aus dem zweiten Band der deutschen Ausgabe des Städtebuchs „Civitates orbis terrarum“ von Braun und Hogenberg aus dem Jahre 1575

Grafen, den diese sehr gern gewährten.

In Delfzijl, an der niederländischen Seite der Ems, wurde unter Vermittlung der Generalstaaten verhandelt. Der Vertrag wurde in niederländischer Sprache aufgesetzt. Vereinbart wurde erstens, dass keine andere Religion außer der reformierten in Emden öffentlich ausgeübt werden dürfte. Zweitens erhielt die Stadt das Recht, Seebriefe auszustellen und Bürgermeister und Rat selbst zu wählen. Drittens ging Faldern gegen eine jährliche Zahlung von 1700 Talern offiziell in den Besitz der Stadt über. Viertens war die Stadt allein zuständig für den Stadtwall. Fünftens blieb ihr die Zivil- und Strafgerichtsbarkeit, außer es ging um die Todesstrafe.

Für dieses weitgehende Zugeständnis der Souveränität sollte die Stadt dem Grafen „als Beweis der Dankbarkeit" (!) 80.000 Gulden zahlen sowie weitere rückständige Gelder. Eine Bestimmung, deren Nichteinhaltung sicher war.

Natürlich gab sich der Graf nicht so leicht geschlagen, ohne dass Entscheidendes passieren konnte. Die Probleme gelangten 1597 vor den Reichshofrat in Prag. Dort wurde der Vertrag von Delfzijl durch eine Kaiserliche Resolution für aufgehoben erklärt, der Inhalt des Vertrags wurde dennoch im Wesentlichen bestätigt. Eine Lehrstunde der Diplomatie?

Und dies war noch nicht das Ende der Konflikte: Auf einem Landtag 1601 war einer Türkensteuer zugestimmt worden, die das Reich von all seinen Ständen forderte.

Der 1602 neugewählte Emder Rat verweigerte diese Zahlung geflissentlich. Ein kaiserliches Mandat gab daraufhin dem Grafen – inzwischen war es Enno III. (1563–1625) – das Recht, mit bewaffneter Macht gegen die Stadt vorzugehen. Jetzt kamen die Niederlande ins Spiel: Sowohl Emden als auch der Graf baten die Generalstaaten um Hilfe ... und diese sahen eine gute Möglichkeit zur Kontrolle der Emsmündung, weshalb sie Soldaten nach Emden schickten, die dort bis 1744 stationiert blieben.

Der Graf hatte nun endgültig verloren, was ihm recht deutlich wurde, als er im Haager Vergleich 1603 alles unterschreiben musste, was die Generalstaaten ihm vorlegten. Ein Protest des Kaisers dagegen blieb folgenlos.

Doch jetzt hatte Emden erkannt, dass eine juristische Stütze der Verhältnisse notwendig werden könnte. Es war wohl Menso Alting, der den Professor und Doktor beider Rechte Johannes Althusius (1557–1638) empfahl, der in Herborn lehrte, also im calvinistischen Nassau. Althusius wurde 1604 Emder Stadtsyndikus und behielt das Amt bis zu seinem Tode 1638. Sich immer im Hintergrund haltend, war er der Leiter der Emder Politik und Anführer der Stände. Als ihn der Ruf nach Emden 1603 erreichte, war gerade sein Buch „Politica Methodice Digesta" erschienen, das die Regeln des gesellschaftlichen Zusammenlebens erklärte und besonders auf das Widerstandsrecht gegen ungerechte Herrschaft hinwies. Damit stand er im Gegensatz zu Martin Luther, der ja den Bibelvers Römer 13 hochhielt: „Seid untertan der Obrigkeit."

Bis zum Beginn des Dreißigjährigen Krieges baut Emden nach den Plänen der niederländischen Festungsbaumeister Johan van Valckenburgh und Gerhart Evert Pilooth eine umfangreiche Stadtbefestigung mit zahlreichen Bastionen, die im Dreißigjährigen Krieg uneinnehmbar ist.

Die Theorien des Althusius entsprachen absolut nicht der Idee des Absolutismus, so wurde er in Deutschland bis ins 20. Jahrhundert hinein „vergessen“.

Spanien und die Niederlande schlossen 1609 in Antwerpen einen zwölfjährigen Waffenstillstand. Dies bedeutete eigentlich ein Problem für Emden, da der „Große Bruder“ eventuell weniger bereit zur Unterstützung sein könnte – aber man kümmerte sich nicht darum.

Graf Enno war weiterhin gefährlich, und so hatte von 1606 bis 1616 der städtische Baumeister Gerhart Evert Pilooth, später beraten durch den niederländischen Festungsbaumeister Johan van Valckenburgh, die Stadt auf den allerneuesten Stand der Verteidigungstechnik gebracht. Der Wall bestand früher aus elf Zwingern (fünfeckigen Bastionen), die sich nahezu ringförmig um die Stadt legten. Den Rest der Barriere bildete die damals unmittelbar an der Innenstadt vorbei fließende Ems. Vor diesen Anlagen wurde ein breiter doppelter Graben gezogen, um Angreifern zusätzlich einen Sturm auf den Wall zu erschweren. Die Bastionen waren mit einem ausgeklügelten Kanonensystem bestückt, sodass ein potenzieller Angreifer keine toten Winkel ausnutzen konnte, um den Wall zu stürmen. Damit war Emden uneinnehmbar – und der Dreißigjährige Krieg stand vor der Tür.

Ganz nebenbei hatte man das Stadtgebiet verdoppelt. Dafür erhielt der Graf 900 Thaler jährlich.

Mit dem Land ging es jedoch unmerklich abwärts. Mehrere Missernten nagten am bäuerlichen Wohlstand in Ostfriesland.

Das Grundgesetz des neuzeitlichen Ostfrieslands

Der Osterhuser Akkord, die von Enno III. am 21. Mai 1611 unterzeichnete und von den Generalstaaten garantierte Vereinbarung, bestätigte den Ständen alle alten Rechte und Freiheiten. Besser hätte es kaum kommen können. So waren die meisten Einwohner des Landes zwar politisch frei, jedoch nicht wirtschaftlich – ob als Knecht oder Magd, Hafen- oder Deicharbeiter. Diese Menschen

Enno III. (Graf von Ostfriesland von 1599 bis 1625) muss im Osterhuser Akkord 1611 den Ständen alle alten Rechte und Freiheiten bestätigen. Die Generalstaaten, also die Niederländer, garantieren diese Vereinbarung, die gleichsam das Grundgesetz Ostfrieslands wurde.

waren genauso wenig politisch vertreten wie die Insulaner, die Juden, Täufer, Mennoniten oder etwas später die Moorkolonisten.

Und da zu den Landtagen selbstverständlich die reichen Marschbauern erschienen, die Geestbauern sich das aber oft nicht leisten konnten, wurden Beschlüsse ohne ihre Beteiligung gefasst, an die sie sich dennoch zu halten hatten.

Die Bauern mussten dem Landesherrn bestimmte Abgaben und Dienste leisten, die im Osterhuser Akkord genau festgeschrieben waren. Genügten dem Landesherrn diese Einnahmen nicht, musste er die Stände um die Ausschreibung einer Steuer bitten. Die Stände – wenn sie denn zustimmten – ließen diese Gelder dann von Unternehmern eintreiben, denen sie diese Aufgabe zuvor meistbietend übertragen hatten. Das führte natürlich durchaus zu Ungerechtigkeiten und Unterschlagung.

Innerhalb der Stände wurden jetzt auch gewisse Widersprüche sichtbar, die bislang durch den langen Kampf um die Gleichberechtigung mit dem Grafen verdeckt wurden. Johannes Althusius betrachtete es als schreiende Ungerechtigkeit, dass die große und reiche Stadt Emden genau wie Norden und Aurich nur *eine* Stimme im Zweiten Stand hatte. Und auch mit dem Plan, durch Ankauf einiger Herrlichkeiten (also Gebiete einer Adelsherrschaft, die ausgestorben oder hoch verschuldet war) für Emden Sitz und Stimme im Ersten Stand (dem Ritterstand) zu erwerben, scheiterte er. Trotzdem setzte sich Althusius aber meistens durch.

Den bis 1621 geschlossenen Waffenstillstand zwischen den Niederlanden und Spanien sahen die Emder keineswegs als Warnsignal, dass die goldenen Zeiten vorüber wären. Das war aber der Fall. Viele Niederländer gingen – schon vor dem Waffenstillstand – in ihre Heimat zurück.

Und im Osten der Halbinsel wurde den Ostfriesen buchstäblich das Wasser abgegraben. Das Jeverland war durch das Testament des Fräuleins Maria von Jever 1588 an die Oldenburger gefallen, konnte aber nur über das Wasser, die Jade, oder über ostfriesisches Gebiet erreicht werden. Nun ließen die Oldenburger Grafen in einem objektiv betrachtet großartigen technischen Unternehmen den Ellenser Damm bauen, der die ostfriesische Herrlichkeit Gödens vom Jadebusen abschnitt. Diesen versahen sie immerhin mit einem Siel, durch den das ostfriesische Wasser in die Jade abfließen konnte. Eine kleine Spitze: Dieses Siel nannten sie „Mariensiel" in schöner Erinnerung an das Fräulein Maria.

Katharina die Große von Russland erbte das Jeverland 1793. Zar Alexander I. trat seine Rechte 1807 im Frieden von Tilsit an das Königreich Holland ab, von 1810–1813 gehörte das Gebiet (wie der gesamte Nordseeküstenraum) zum Kaiserreich Frankreich. Nach dem Rückzug der napoleonischen Truppen trat 1813 Russland wieder in seine Rechte ein. Der Zar gab die Herrschaft Jever aber 1818 an das Großherzogtum Oldenburg zurück.

Juden, Mennoniten, Lutheraner, Katholiken

In der zweiten Hälfte des 16. Jahrhunderts, angezogen vom Ruf Emdens als Zufluchtsort, kommen neben vielen anderen Flüchtlingen und Zuwanderern auch die ersten Juden nach Ostfriesland. Anscheinend gab es mit der jüdischen Ansiedlung keinerlei Konflikte – nach Reichsrecht konnten die Landesherren den Fremdlingen gegen eine Gebühr ihren Schutz zusagen. Das war für die Cirksena das entscheidende Argument.

Die ersten Juden kamen möglicherweise schon 1530 nach Emden. Seit 1571 ist ihr Aufenthalt schriftlich nachweisbar, ebenso seit 1581 in Norden und seit 1624 in Aurich. Dort entstand eine größere Gemeinde mit einem „Hofjuden" (auch „Hoffaktor" = am Hof beschäftigter Kaufmann) als Mittelpunkt, der Bankier des Landesherrn war. In Emden andererseits, dem Zentrum ständischer Finanzwirtschaft, gab es dementsprechend einen Landschaftsjuden.

Seit dem Mittelalter galt für Christen das Verbot der Zinsnahme, so wurde den Juden der Geldverleih geradezu aufgedrängt. Daneben waren sie im Kleinhandel, im Viehhandel und als Schlachter stark vertreten. Ein Handwerk durften sie nicht ausüben; Grundbesitz war ihnen verboten.

In ganz Ostfriesland war es im 16. Jahrhundert unstreitig, dass nur der Landesherr Judengeleitbriefe ausstellen durfte. Doch nach der „Emder Revolution" von 1595 verfügten die Regenten im Emder Rathaus, dass das *freygeldt*, das die Emder Juden bis dahin dem Grafen gezahlt hatten, nunmehr Bürgermeistern und Rat zustünde.

Da die Juden (wie auch die Mennoniten) keine Vollbürger waren, mussten sie auch keinen Beitrag zur Verteidigung der Stadt leisten. Mit dem „Wachtgeld" war sozusagen ihre Pflicht abgeleistet.

Auf ein eigentliches „Schutzgeld“ erhob die Stadt in keinem der Landesverträge zwischen 1595 und 1611 irgendeinen Anspruch – Juden und Mennoniten werden in entsprechenden Quellen gar nicht erwähnt. Doch unter dem Mantel der offiziell von Graf Enno III. ausgeübten Schutzherrschaft hatte die Stadt de facto alle wesentlichen Bestandteile des Judenregals an sich gezogen: Besteuerung, Abgabenerhebung und Gerichtsbarkeit. Bürgermeister und Rat leisteten diesen Schutz trotz des Widerstands der Bürgerschaft, vertreten durch das von den Emder Bürgern gewählte Vierziger Kollegium, das Anfang 1611 kategorisch die Aufhebung des Wohnrechts der Juden und ihre Ausweisung forderte.

Dieser Forderung gab der Magistrat kurz darauf nach – aber nur auf dem Papier, denn die Emder Regenten wussten den wirtschaftlichen Nutzen zu schätzen, den die Anwesenheit der Juden für das Geld- und Kreditgewerbe der Stadt hatte. Die Einnahmen durch die Schutzgeldzahlungen waren dagegen kaum von Bedeutung.

Dem Grafen stieß der Ausweisungsbeschluss der Stadt Emden jedoch bitter auf, da dies ein landesherrliches Recht war. Und noch mehr erboste ihn, dass die Juden in Emden öffentlich Gottesdienst halten durften, während dies seinen Lutheranern nach wie vor verboten war.

Kurze Zeit darauf, 1613, erteilte der Magistrat den Juden erstmals ein offizielles Aufenthaltsrecht für zunächst fünf Jahre und verlangte dabei, den Gottesdienst *neht (= nicht) opentlich* zu halten, ganz dem Ideal der *Concordia* – der Eintracht in der Stadt – entsprechend. Eine kleine Synagoge, versteckt hinter der Judenstraße, entsprach den jüngsten Anforderungen.

Trotz vieler Einschränkungen, die sich im Laufe der Zeit lockerten, war die Existenz von Juden in Emden sicher und wirtschaftlich attraktiv. 1613 lebten 16 Familien mit achtzig Personen in der Stadt, 1734 waren es bereits 300 bis 350 Juden (auf 61 Haushalte verteilt): erstaunliche drei Prozent der gesamten Einwohnerschaft!

Der Konflikt zwischen dem Grafen und der Stadt war 1613 natürlich längst nicht beigelegt. Der Magistrat verlangte seitdem, dass jeder Jude mit Wohnung in Emden einen städtischen Geleitbrief bei sich tragen müsste. Der Landesherr bestand dagegen weiterhin auf Zahlung des fälligen Schutzgelds (betrachtet man die damals geltenden Regelungen: zu Recht). Laut Rechtsprechung konnte der Magistrat nur den Schutz innerhalb des Stadtgebiets gewährleisten, für die Gebiete außerhalb der Stadt war die gräfliche Seite verantwortlich. De facto hatte dies zur Folge, dass die Juden an beide Seiten Schutzgelder zu zahlen hatten, wenn sie zum Beispiel als Viehhändler in der Krummhörn unterwegs sein wollten. Wirtschaftliche Motive für den Konflikt um das Schutzgeld konnten dabei kaum ausschlaggebend sein, machten doch die 180 Gulden Schutzgeld sowie die 200 Gulden Wachtgeld im Jahr 1620 gerade einmal 0,14 Prozent des Emder Staatshaushalts von 267.358 Gulden aus.

Die ehemalige, ansehnliche Synagoge in Emden existiert von 1836 bis 1938. Während der Novemberpogrome 1938 zerstören örtliche Nationalsozialisten das Gebäude. An einen Wiederaufbau ist bislang nicht gedacht.

Das Kompetenzgerangel um das Judengeleit ging kontinuierlich weiter, irgendwie und irgendwann verlief es im Sande. 1730 wurde den Juden auch ein Friedhof innerhalb des Walls zugebilligt, der sogar den Nationalsozialismus überstand, während die prächtige Synagoge von 1836 am 9. November 1938 in Flammen aufging.

Ein Problem mit dem Schutzrecht für **Mennoniten** gab es lange Zeit nicht: Sie zahlten seit 1595 brav ihren Anteil an den Emder Verteidigungslasten, wurden aber nicht zu Schutzgeldzahlungen an den Landesherrn herangezogen. Während des Dreißigjährigen Kriegs hatten etwa 800 Mennoniten in Emden Schutz gefunden. Ein beispielhafter Vergleich: 1626 zahlten sie für ein halbes Jahr 556 Gulden an die Stadt (also weniger als ein Gulden pro Kopf), die 19 jüdischen Haushalte hingegen 96 Gulden (pro Kopf rund fünf Gulden).

Als der ostfriesische Fürst Christian Eberhard 1691 beim Reichshofrat sein alleiniges Geleitrecht über Juden und Mennoniten durchsetzen wollte, wich er schnell zurück, da der Reichshofrat entschied, dass Mennoniten gleichsam *Täufer* wären. Mennonitenschutz war demnach

Die mit Pelz besetzte Kleidung des Ehepaars sowie das Taschentuch verweisen auf Wohlstand und Reichtum. Im Vordergrund steht jedoch die Darstellung des Predigers. Das auf diese Weise eindringlich umgesetzte Sprechen und Zuhören belegt anschaulich die reformatorische Auffassung, dass das Wort über das Bild erhaben sei. Dieses 1641 entstandene Gemälde Rembrandts zeigt den Mennoniten Anslo mit seiner Frau.

weder durch den Landesherrn noch durch die Stadt oder einzelne Adelige von Nöten, vielmehr sollten sie grundsätzlich *abgeschafft und abgewiesen* werden.

Die **Lutheraner** waren neben den Katholiken als Konfession im Heiligen Römischen Reich seit 1555 anerkannt. In der Regel galt hier folgender Grundsatz: „Cuius regio eius religio" – „Der Landesherr bestimmt den Glauben." Eine Ausnahme bildete Ostfriesland: Die Landesherrschaft war schwach und zerstritten, der Einfluss der niederländischen Nachbarn groß, Ostfrieslands Westen wurde calvinistisch, während der Osten mit dem Grafenhaus lutherisch blieb.

So war es nicht verwunderlich, dass die Lutheraner in Emden als Grafenknechte belächelt wurden, dass die Idee der städtischen Einheit nur *eine* Konfession zuließ – also in diesem Fall nur die reformierte – und dass die Lutheraner selbstverständlich keinen öffentlichen Gottesdienst abhalten und später auch keine von außen erkennbare Kirche haben durften. Und als ihnen dann doch Gottesdienste in der Stadt zugestanden wurden, musste das Geld aus dem Klingelbeutel umgehend bei der reformierten Kirche abgegeben werden – man war ja schließlich EINE Gemeinde ...

Dass Lutheraner nachts die Mauern einer entstehenden reformierten Kirche abreißen würden, wie 1684 in Bargebur bei Norden geschehen, sollte nicht mehr vorkommen. Damals musste der Kurfürst von Brandenburg seine Truppen aus Greetsiel schicken, damit der Bau fertiggestellt werden konnte.

Die Große Kirche in Emden aus einer ungewöhnlichen Perspektive. Das ursprünglich katholische, Cosmas und Damian geweihte Gotteshaus wird im Zuge der Reformation die bedeutendste Kirche der Reformierten, die sogenannte „Moederkerk" – die Mutterkirche. Sie spielt im 80-jährigen Krieg der mehrheitlich calvinistischen Niederländer gegen die katholischen Spanier eine bedeutende Rolle.

Heute geht man entspannt miteinander um. Als allerdings die Emder Lutheraner nach dem Zweiten Weltkrieg ihre neue Martin-Luther-Kirche mit einem hohen Turm versahen, dem höchsten in der Stadt, bauten die Reformierten den Turm der zerstörten Großen Kirche (die jetzt die a Lasco Bibliothek beherbergt) wieder auf - und, es überrascht kaum, er ist tatsächlich höher.

Katholiken gab es nach der Reformation in Ostfriesland keine mehr. Erst unter den kaiserlichen Truppen, die als Sauvegarde (= Truppe zum Schutz der Stände) 1678 ins Land geholt worden war, befanden sich auch wieder Katholiken. Diese und andere wurden aber schlichtweg nicht zur Kenntnis genommen. So gab es auch nichts zu verbieten.

Unklug waren unsere Vorväter offenbar durchaus nicht.

Der Dreißigjährige Krieg

Georg Christian aus dem Geschlecht der Cirksena (1634–1665) wird nach dem Tod seines Bruders Enno Ludwig von 1660 bis 1665 Regent der Grafschaft Ostfriesland. Unter seiner Regentschaft erlangt die Familie Cirksena am 18. April 1662 die erbliche Reichsfürstenwürde.

Der Westfälische Friede basiert auf einer Reihe von Friedensverträgen, die 1648 in Münster und Osnabrück geschlossen wurden. Unter anderem wird die Ems Staatsgrenze. Auf dem Gemälde von Gerard ter Borch beschwören spanische und niederländische Gesandte im Rathaussaal von Münster den Frieden.

Eigentlich war der Wohlstand in Ostfriesland Anfang des 17. Jahrhunderts einigermaßen gleichmäßig verteilt, wirkliche Elendsgegenden gab es nicht. Doch dann kam der Dreißigjährige Krieg (1618–1648). In Ostfriesland hat es zwar keine Kampfhandlungen gegeben, wohl aber Einquartierungen von fremden Heeren. Ein unschönes Beispiel bot der Söldnerführer Mansfeld, der von November 1622 bis Januar 1624 in Ostfriesland blieb. Mansfeld ließ sich seinen Aufenthalt, ebenso den Abschied, teuer bezahlen. Er verlangte vom ostfriesischen Grafen gleich zu Beginn 300.000 Reichstaler. Seine Landsknechte zogen von Aurich nach Esens, wohin die Grafenfamilie geflohen war. Dort fanden die herumstöbernden Truppen in einem Kellergewölbe der Burg die achtzehn Fässer mit den 300.000 Talern, die die Fürsten von Liechtenstein zu bekommen hatten. Die Schulden wurden also nicht bezahlt. Im Jahre 1663 wurden die Forderungen erneuert, und da der ostfriesische Fürst Georg Christian (1634–1665, seit 1662 Reichsfürst) nicht zahlen konnte, wurde der Fürstbischof von Münster zum Schuldeneintreiber bestimmt und fiel in Ostfriesland ein. Nur mit Mühe wurde ein Kompromiss erzielt, nachdem die noch einmal um 200.000 Taler erhöhte Summe aufgetrieben wurde.

Die Stadt Emden blieb uneinnehmbar und von allen Übeltaten unbehelligt. Man profitierte wohl eher vom Krieg. Und so wurde im Februar 1648 zu Ehren Gottes und als Symbol der Herrlichkeit Emdens die Neue Kirche eingeweiht – mit der Kaiserkrone als Symbol auf der Kirchturmspitze. Inzwischen – genauer: Ende 1627 – marschierten kaiserliche Truppen ein, die bis 1631 blieben. 1637 schickten die Niederlande 7000 hessische Soldaten, die noch zwei Jahre nach dem Westfälischen Frieden 1648 blieben, bis man sie ausbezahlt hatte.

(Da Emden von der Besatzung nicht betroffen war, beteiligte sich die Stadt an diesen Abfindungen nicht. Manche Ostfriesen nehmen das den Emdern bis heute übel.)

1648 endete nicht nur der überaus verlustreiche Dreißigjährige Krieg mit dem Westfälischen Frieden, der immerhin die calvinistische Konfession endlich den Lutheranern und Katholiken rechtlich gleichstellte, sondern auch der Achtzigjährige Krieg zwischen Spanien und den Niederlanden, die jetzt auch nicht mehr dem Heiligen Römischen Reich angehörten.

Die Ems wurde dadurch zur Staatsgrenze.

Die „Neue Kirche" in Emden. Dachreiter mit der Nachbildung der Habsburger Kaiserkrone als Symbol für die Autonomie der Emder: „Über uns nur Kaiser und Gott."

Als einer der größten Gelehrten Ostfrieslands gilt Ubbo Emmius (1547–1625). Er besucht die Lateinschulen in Emden und Bremen, studiert in Rostock und später in Genf, wo er sich der reformierten Konfession zuwendet. Er ist zunächst Rektor der Lateinschule Norden – als Calvinist durfte er aber dort nicht bleiben, ging darum nach Leer, wurde von dort nach Groningen geholt und erster Rektor der dortigen Universität.

Ubbo Emmius (1547 in Greetsiel–1625 in Groningen), der schon zu Lebzeiten als der berühmteste Gelehrte Frieslands galt, wurde als Sohn des lutherischen Pastors Emme Dyken 1547 in Greetsiel geboren. Er besuchte die Lateinschule in Emden und anschließend das „Gymnasium illustre" in Bremen. 1570 studierte Emmius an der Universität Rostock, und 1576 wanderte er zu Fuß in Richtung Schweiz. Auf seiner Wanderung entlang des Rheins machte er Station in Heidelberg und Freiburg im Breisgau, besuchte in Basel das Grab seines Vorbilds Erasmus von Rotterdam und gelangte schließlich an seinen zweiten Studienort Genf. In dieser Stadt fand er sowohl seinen religiösen als auch politischen Standpunkt. Im Jahr 1578 kehrte er schließlich nach Ostfriesland zurück. In Norden wurde ihm das Rektorat an der Lateinschule angeboten, ein Amt, das er über neun Jahre lang ausübte. 1587 durfte er als Calvinist und damit Gefährder der lutherischen Jugend Nordens dort nicht länger unterrichten und wechselte daher 1588 nach Leer in den Bereich des Grafen Johann, wo er wiederum Rektor der Lateinschule wurde. 1596 folgte er einem Ruf nach Groningen und wurde 1614 zum Gründungsrektor der dortigen Reichsuniversität Groningen. Im Dezember 1625 starb er hochbetagt.

Schon in Norden hatte er den Beschluss gefasst, die Geschichte des gesamten friesischen Volkes zu schreiben. Noch während seiner Zeit in Leer entstanden die sechs Bände der „Rerum Frisicarum Historia" (1592, gedruckt 1596). Das Gesamtwerk sollte letztendlich sechs Dekaden umfassen, die den Zeitraum von etwa 450 n. Chr. bis 1564 behandelten. Das erst 1616 in Groningen endgültig abgeschlossene Werk beinhaltete auch eine detailgetreue Karte Ostfrieslands. Diese erste wirklich brauchbare Karte beruhte auf genauen Vermessungen des Landes, wofür Ubbo Emmius so manche Wanderung durch Ostfriesland auf sich nehmen musste.

Ein Großteil seines wissenschaftlichen Wirkens bezieht sich auf die religiösen und politischen Streitigkeiten seiner Zeit. Von den Niederlanden aus führte er einen schriftlichen Kampf gegen die lutherische Hofpartei in Aurich und die absolute Fürstenherrschaft in Ostfriesland.

Emmius gilt als Wegbereiter für die wissenschaftliche Geschichtsforschung des Frieslands der Neuzeit. Bei der Anwendung der von ihm erstmals formulierten Grundregeln für die historische Forschung stand er bis in das 19. Jahrhundert hinein an einsamer Spitze. *Nicht die bloßen Tatsachen machen eine Epoche aus, sondern ihr kausaler Zusammenhang.* Emmius war der erste, der Urkunden systematisch erforschte: Nachdem er sie sorgfältig analysiert hatte, dienten sie der Überprüfung anderer historischer Quellen. Auch Emmius' Geschichtsforschung lag natürlich eine Ideologie zugrunde: Seine „Rerum Frisicarum Historia" sollte ein Monument der Friesischen Freiheit sein, ein Beweis und Handhabe für die Emder Partei, die für ihn in ihrer Auseinandersetzung mit den absolutistisch gesonnenen ostfriesischen Landesherren, den Cirksena, die wahre Freiheit verkörperte. Als ostfriesischer Patriot und Calvinist diente er der gerechten – also der ständischen – Sache mittels politischer Schriften, deren bekannteste die „Historia Nostri Temporis" („Geschichte unserer Zeit") ist, die allerdings erst 1732 im Druck erschien. Sie wurde vom ostfriesischen fürstlichen Kanzler Enno Rudolph Brenneysen (1669–1734) als dermaßen staatsgefährdend angesehen, dass er sie direkt nach dem Erscheinen *als politische Hetzschrift* betitelte, mit einem Bann belegte und sie 1733 auf dem Auricher Marktplatz verbrennen ließ.

Ein 2003 angebrachter Gedenkstein zu Ehren des Pastors und bedeutenden Astronomen David Fabricius an der Kirche zu Resterhafe, wo er von 1584 bis 1603 Pastor war. Fabricius interessiert sich für die Naturwissenschaften und auch für die Astrologie. Wäre er seinem eigenen Horoskop gefolgt, wäre er vielleicht nicht ermordet worden?

David Fabricius (1564 in Esens, 1617 in Osteel), Theologe und Astronom, war der älteste von wahrscheinlich fünf Kindern des Schmieds Jan Jansen in Emden. Seine Mutter Talke starb 1598 in Emden während einer Pestepidemie. „Fabricius" ist die latinisierte Form des Berufs seines Vaters. Von seiner Zeit in der Lateinschule in Braunschweig berichtete er, dass er dort in die Mathematik und Astronomie eingeführt wurde. 1583 immatrikulierte er sich an der Universität Helmstedt. Bereits ein Jahr später, 1584, erhielt er die Stelle des Pastors in Resterhafe bei Dornum und heiratete die verwitwete Tochter des Schankwirts Berens aus Westerbur bei Dornum. Trotz seiner Dienstgeschäfte in Resterhafe hatte Fabricius genügend Zeit, seinen wissenschaftlichen Interessen nachzugehen. Er stellte regelmäßige Wetterbeobachtungen an und trug diese zusammen mit seinen astronomischen Messungen, Hinweisen auf andere Naturereignisse und Begebenheiten aus dem Tagesgeschehen in ein wissenschaftliches Tagebuch ein, das schlussendlich die Zeit vom 1. Januar 1585 bis Ende Januar 1613 umfasste. Die Entdeckung des veränderlichen Sterns im Sternbild des Walfischs veranlasste Fabricius im August 1596 dazu, einen Brief an den dänischen Astronomen Tycho Brahe zu verfassen. Hieraus entwickelte sich ein Kontakt, der bis zu Brahes Tod anhielt.

Bei seinen wissenschaftlichen Arbeiten konnte Fabricius auf Förderung durch das ostfriesische Grafenhaus rechnen. Edzard II. und Enno III. unterstützten ihn finanziell unter anderem bei seiner Reise nach Prag und bei der Ausbildung seines Sohnes Johann. Fabricius hatte dank seiner temporären Tätigkeit als Hofprediger in Aurich Kontakte zum dortigen Hof knüpfen können, weshalb ihm 1603 die frei gewordene Pastorenstelle in Osteel übertragen wurde. Dort entdeckte er 1604 einen neuen Stern im Schlangenträger (ein sehr ausgedehntes, aber wenig auffälliges Sternbild am Sommerhimmel). Im Zuge seiner weiteren ausgiebigen Beobachtungen des Sonnensystems mit seinem Sohn Johann (1587–1617) verfasste er zahlreiche astronomische und geographische Schriften. Den Briefwechsel mit dem kaiserlichen Astronomen Johannes Kepler, den er schon in Resterhafe begonnen hatte, führte Fabricius von Osteel aus fort. Fabricius' Leben endete jäh am 7. Mai 1617: Er wurde von einem Osteeler Einwohner erschlagen, den er in einer Predigt des Diebstahls bezichtigt hatte. Obwohl Fabricius sich an jenem Morgen ein Horoskop gestellt hatte, nach dem dieser Tag für ihn gefährlich werden sollte, trat er am Abend dennoch vor die Haustür …

Ein Erinnerungsstein an das Verbrechen befindet sich heute noch in der Osteeler Kirche. Abbildungen von Fabricius sind keine überliefert.

Der Ermordete galt als hervorragender Astronom. Jedoch ließ er sich nicht zur heliozentrischen Lehre des Copernicus bekehren, und Fabricius konnte sich auch nicht mit Keplers Idee einer Ellipsenbahn der Planeten anfreunden. Er versuchte ihn davon zu überzeugen, an der traditionellen Vorstellung von kreisförmigen Bewegungen festzuhalten.

David Fabricius war maßgeblich an der Beobachtung der Sonnenflecken beteiligt, die sein Sohn Johann am 9. März 1611 erstmals wahrnahm und darüber eine wissenschaftliche Abhandlung veröffentlichte.

Fabricius hat mehrere Karten von Ostfriesland und den daran angrenzenden Gebieten angefertigt beziehungsweise herausgegeben. Von seinem Erstlingswerk, der Karte der Grafschaft Ostfriesland (1589), ist nur ein Exemplar bekannt, das erst 1962 wiederentdeckt wurde. Die „Nie vnd warhafftige Beschrivinge des Ostfreslandes", die bei dem Emder Drucker und Buchhändler Johannes van Oldersum erschien, ist die älteste Karte Ostfrieslands, die im Lande selbst gedruckt wurde. Die kartographischen Leistungen von David Fabricius wurden in der Folgezeit nicht angemessen gewürdigt, weil bereits 1595 die Ostfriesland-Karte des Ubbo Emmius erschien, die die Fabricius-Karten an Genauigkeit und typographischer Gestaltung deutlich übertraf, sodass jene fast in Vergessenheit gerieten.

Ganz erstaunlich ist die Tatsache, dass Ubbo Emmius und David Fabricius sich nie begegnet sind und offenbar nicht das geringste Interesse aneinander hatten. Oder doch nicht so erstaunlich: Fabricius war Grafenfreund, Emmius überzeugter Gegner.

Johann Fabricius (1587 in Resterhafe, 1617 in Dresden) entdeckte unabhängig von Galileo Galilei und anderen die Sonnenflecken.

Nach Abschluss der Schule nahm er im Mai 1605 ein Studium an der Universität von Helmstedt auf, an der bereits sein Vater studiert hatte. Von Wittenberg aus schrieb er 1608 einen Brief an Johannes Kepler. Neben der Astronomie beschäftigte er sich, seinen Vater stets als Vorbild, mit der Astrologie und war davon überzeugt, dass sie wissenschaftlich zweifelsfreie Erkenntnisse lieferte. Darüber hinaus glaubte er, eine Methode der Wettervorhersage gefunden zu haben. 1609 ging Fabricius nach Leiden, um an der dortigen Universität Medizin zu studieren. Im Sommer 1611 – zurück in Wittenberg – erwarb er den Titel eines Magisters der Philosophie. Über sein weiteres Leben ist fast nichts bekannt. Offensichtlich studierte er zunächst weiter Medizin und starb schließlich auf einer Reise nach Basel, wo er seinen medizinischen Doktor erwerben wollte. Einzelheiten über die Umstände seines Todes sind nicht bekannt.

Während seiner Zeit in Leiden kam Johann Fabricius zu einem Fernrohr, das er mit ins väterliche Haus in Osteel brachte. Er beobachtete gern die Sonne, was nicht ungefährlich war, da er keinerlei Hilfsmittel hatte, um das helle Licht abzuschwächen. Da er sich zunächst unsicher war, ob es sich um atmosphärische Erscheinungen oder eine optische Täuschung handelte, wiederholte er seine Beobachtungen, wobei er seinen Vater hinzuzog. Mittels einer Lochblende lenkten sie das Sonnenlicht in ein abgedunkeltes Zimmer und betrachteten die Sonnenscheibe auf einem weißen Stück Papier (das Prinzip der Camera Obscura). Die Existenz der Flecken konnte zweifelsfrei nachgewiesen werden. Die täg-

Johann Fabricius entdeckt zusammen mit seinem Vater David unabhängig von Galilei und anderen Astronomen die Sonnenflecken und damit die Drehung der Sonne um sich selbst. Für Vater und Sohn Fabricius ließ die Emder Naturforschende Gesellschaft auf dem Friedhof in Osteel (Foto) ein Denkmal mit der Urania, der Muse der Astronomie, errichten.

liche Bewegung auf der Sonnenscheibe führten sie wissenschaftlich einwandfrei auf die Eigenrotation der Sonne zurück. Im Juni des gleichen Jahres – und damit vor Galilei – veröffentlichte Johann Fabricius in Wittenberg eine Schrift, in der er alle Einzelheiten der Entdeckung beschrieb und seinem Vater einen gebührenden Anteil daran zusprach.

Johannes Althusius aus der Grafschaft Wittgenstein war ein angesehener deutscher Rechtsgelehrter und calvinistischer Staatstheoretiker. 1604 wird er Stadtsyndikus und führender Stadtpolitiker in Emden und bleibt es bis zu seinem Tode 1638. In seinem Hauptwerk „Politica Methodice Digesta" von 1603 begründet er das Recht auf Widerstand gegenüber einer ungerechten Herrschaft.

Johannes Althusius (1563 in Diedenshausen bei Berleburg, 1638 in Emden) besuchte von 1577 an das Gymnasium Philippinum in Marburg und war 1581 an der Kölner Artistenfakultät eingeschrieben. Danach studierte er Rechtswissenschaft in Basel. Nach seiner Promotion zum Doktor der Rechte wurde Althusius 1586 als erster Rechtsgelehrter an die calvinistisch-reformierte Nassauische Hohe Schule in Herborn berufen. Dort war Althusius neben seiner 1588 erlangten Rechtsprofessur auch als Rechtsberater für seinen nassauischen Landesherrn, den Grafen Johann VI. den Älteren, einen Bruder des Prinzen Wilhelm von Oranien, tätig. 1603 erschien sein Hauptwerk, die „Politica Methodice Digesta". Ein Jahr später wurde Althusius Stadtsyndikus von Emden und blieb es bis zu seinem Tode.

Moore und Fehne

Das Moor war in den Augen der alten Ostfriesen einfach wüstes Land. Erst als der Freiheitskampf der Niederlande zeitweise die Ems blockierte und der Torf aus Groningen nicht mehr regelmäßig ankam, erhielten vier Emder Kaufleute von Graf Ulrich II. von Ostfriesland (1605–1648) die Erlaubnis, das noch unkultivierte Hochmoor durch das Anlegen von Kanälen abzutorfen. So entstand ab 1633 Großefehn, die erste Fehnsiedlung in Ostfriesland. (Papenburg gab es *etwas* eher.)

Fehnsiedlungen entstanden nach niederländischem Vorbild: (Fehn = ndl. veen = Moor). Zunächst wird ein Kanal mit Anschluss an ein Fließgewässer gegraben, sodass das Moor entwässern kann. Von dem Kanal aus wird Torf abgegraben – eine wahrlich üble Tätigkeit! – getrocknet und verschifft.

Der Fehnkanal in Westrhauderfehn diente der Schifffahrt und der Entwässerung. Links die Straße, rechts Haus und Garten. Hinter dem Haus beginnt das Moor, dort wird Torf abgebaut. In der Bildmitte eine Windmühle – fast eine Idylle, wenn wir die schwere Arbeit ausblenden. Als die Moore abgetorft waren, wandten sich die Fehntjer dem Schiffbau und der Schifffahrt zu.

Auf dem Rückweg bringt der Schiffer Sand, Schlick, Mist oder Steine mit – Materialien, die zur Düngung und zum Hausbau verwendet werden. Die letzten dieser künstlich angelegten Wasserwege wurden erst 1934 ausgehoben. Da die Parzellen sehr klein waren, wurden sie immer weiter ins Moor getrieben, bis die Torfschicht abgetragen ist. Aber wie soll es für die Kolonisten weitergehen?

Infolge einer guten Konjunktur weltweit wechselten damals viele Fehnkolonien vom reinen Torftransport zu Schifffahrt und Schiffbau (davon ist heute MEYER in Papenburg übrig geblieben), andere verarmten schlichtweg. Eine erfolgreiche Wende gelang Wiesmoor. Dort wurde ein mit Torf betriebenes Kraftwerk errichtet – ohne Zweifel ein Raubbau an der Natur. Mit der Abwärme betrieb man fortan Gärtnereien.

Ein sehr negatives Beispiel dagegen bietet Moordorf:

Aufgrund des Urbarmachungsedikts des Königs von Preußen 1765 wurde alles Land mit nicht geklärten Besitzrechten, insbesondere die noch nicht urbar gemachten Moorflächen, zum Eigentum des Staates. Dies führte zu Einnahmen für Preußen durch die Erbpacht. Die angeworbenen Kolonisten erhielten keinerlei Unterstützung – es wurden weder Straßen noch Entwässerungskanäle angelegt, lediglich zehn Jahre Steuerfreiheit wurde bewilligt. In dieser Zeit bemühten sich die Siedler mit dem Anbau von Buchweizen um ein gewisses Auskommen. Aber nach den zehn Jahren war einerseits der Nährstoffgehalt des Bodens erschöpft, andererseits kam

jetzt die Steuerpflicht. Ein absoluter Fehlschlag der Landesentwicklung. Die Armut blieb bis ins 20. Jahrhundert das prägende Merkmal Moordorfs. Alkoholmissbrauch war die Folge. Der einzige Schullehrer wurde überaus schlecht bezahlt und suchte umgehend eine bessere Stelle, sodass die Kinder häufig nicht zur Schule gingen und stattdessen betteln gehen mussten.

Das Image des Ortes war so schlecht, dass man behördlicherseits sogar mit Strafmaßnahmen drohte, die die Moordorfer „bessern" sollten. Darüber hinaus unternahm man in der Nazizeit den Versuch, durch zwangsweise Sterilisation die Einwohnerzahl zu dezimieren. Glücklicherweise wurden diese Aktionen nur in geringem Maße umgesetzt.

Heute ist Moordorf, auch dank VW, eine blühende Gemeinde.

Dazu vielleicht noch diese Anmerkung:

Infolge von Geburtenüberschüssen und der steten Zuwanderung (erstaunlich eigentlich!) nahm die Bevölkerung Moordorfs innerhalb kürzester Zeit sehr stark zu. Moordorf gehörte folglich zu den kinderreichsten und gleichzeitig ärmsten Dörfern Deutschlands. Im Durchschnitt betrug die Kinderzahl pro Familie sieben. Solche Verhältnisse gibt es heute nur noch in den ärmsten afrikanischen Staaten: Niger, Somalia, Tschad, Mali, der Demokratischen Republik Kongo.

Die Verfasser einer Untersuchung aus dem Jahr 1869 stuften 49 Prozent der Einwohner Moordorfs als *arm* ein. Im Durchschnitt lag diese Zahl in den Moorkolonien bei nur acht Prozent. 1781 wurden in Moordorf 30 Haushalte gezählt, 1935 gab es 406 bewohnte Häuser, 273 Familien hatten darin nur einen Raum.

Ganz anders war die Situation unter den reichen Bauern der Krummhörn. Im Emder Jahrbuch 71 (1991) findet man - im Kontrast zu Moordorf - diese Zahlen: Die Anzahl der Hofstellen blieb im gesamten 18. Jahrhundert nahezu konstant und zugleich war die Geburtenrate außergewöhnlich niedrig, bei weniger als drei Kindern pro Frau.

Moderne Verhältnisse, könnte man fast sagen: In Deutschland lag die Geburtenrate 1901 bei vier, 1965 bei 2,5 und 2019 bei 1,54 Neugeborenen pro Frau.

Die Fehnkultur war eine geplante Form der Moorkultivierung, von den Niederländern übernommen. Daraus entwickeln sich zumeist blühende Dörfer. In Moordorf werden vom preußischen Staat den Siedlern kleine Grundstücke zugewiesen, ohne Entwässerung, ohne feste Wege. Die Menschen leben (zum Teil bis 1932) in Lehmhütten. Diese Ansichtskarte romantisiert die elenden Zustände. Der Mann im Vordergrund, „Oll Willm", bekam für das Foto ein kleines Handgeld.

Zwischen den Mächten

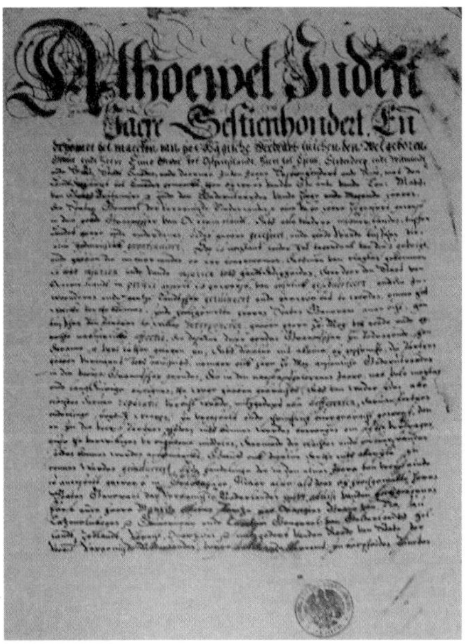

Unter dem Druck und der Vermittlung der niederländischen Generalstaaten (als Garantiemacht) wird auf dem Landtag in Osterhusen am 21. Mai 1611 ein Vertrag zwischen dem Grafen und den Ständen geschlossen, der das beiderseitige Verhältnis regelt. 91 Artikel in niederländischer Sprache legen eine weitgehende Beschränkung der gräflichen Befugnisse fest. Durch den „Osterhusischen Akkord" wird die Grafschaft Ostfriesland im Grunde zu einer repräsentativen Demokratie.

Mit dem Osterhuser Akkord 1611 und nach dem Ende des Dreißigjährigen Krieges folgte eine unvergleichliche Machtentfaltung der ostfriesischen Stände, die sich vom jeweiligen Landesherrn weitgehend unabhängig machten. Zudem kam das Fürstentum Ostfriesland unter den Einfluss der Niederlande und lehnte sich politisch, kulturell und wirtschaftlich eng an diese an. Die Niederlande stationierten an strategischen Orten Truppen, darunter in der Festung Leerort bei Leer und in Emden. Während des Holländischen Krieges von 1672 bis 1679, mit dem der französische König Ludwig XIV. Europa unter seine Herrschaft zu bringen versuchte, durchzogen Truppen verschiedener Staaten Ostfriesland, das den Abzug durch erhebliche Zahlungen erkaufen musste.

Die Fürstin von Ostfriesland, Christine Charlotte von Württemberg (1645–1699), die nach dem Tod ihres Mannes für 25 Jahre Ostfriesland mit harter Hand regierte, nutzte diese Situation aus und handelte 1676 einen Schutzvertrag mit dem Fürstbischof von Münster aus. Daraufhin marschierten Anfang September 1676 münsteraner Kompanien nach Ostfriesland ein. Die Stände benötigten

nun ihrerseits eine Schutzmacht, um das innenpolitische Gleichgewicht wiederherstellen zu können, wofür sich Brandenburg anbot. So nutzte Kurfürst Friedrich Wilhelm (1620–1688) die erneut aufflammenden Konflikte zwischen dem Fürstenhaus und den ostfriesischen Ständen.

Im November 1682 landeten brandenburgische Truppen in Greetsiel, die sich von nun an als „Schutzmacht" der Stände dort wie auch in Emden niederließen. Ab 1683 wurde Emden der Sitz der Brandenburgisch-Afrikanischen Compagnie und damit ein Vorposten Brandenburg-Preußens.

Durch den Beitritt der Stadt, der Stände und weiterer Privatleute sollte das Gesellschaftskapital der „Compagnie" möglichst verdoppelt werden und sechs Prozent Dividende fließen. Im Oktober 1685 waren alle Voraussetzungen für den Geschäftsbetrieb gegeben. Die Emder Kaufleute waren von Anfang an recht zurückhaltend gewesen, und wegen der schlechten Geschäfte waren Emden und die Stände froh, schon im Januar 1686 ihre Anteile mit recht geringen Verlusten zurückgeben zu können. Das bedeutet in der Retrospektive wohl auch, dass kein Emder direkt am Sklavenhandel, einem damals von allen seefahrenden Nationen gern betriebenen Geschäftszweig, beteiligt war.

Die ganze Unternehmung war weiterhin höchst verlustreich und so war der preußische König Friedrich I. recht froh, 1717 die Compagnie mitsamt der kleinen Kolonie „Groß-Friedrichsburg" – im heutigen Ghana gelegen – an die Niederländer verkaufen zu können. Wenn auch nicht wie erhofft für 20.000 Reichstaler, aber immerhin für 6000 Dukaten. Und dazu noch sechs „wolgemaakte jonge negers, bekleet met goude halsbanden" und ebenso viele ohne diesen Goldschmuck.

Friedrich Wilhelm, der Große Kurfürst von Brandenburg-Preußen, regiert von 1640 bis 1688. Er legt den Grundstein für den Aufstieg Preußens zu einer der führenden Mächte Europas. 1682 lässt er die brandenburgische Admiralität gründen und macht Emden zum Stützpunkt seiner Handelskompanien (links).

Christine Charlotte von Württemberg (1645–1699) regierte nach dem Tod ihres Mannes, des Fürsten Georg Christian von Ostfriesland, für 25 Jahre die Grafschaft Ostfriesland. Sie galt als außerordentlich schön, intelligent und eloquent.

Bei der Eindeichung der Harlebucht musste die Grenze zwischen Oldenburg und Ostfriesland neu festgelegt werden. Ausgangspunkt war der ostfriesisch-jeversche Grenzpfahl auf dem 1558 erbauten Deich. Von dort wurde eine Linie gezogen, die genau zwischen Spiekeroog und Wangerooge endete und mit angeblich goldener Tinte auf einer Karte eingetragen wurde – die Goldene Linie.

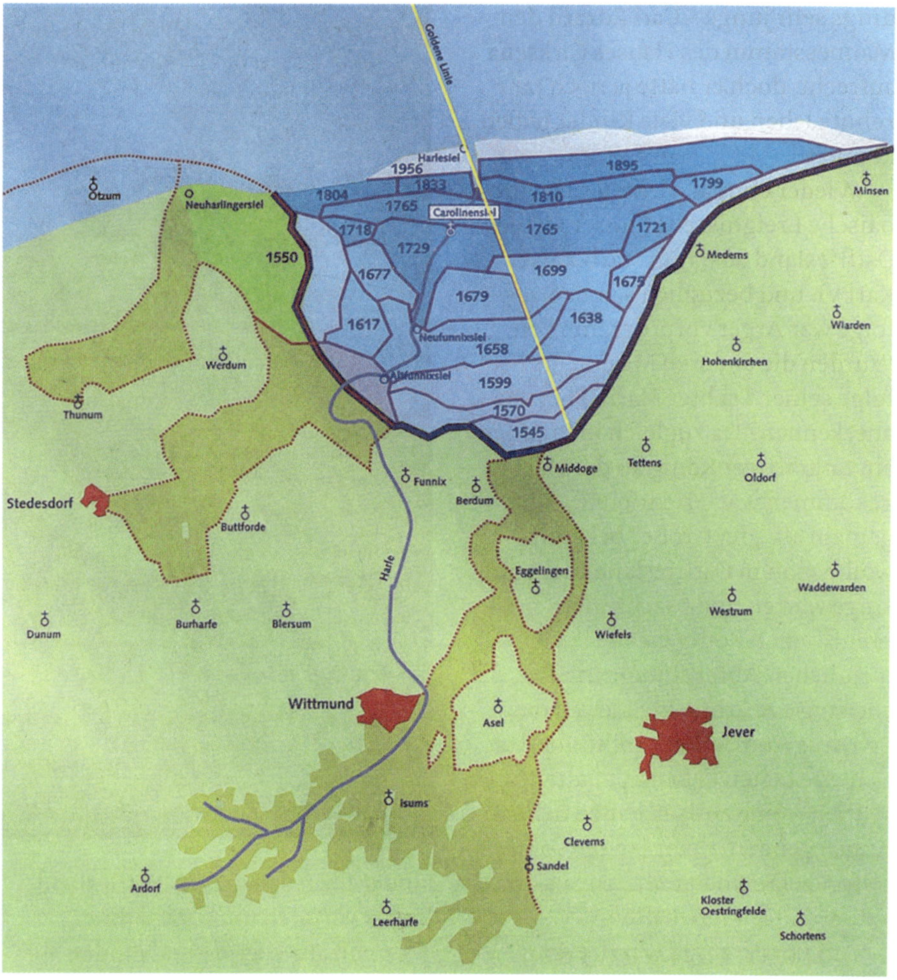

Dass der Schutz der Deiche auch von politischen Grenzziehungen beeinflusst werden konnte, wurde bei der Eindeichung der alten Harlebucht deutlich, als man eine Abgrenzung des neu zu gewinnenden Landes zwischen Jever und Ostfriesland vornehmen musste. 1666 konnte das Problem endlich vernünftig gelöst werden: Man zog eine gerade Linie vom Grenzpfahl am Deich ausgehend genau auf die Mitte zwischen Spiekeroog und Wangerooge, die spätere „Goldene Linie". Durch die Ostdrift der Inseln ist sie heute allerdings gegenstandslos geworden.

Preußischer Einfluss

Schon 1694 hatte der Kurfürst Friedrich III. von Brandenburg von Kaiser Leopold I. eine Anwartschaft (= eine rechtlich gesicherte Erwerbsaussicht) auf Ostfriesland erhalten. Sein Nachfolger, König Friedrich Wilhelm I. in Preußen, nahm 1732 den Titel eines Fürsten von Ostfriesland an.

Das besagte zwar zunächst noch nicht viel, aber die rechtlichen Voraussetzungen für eine Erbfolge waren damit geschaffen. Mit dem Jahr 1734 hielt nur noch – der allerdings sehr junge – Carl Edzard den Mannesstamm des Hauses Cirksena aufrecht, doch er hätte ja noch Jahrzehnte leben und viele Kinder haben können.

Wieder einmal wirkten sich europäische Ereignisse auf unser kleines Ostfriesland aus: 1740 starb Kaiser Karl VI. und bezüglich seiner Nachfolge war Ärger vorprogrammiert: Würden die anderen Mächte die Erbfolge seiner Tochter Maria Theresia anerkennen? Da zugleich in Preußen ein tatkräftiger König an die Macht gekommen war, Friedrich II. – allgemein als „der Große" bekannt –, wollte man in Ostfriesland nicht zu lange warten und brachte dem preußischen König die Idee einer förmlichen Abmachung zur Sicherung der Erbrechte Karls nahe.

Diese Abmachung sollte vor den Generalstaaten geheim gehalten werden – eine einigermaßen delikate Angelegenheit, denn Emden sollte seine Rechte und Freiheiten als quasiautonome Stadt behalten.

Am 14. März 1744 war die Konvention unterschrieben, am 13. Mai wurden die von beiden Seiten ratifizierten Urkunden der Abmachung ausgetauscht und … die Tinte war kaum trocken, da wurde Carl Edzard plötzlich krank und starb in der Nacht vom 25. auf den 26. Mai. Bereits am frühen Morgen des 26. Mai machte der preußische König sein Nachfolgerecht geltend, das in der Emder Konvention geregelt war: Der neue Fürst von Ostfriesland hieß Friedrich II. von Preußen.

Es gab kaum Proteste.

Die Emder setzten am 29. Mai die Generalstaaten von der neuen Lage in Kenntnis, doch hatten die Niederländer ihr Interesse an Ostfriesland längst verloren und zogen ihre Truppen aus Leerort und Emden ab. Ebenso schlugen sie das Angebot aus, für wenigstens eine Million Gulden Emden zu kaufen.

Friedrich II. ließ daraufhin Ostfriesland, von Emden ausgehend, ohne Widerstand besetzen, worauf am 23. Juni das Land der Krone huldigte. Aurich blieb Sitz der Landesbehörden, erhielt eine Kriegs- und Domänenkammer und wurde Regierungshauptstadt der preußischen Provinz Ostfriesland.

Der König betrachtete sein neues Land eigentlich nur als Geldquelle, erkannte aber die selbständige Stellung Ostfrieslands innerhalb seines „Imperiums" an. Überall im

Friedrich II. von Preußen, „der Große", wie man ihn gar nicht kennt: ein freundlicher Herr mittleren Alters. Er regiert von 1740 bis 1786. Aufgrund der Eventualbelehnung wird er nach dem Aussterben der männlichen Linie der Cirksenas 1744 Fürst von Ostfriesland. Damit hatte Preußen endlich einen direkten Zugang zur Nordsee und den Weltmeeren.

Ludolf Bakhuizen (1630–1708) gilt als populärster Marinemaler Hollands. Seinen „Blick von der Insel Nesserland auf Emden“ malte er 1698. Das Gemälde befindet sich heute in der Johannes a Lasco Bibliothek in Emden.

Königreich Preußen galt zum Beispiel eine strenge Militärpflicht – gegen eine (für sein Empfinden) angemessene Bezahlung sah er in Ostfriesland davon ab. Und so akribisch er seine Herrschaft ansonsten auch ausübte – den Ständen beließ er, wie versprochen, all ihre Rechte, da sie ihre Zahlungen an Preußen einstweilen verdoppelten.

Einige gravierende Veränderungen gab es dennoch: Die bis dahin herrschende Familie Cirksena ging mit Schulden von über einer Million Talern in Konkurs, ihr Privatbesitz wurde versteigert, dazu gehörte auch die Hofbibliothek. Fast alle Burgen wurden abgerissen, die Steine fanden – ganz nachhaltig – beim Bau von Sielen oder der Kasernen Verwendung. (nach Ennos Zerstörung der Klöster definitiv ein zweiter großer Schaden für die ostfriesische Kultur.)

Und es tat sich etwas in Emden! Die Stadt hatte 880.000 Taler Schulden bei einer Einwohnerzahl von 8000, davon drei Viertel Habenichtse, sanierte den Haushalt aber selbst. Im Übrigen erfolgte der Aufschwung Ostfrieslands *trotz* der preußischen Herrschaft, nicht, wie vielfach geglaubt und oft zu lesen, *durch* diese.

Längst empfand die Mehrheit der Ostfriesen die Privilegien der Stadt Emden als ungerecht. Und das passte der preußischen Verwaltung ins Konzept, die unter diesen Umständen Emdens Haushalt sanierte und so die Stadt problemlos in ihren modernen und gut organisierten Territorialstaat eingliederte. Das lag im Zuge der Zeit. Die „Republik Emden“ mit einer kleinen selbstherrlichen Führungsschicht an der Spitze hatte sich offensichtlich überlebt. 1749 gaben die Emder endgültig auf.

Nach dem Siebenjährigen Krieg (1756-1763) veranlasste Friedrich II. in all seinen Ländern den Wiederaufbau, in Ostfriesland sollte dieser allerdings aus eigenen Mitteln geschehen.

1751 und 1755 besuchte Friedrich II. Ostfriesland. Die Herrschaft der Preußen brachte für Ostfriesland einen enormen wirtschaftlichen Aufschwung. So profitierte Emden zum Beispiel von der Einrichtung eines Freihafens im Jahr 1751, der damit einer der ältesten Europas ist.

In der Zeit des Siebenjährigen Krieges zogen verschiedene Kriegsmächte durch Ostfriesland, dessen Bevölkerung besonders 1761 unter den Truppen des Marquis de Conflans zu leiden hatte.

Mit dem Urbarmachungsedikt für Ostfriesland von 1765 begann eine neue Phase der Moorkolonisierung. Während bei der „Fehnkolonisierung" ein Kanal zur Trockenlegung und zugleich ein Schifffahrtsweg am Anfang stand, leisteten die Ämter nur minimale Infrastrukturvorleistungen mit der Anlage eines Erschließungsweges und eventuell mit der Anlage einer Vorflut, die erforderlich war, um die vermoorten Flächen trockenzulegen. Die Kolonisten errichteten ihr Haus in aller Regel auf dem höchsten Fleck ihres Grundstückes, um einigermaßen trocken zu wohnen. Sie nutzten ihre Moorflächen in der Regel zunächst durch Buchweizenanbau, der aber nur für einige Jahre sinnvoll möglich war. Heideflächen wurden tief umgegraben und für den Anbau von Roggen, Hafer und Kartoffeln genutzt. Dann konnte der Torf gestochen werden als eigenes Brennmaterial oder zum Verkauf. Er war allerdings gegenüber dem Torf aus den Fehnkolonien kaum konkurrenzfähig, da er per Fuhrwerk transportiert werden musste. Durch Tagelöhner-Arbeit in landwirtschaftlichen oder Handwerks- betrieben oder Ziegeleien konnte ein Nebenerwerb erreicht werden. Die Ämter gaben Bescheinigungen mit der Erlaubnis zum Hausieren heraus. Die meisten Kolonisten waren hoch verschuldet, viele wanderten aus, wenn sie das Fahrgeld aufbringen konnten. Preußen hat deshalb diese Form der Kolonisation aufgegeben.

Auch Einpolderungen zur Landgewinnung wurden verstärkt vorangetrieben.

Nur durch diese Maßnahmen war es möglich, die wachsende Bevölkerung zu ernähren. Während 1744 nur 83.000 Einwohner in Ostfriesland lebten, waren es gut 60 Jahre später bereits 120.000.

Nach Hannover und zurück

Durch die Kontinentalsperre kommt es vor allem an der Küste zu umfangreichem Schmuggel. Sie war eine von Napoleon am 21. November 1806 in Berlin verfügte Wirtschaftsblockade über das Vereinigte Königreich und dessen Kolonien. Großbritannien sollte mit den Mitteln des Wirtschaftskrieges zu Verhandlungen mit Frankreich gezwungen werden. Die Kontinentalsperre bestand bis 1813. Das Aquarell von Peter Suhr (Abb. rechts oben) zeigt die „Verbrennung englischer Waren durch die Franzosen" im Herbst 1810.

Nachdem Napoleon I. sich 1804 selbst zum Kaiser gekrönt hatte, stieß er mit seinen Truppen vom Main aus Richtung Osten vor und errang mit den Schlachten bei Jena und Auerstedt einen Sieg über die preußische Armee. Nach weiteren Siegen kam es am 7. Juli 1807 zum Frieden von Tilsit, in dem für Preußen alle Gebiete westlich der Elbe verloren gingen – und damit auch Ostfriesland.

Fast ganz Kontinentaleuropa war nun unter Kontrolle Napoleons, der gegen das weiterhin unabhängige und feindlich gesinnte England einen Handelsboykott verhängte und damit jeglichen Handel der Engländer mit Kontinentaleuropa unterbinden wollte. Darum errichtete er die sogenannte Kontinentalsperre, sodass die Ostfriesen ihren Tee und andere Importgüter über das englisch besetzte Helgoland beziehen und ins – und über – Land schmuggeln mussten.

Doch Napoleon sorgte mit dem „Code Napoléon" auch für ein neues Gesetzbuch: Er brachte die Gewerbefreiheit (man sehe sich einmal die Jahreszahlen an den Windmühlen an – sehr oft um 1806!), er verhalf den Juden in Preußen zum Bürgerrecht, zwang aber auch die Ostfriesen, mit in den Krieg gegen Russland zu ziehen – und das entgegen jeder friesischen Tradition.

Eine bemerkenswerte Erscheinung in dieser Zeit war der ehemalige Auricher Gastwirt Conrad Bernhard Meyer (1755–1830). Seit den neunziger Jahren des 18. Jahrhunderts verfolgte er die Behörden mit seinen Eingaben: Er schlug vor, städtische Straßen zu pflastern und zu beleuchten. Er vermaß die Trasse eines neuen Kanals und sorgte für die Verbreitung der französischen Dezimalmaße und -gewichte. Außerdem erbaute er einige schöne Gebäude in Aurich wie die Reformierte Kirche.

1808 wurden noch unter holländischer Herrschaft die ostfriesischen Landstände aufgelöst, 1810 wurde

Ostfriesland Teil des französischen Kaiserreichs. Frankreich brachte moderne Rechtsvorstellungen nach Ostfriesland und unternahm erste Schritte zu einem umfassenden Umbau des Gesellschaftssystems. Es wurden erstmals Bürgermeister in den Dörfern eingeführt. Dennoch empfanden die meisten Ostfriesen die Fremdherrschaft als bedrückend und beteiligten sich an den Befreiungskriegen gegen Napoleon.

Nach Napoleons Niederlagen tauchten im November 1813 plötzlich russische Kosaken in Aurich auf, während die französischen Soldaten eiligst verschwanden und sich die preußischen Behörden auffällig still verhielten. Im Mai 1815 sickerte durch, dass auf dem Wiener Kongress (1814–1815) zur Debatte stand, dass Ostfriesland an das Königreich Hannover fallen würde, und genau das geschah dann auch.

Trotz einer vertraglichen Zusicherung führten die Hannoveraner die Privilegien der Stände nicht wieder ein. Ihnen war bewusst, dass Ostfriesland ein besonderer Teil des Königreiches war. 1818 wurde den Beamten unmissverständlich deutlich gemacht, nie zu vergessen, dass hier die persönliche Freiheit stets anerkannt würde und der Begriff „Untertan“ auf die Bewohner nicht angewandt werden dürfe.

Die Reformierte Kirche in Aurich ist der einzige klassizistische Zentralbau in Ostfriesland. Der Bau brachte die Gemeinde an den Rand des Ruins.

Der Wiener Kongress, der vom 18. September 1814 bis zum 9. Juni 1815 stattfindet, ordnet nach der Niederlage Napoleon Bonapartes Europa neu. Der Kongress legt zahlreiche Grenzen neu fest und schafft neue Staaten. Die Beschlüsse wurden in der Wiener Kongressakte (hier im Bild) schriftlich fixiert. Sie umfasst 121 Artikel mit sämtlichen in Wien abgeschlossenen Verträgen.

Immer noch war die Landwirtschaft der entscheidende Wirtschaftsfaktor und darauf hatte der Ausbruch des Vulkans Tambora in Indonesien (1815) maßgeblichen Einfluss. Es handelte sich hierbei um den wohl stärksten Vulkanausbruch aller Zeiten, der zum „Jahr ohne Sommer" führte: 1816 gab es in Nordamerika wie in Mitteleuropa einen ungewöhnlich kalten Wetterverlauf mit Ernteausfällen, schweren Unwettern und Überschwemmungen, Missernten und auch Schneefall – und das über den Verlauf des gesamten Jahres hinweg. Logische Folge waren natürlich Hunger auf der einen Seite, hohe Preise und Gewinne auf der anderen. Ostfriesische Bauern exportierten auch damals Getreide nach Holland …

Wie stark Ostfriesland von dem Vulkanausbruch tatsächlich in Mitleidenschaft gezogen wurde, ist nicht ausreichend überliefert, denn man war damals ja bereits an die Rauchschwaden am Himmel gewöhnt, die durch die Moorbrand-„Kultur" und die vielen mit Torf arbeitenden Ziegeleien hervorgerufen wurden.

Bis zum Ende der Personalunion zwischen dem englischen Königshaus und Hannover 1837 zog auch Ostfriesland vor allem mit seiner Schifffahrt Nutzen aus dieser Verbindung.

Die Binnenkolonisation schritt weiterhin voran, reichte aber nicht aus, um den Bevölkerungsdruck aufzufangen. Allein von 1821 bis 1848 stieg die Bevölkerung in Ostfriesland um 30 Prozent an. So begann in der ersten Jahrhunderthälfte die Auswanderung, vor allem nach Amerika. Fast 90 Prozent aller ausgewanderten Ostfriesen siedelten sich in den Staaten Iowa, Nebraska oder Illinois an, da dort geeignete landwirtschaftliche Voraussetzungen bestanden und die klimatischen Verhältnisse denen Ostfrieslands ziemlich ähnlich waren. Da die Ostfriesen gern gemeinsam siedelten, konnten sie bis in die Gegenwart ihr altertümliches Platt bewahren – natürlich mit englischen Wörtern aufgefüllt: „Ick reid mit de bicycle, hebb ook 'n car."

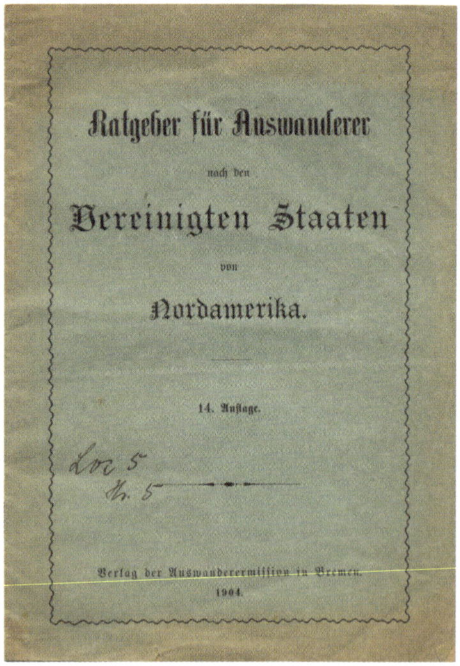

Ratgeber für Auswanderer
nach den
Vereinigten Staaten
von
Nordamerika.
14. Auflage.
Verlag der Auswanderermission in Bremen.
1904.

Sechs bis sieben Prozent der ostfriesischen Bevölkerung sind im 18. Jahrhundert nach Amerika ausgewandert. Armut, aber auch die Aussicht auf ein eigenes Stück Land waren wichtige Gründe. Im „Ratgeber für Auswanderer" (Abb. rechts) standen praktische Tipps für die Reise und die ersten Tage in der „Neuen Welt".

Man schätzt, dass 6-7 Prozent der Ostfriesen ausgewandert sind, von denen allerdings auch viele enttäuscht zurückkamen.

Bei der Armut in weiten Teilen Ostfrieslands könnte man nun annehmen, dass die Revolution 1848 auf fruchtbaren Boden gefallen wäre, doch, wenn überhaupt, zeigte nur das Stadtbürgertum Interesse. So blieb es bei vereinzelten Aktionen wie dem Aufruf zur Volksversammlung in Eschen bei Aurich durch den Lehrer Sundermann oder einer flammenden Protestrede des Rektors Gittermann in Esens, die ihm eine Gefängnisstrafe einbrachte.

Als das Land mit der Annexion des Königreichs Hannover durch Preußen 1866 wieder preußisch wurde, stieß dies in Ostfriesland auf Begeisterung. Auch die kulturelle Verbindung mit „Duitsland" wurde intensiver gelebt und die Verwendung der deutschen Sprache in der Schule üblich, wenngleich die Mehrheit der Bevölkerung weiterhin Platt sprach und die Kinder in der Schule Deutsch als Fremdsprache lernten. Auch als Kirchensprache wurde Deutsch zunehmend durchgesetzt, und selbst in Emden konnte sich das Niederländische als Kirchensprache nur bis 1869 halten. Der Nationalstaat setzte sich durch.

Eine große Menge nimmt in Hamburg Abschied von den Auswanderern. Die Musikkapelle unterstützt die Stimmung, die sicherlich irgendwo zwischen Freude, Abenteuerlust, Hoffnung und Wehmut schwankt. Ein Besuch in der Ballinstadt in Hamburg und im Auswandererhaus in Bremerhaven vermittelt davon einen tiefen Eindruck.

Ein letztes Bild in Festtagskleidung für die Angehörigen: Wessel Berend Hanken mit seiner Frau Margarete Katharine Heyen aus Wiesede und Eibenhausen vor ihrem Sprung in die „Neue Welt".

Verkehr in der Neuzeit

War Ostfriesland auch Jahrhunderte lang mehr oder weniger eine Insel, umgeben von der See und den Mooren, und am günstigsten per Wasserfahrzeug zu erreichen, so änderte sich dieser Zustand schon im 19., mehr noch im 20. und vor allem im 21. Jahrhundert rapide.

Schon in der Bronzezeit sind recht ansehnliche Straßen durchs Moor gebaut worden, wir wissen von den Sieben Friesischen Heerstraßen, hörten von den „Conrebberswegen", den großen Verbindungswegen durch das Land, aber tatsächlich spielte sich der Hauptverkehr bis ins 20. Jahrhundert hinein auf den ostfriesischen Wasserwegen ab. In der Krummhörn lag jedes Dorf an einem Tief, einem Fahrwasser, und es gab einen geregelten Fahrplan. Die Dorfschiffer versorgten die Bevölkerung mit all den notwendigen Dingen: Steine und Sand, Getreide und Milchprodukte, Tabak und Tee, Petroleum und Knöpfe fürs Kleid und Balken für die Windmühlen. Der Straßenbau und die Eisenbahn bedeuteten spätestens in den 1960er Jahren das Ende der Dorfschiffahrt. Doch jedes Ding und jede Entwicklung hat zwei Seiten: Der Landrat von Weyhe, der sich ab 1868 intensiv für den Straßenbau eingesetzt hatte, bekam sogar ein Denkmal gesetzt.

Eine Kleinbahn von Emden nach Pewsum nahm 1899 den Betrieb auf, wurde 1906 bis Greetsiel weitergeführt und leider 1963 eingestellt – welch ein Verlust für den Tourismus! Eine weitere Kleinbahn war die Emder Straßenbahn, die von 1902 bis 1953 vom Alten Markt in der Emder Innenstadt bis zur Westmole fuhr. Der kleine Leuchtturm dort war ein beliebtes Ausflugsziel.

Im April 1953 konnten sich die Stadt Emden und die AEG (als Betreiberin

Noch bis weit ins 20. Jahrhundert hinein waren die Wasserwege die beste Verbindung zwischen den Ortschaften. Hier wartet ein vollbeladener Torfkahn vor einer Schleuse und der Klappbrücke auf Weiterfahrt. Die Dorfschiffer fuhren meist nach Fahrplan und transportierten alles – vom Käfig mit ein paar Hühnern bis zu neuen Flügeln für eine Windmühle.

Der Bahnhof Emden Süd wenige Jahre nach seiner Fertigstellung 1856. In den Jahren 1815 bis 1866 gehörte Emden zum Königreich Hannover. In diesen Jahren förderte das Königreich den Ausbau des Emder Hafens und den Anschluss an das Eisenbahnnetz im Binnenland. Nach dem 2. Weltkrieg wurde Emden-West der neue Hauptbahnhof.

Die Emder Straßenbahn (offiziell Elektrische Kleinbahn) verband von 1902 bis 1953 das Stadtzentrum mit dem Außenhafen, 3,7 Kilometer lang war die Strecke. Dort war der kleine Leuchtturm an der Mole ein beliebtes Ausflugsziel. Vor allem aber war die Straßenbahn ein wichtiges Verkehrsmittel für die im Hafen Arbeitenden. Wegen der erheblichen Kosten, die zur Reparatur der Kriegszerstörungen nötig gewesen wären, stellte man die Bahn ein.

der Bahn) nicht über die notwendigen Investitionen zur Beseitigung der Kriegsschäden einigen. Um bei den anstehenden Straßenbauarbeiten Geld für die Neuverlegung der Gleise einzusparen, wurde der Straßenbahnbetrieb kurzerhand eingestellt und durch Omnibusverkehr ersetzt.

Ursprünglich sollte sie Fahrgäste und Auswanderer zu den Schiffen im Außenhafen bringen, das hatte sich mit dem Ersten Weltkrieg erledigt (das Auswandererprojekt über Emden war gescheitert), nun diente die Straßenbahn den Männern und Frauen der Heringsfischereien, um zur Arbeit zu gelangen.

Vor der elektrischen Kleinbahn gab es 1883 die Idee einer schienengebundenen Pferdebahn vom späteren Südbahnhof durch die Innenstadt und weiter nach Nesserland, wo die Schiffe abfuhren. (Nesserland ist eine ehemalige Insel,

Neben der „großen" Eisenbahn gab es in Ostfriesland auch eine Reihe von Kleinbahnen wie die Linien Leer-Aurich-Wittmund (von 1898 bis 1969), Emden-Pewsum-Greetsiel (1899 bis 1963) oder die Inselbahnen auf Borkum (Foto), Langeoog und Wangerooge, die bis heute fahren. Viele Kleinbahnen wurden aus Kostengründen stillgelegt und die Trasse zu einem Radweg oder dem Ostfrieslandwanderweg umfunktioniert.

die durch Eindeichungen Teil der Stadt und des Hafens wurde.)

Doch nach Verlegen der Gleise und Beschaffung von sechs gebrauchten doppelstöckigen Pferdebahnwagen stellte sich heraus, dass ein Betrieb aufgrund mangelhafter Gleisverlegung und einer zu geringen Durchfahrtshöhe am Rathausbogen nicht möglich war. Inzwischen ist geklärt, dass die Durchfahrt durch den Rathausbogen nicht das Problem war, vielmehr der Pfusch am Bau. den man gerne verschleiern wollte. Dieses erste Projekt scheiterte daher, die bereits bestellten Wagen wurden an die Borkumer Inselbahn verkauft.

Eine weitere Kleinbahn ab 1898 war die Linie Leer-Aurich-Wittmund, die von Leer nach Esens und Bensersiel mit einer Abzweigung nach Wittmund führte, gebaut für den Bäderverkehr und zur Erschließung des Binnenlandes. Nach einigen Schwierigkeiten und Betreiberwechseln wurde die Bahn 1969 endgültig stillgelegt. Die Gleise wurden abgebaut, aus der Trasse wurde der Ostfrieslandwander- und -radweg.

Fischfang und die Jagd auf Wale und Granat

Natürlich haben die Friesen seit eh und je vom Fischfang gelebt. Vielfach mit Reusen, während Plattfische zum Teil auch mit einer Art Gabel gefangen wurden. Die Hochseefischerei auf Hering spielte erst später eine Rolle, nachdem die Heringsschwärme sich von der Ostsee in die Nordsee verzogen hatten. Das war ganz nebenbei eine der Ursachen für den Niedergang der Hanse. (Während die Entdeckung Amerikas nach neuerer Erkenntnis in keiner Weise zum Rückgang des Warenverkehrs in der Nordsee beitrug – und noch heute ist der Nord-Ostsee-Kanal die meistbefahrene Wasserstraße der Welt.)

Da der Heringsfang in der Ostsee stark zurückging, wurde auch das Lüneburger Salz nicht mehr gebraucht und da die Lüneburger an zunehmender Brennholzknappheit litten, war ihr Salzmonopol gebrochen. Weil zugleich das Seesalz durch die Niederländer besser aufbereitet wurde, konnte die Heringsproduktion im Westen ihren qualitativen Rückstand verkürzen. Zunächst waren auch technisch wieder die Niederländer führend: Sie entwickelten die Treibnetzfischerei mit seetüchtigen Schiffen, den sogenannten Buisen. Der Hering wurde an

Die niederländischen Häfen rund um die Zuiderzee (inzwischen das IJsselmeer) waren führend beim Heringsfang. Diese schöne Stadtansicht von Delft 1660/61 malte Jan Vermeer. Rechts im Bild eine Buise.

Der gegenwärtige Ratsdelft, der alte Emder Hafen. Von links nach rechts: die Barkentine „Heureka“, das Feuerschiff „Deutsche Bucht“ und der Museums-Heringslogger AE 7 „Stadt Emden“, der auch zu besichtigen ist und das harte Seemannsleben eindrücklich sichtbar macht. Der Heringsfang von Emden aus wurde 1969 eingestellt. Emder Matjes (aus Norwegen) gibt es jetzt von der Firma Fokken & Müller.

Bord geschlachtet, gesalzen und in Fässer gelagert. Der Fang erfolgte zwischen Mai und Oktober, in der Regel wurden ein bis zwei Fangreisen gemacht. Man kehrte erst heim, wenn die Laderäume restlos gefüllt waren.

Aufgrund fauler Fische aus Emden rümpfte einstens die Hamburger Kaufmannschaft die Nase. Die Ostfriesen lieferten – im doppelten Sinne – anrüchige Ware, hieß es vor 400 Jahren aus der Hansestadt. Als Reaktion auf diesen frühen Lebensmittelskandal reagierten die Emder 1597 mit einer Heringsordnung. Heute gilt sie als eine der ältesten Verordnungen für Lebensmittel. In 35 Paragraphen regelten die Ostfriesen damals alle Arbeitsvorgänge um den Fang, die Verarbeitung, die Salzmenge und den Handel mit Hering.

Seit dem Mittelalter war die *deutsche* Heringsfischerei vor allem eine Küstenfischerei. Die Heringe wurden frisch oder geräuchert vermarktet. Die ersten Versuche küstenferner Fischerei mit Buisen wurde um 1550 von kriegsbedingt emigrierten Holländern in Emden angestellt. Nach dem Ende des Niederländischen Befreiungskriegs 1648 kehrten sie aber samt ihren Schiffen nach Holland zurück.

Nachdem Emden preußisch geworden war, wurde 1769 eine Emdener *Herings-Compagnie* mit bald 55 Buisen gegründet, kam dann aber durch die Napoleonischen Kriege und die Kontinentalsperre zum Erliegen. Die letzten Buisen aus Emden wurden 1858 verkauft.

Der Logger, ein schnelles Fangschiff der französischen Kanalfischer,

revolutionierte ab 1857 die holländische Heringsfischerei. Dem Vorbild der Holländer folgend wurde 1872 die erste deutsche Loggerfischerei in Emden gegründet. Zunächst begann man mit sechs in Holland gekauften Segelloggern. 1893 fuhren dann bereits 25 Segellogger auf See. Die Loggerfischerei war während ihrer gesamten Existenz auf Subventionen angewiesen. Die staatliche Motivation zur Förderung hatte zwei Gründe: Zum einen wollte man mit dem Salzhering ein günstiges Nahrungsmittel vor allem für die ärmere Bevölkerung zur Verfügung stellen, zum anderen wurden allerdings auch militärische Zwecke verfolgt.

So wurden, als mit Beginn des Ersten Weltkriegs die Loggerfischerei praktisch zum Erliegen kam, die modernen Dampf- und Motorlogger nunmehr als militärische Hilfsschiffe eingesetzt. Viele gingen verloren.

Nach dem Krieg kam die Loggerfischerei wegen erhöhter Minengefahr erst 1920 wieder voll in Gang. Die Anzahl der fahrtüchtigen Schiffe verminderte sich aber von 200 auf unter 100 Logger, da die veralteten Exemplare bis 1932 vollständig ausgemustert wurden.

Die Arbeit auf den Loggern war hart, doch nicht minder strapaziös war die Arbeit der Netzflickerinnen und der Frauen und Mädchen an Land, die die Heringe in Fässer packten.

1969 wurde die Loggerfischerei in Leer, Emden und Vegesack eingestellt. Im Emder Delft hat nun ein Museumslogger seinen Liegeplatz. Gegenüber kann man Matjes und Bratfisch genießen. Die Hochseefischerei für Ostfriesland ist zu Ende. Bremerhaven bleibt als der große Seefischereihafen an der deutschen Nordseeküste, ein wenig spielen auch noch Cuxhaven – und Saßnitz an der Ostsee – mit.

Walfang

Als der niederländische Seefahrer und Entdecker Willem Barents (um 1550–1597) im Jahre 1596 bei Spitzbergen ein reiches Vorkommen an Grönlandwalen gesichtet hatte, begannen 1611 die Engländer und 1612 die Niederländer eine umfangreiche Jagd auf Wale. Im Jahr 1643 fiel der Startschuss auch für den norddeutschen Walfang.

Rund 250 Jahre lang zogen Tausende norddeutscher Männer im Frühjahr aus, um bis zum Spätsommer Wale zu jagen. Zunächst heuerten sie nur auf holländischen Schiffen an. 1643 schickten dann Hamburg und Emden als erste deutsche Städte Walfangschiffe ins Eismeer. Sie witterten das große Geschäft, nachdem sich bislang nur Niederländer und Franzosen an der Waljagd bereichert hatten. Man ging auf „Grönlandfahrt", was streng genommen nicht der Wahrheit entsprach, da sie die Wale ja nicht vor Grönland, sondern vor allem in den Gewässern bei Spitzbergen jagten. Die Grönlandwale zählten dabei zu ihrer beliebtesten – und einer nebenbei leichten – Beute, da sie langsame Schwimmer waren. Zudem gingen sie dank ihrer dicken Speckschicht nach ihrem Tod nicht unter. Der Speck wurde ausgekocht und war bis Ende des 19. Jahrhunderts ein beliebtes Beleuchtungsmittel, auch

Die größten Säugetiere, die momentan auf der Erde leben, sind die Wale. Riesige Tiere, die sich nur von Krill ernähren, von kleinen garnelenförmigen Krebstieren. Schon in der Antike werden Wale gejagt. Doch erst als 1596 Willem Barents und 1610 Jonas Poole bei Spitzbergen ein reiches Vorkommen an Grönlandwalen entdecken, beginnen 1611 Engländer und 1612 Niederländer eine umfangreiche Jagd auf Wale, der sich 1644 deutsche Schiffe aus Hamburg und Altona und 1650 die englischen Kolonisten in Nordamerika anschließen. Ostfriesen, vor allem Borkumer, fuhren meist auf niederländischen Schiffen, oft als Kommandeure. Abgebildet: ein Grönlandwal und ein Pottwal (unten)

wenn das Licht etwas trübe war – daher „Tranfunzel". Auch das elastische Fischbein der Wal-Barten war begehrt – daraus wurden Knöpfe, Kämme, Lineale und Reifröcke gefertigt.

Seifen, Salben, Suppen, Farben, Gelatine oder Speisefette (z. B. Margarine) sowie Schuh- und Lederpflegemittel waren ebenso Nebenprodukte, die sich aus dem Walfang ergaben. Walöl war ursprünglich nötig, um den Sprengstoff Nitroglycerin herzustellen.

Das Walfieber hatte die Norddeutschen schnell gepackt. Im Jahr 1701 beispielsweise begaben sich 3600 Friesen auf Walfang – vielfach aus der Not heraus. Es bestand stets die Möglichkeit, in höhere Positionen an Bord aufzusteigen, zum Beispiel als Commandeur oder Steuermann, Harpunier oder Speckschneider.

Mehr als 100 Commandeure eines Walfangschiffs brachte die Insel Borkum im 18. Jahrhundert hervor. Der erfolgreichste von ihnen war Roelof Gerritz Meyer (1712–1798). Bei 47 Ausfahrten in den Jahren von 1736 bis 1786 erlegte er mit seiner Mannschaft 311 Wale.

Die goldenen Zeiten des Walfangs waren – ich erlaube mir zu urteilen: glücklicherweise – bereits um 1750 wieder vorbei. Und als die Engländer im Gefolge der Englisch-Niederländischen Seekriege um die Vorherrschaft auf den Weltmeeren die gesamte niederländische Walfang-Flotte 1798 beschlagnahmt hatten, war das auch für die Walfänger der Insel Borkum ein tiefer Einschnitt, da sie fast ausschließlich auf den holländischen Schiffen angeheuert hatten. Für die Borkumer bedeutete das Ende des Walfangs eine wirtschaftliche Katastrophe, war er doch 150 Jahre lang ihre Haupteinnahmequelle gewesen. Inzwischen bieten die Kurgäste einen vollkommenen Ersatz.

Granat

Genau wie die Wale sind Garnelen – in Ostfriesland: Granat – keine Fische. Unter den Touristen als Krabben bezeichnet, werden sie mit Kuttern gefangen, noch an Bord gekocht und landen dann zumeist erst einmal auf Lastwagen, um in Marokko gepult zu werden, und dann schließlich auf „Krabbenbrötchen" oder besser: auf Schwarzbrot. Die Kutter sind vor allem in Greetsiel, aber auch in anderen Küstenorten wie Ditzum und Neuharlingersiel zu bewundern.

Man kann tatsächlich auch wirklich kutterfrischen Granat kaufen und selber pulen. Am besten zeigen lassen, wie das geht! Schmeckt köstlich.

Garnelen sind weit verbreitet – von der Nordsee bis zum Mittelmeer. Weltweit sind mehr als 3000 Arten ausgemacht worden. Je nach Verbreitungsgebiet heißen Garnelen auch Shrimps, Prawns, Gambas, Gamberi, Crevetten oder Hummerkrabben. Nordseekrabben zählen ebenso zu den Garnelen, sie werden auch Sandgarnelen genannt und in Ostfriesland Granat. Die grauen Tierchen werden von Kuttern gefangen und schon an Bord gekocht. Dadurch erhalten sie ihre rosa Farbe.

Trinkgewohnheiten: Von Bier bis zum Nationalgetränk Tee

Bier

„Die Frauen sind schön, zum Teil aber dem Trunk ergeben und oft sogar schwer berauscht von dem Hamburger Bier, einem Getränk, das wie kein zweites in Deutschland durch seine süße Schwere die Sinne umnebeln kann", schrieb der ostfriesische Gelehrte Henricus Ubbius (1495–1541) an seine Freunde in Italien, an anderer Stelle, dass in Ostfriesland eine große Menge vom Hamburger Bier gebraucht würde, „zum Vorteil der Stadt Hamburg und der Steuereinkünfte der Grafen von Ostfriesland, aber zum größten Nachteil der Friesen selber, die ein gut Teil ihres Vermögens darin vertun und sich dabei im Rausch noch gegenseitig totschlagen".

So war das wichtigste Getränk der Ostfriesen bis weit in das 19. Jahrhundert das Bier. Um 1800 musste man für einen Liter gutes Bier aus der Brauerei zwei Stüber zahlen. Zum Vergleich: Ein Arbeiter verdiente um diese Zeit am Tag circa zehn Stüber, ein Schiffbauer 23 Stüber.

Schnaps

Die Friesen waren zu allen Zeiten dem Alkohol nicht abgeneigt. Und wie eine Seuche breitete sich im 19. Jahrhundert der Suff an Deutschlands Nordwestküste aus, weil Branntwein durch die industrielle Herstellung auf einmal sehr billig geworden war. Der Heimatforscher Heinrich Buurman beleuchtet in seinem Werk „*Der Schnapsteufel*" jene Zeit, als die Ostfriesen in bedenklichem Ausmaß hochprozentigen Getränken wie Genever und Doornkaat (das sind mit Wacholder versetzte Kornbrände, mit meistens Weizen als Grundlage) zusprachen. Die Inspiration fand Buurman bei seiner Tätigkeit als Apotheker in Leer. Auch dieser Berufsstand sei früher häufig dem Alkohol erlegen: „Meinen Vorgängern war langweilig, und dann haben sie eben gesoffen."

Hochprozentiges wurde im 19. Jahrhundert in ganz Deutschland gebechert wie nie zuvor oder danach. Viele Brennereien entstanden vor allem dort, wo sich günstige Bedingungen für den Kartoffelanbau boten. In Ostfriesland allerdings blieb man beim Weizenbrand. Der Schnaps wurde fast zu einem Grundnahrungsmittel der unteren Bevölkerungsschichten, teilweise gehörte er zur Entlohnung. Im Jahr 1887 aber verdoppelte die von Reichskanzler Otto von Bismarck durchgesetzte Einführung einer Reichsbranntweinsteuer den Preis der Spirituosen, worauf der Konsum sofort um rund 40 Prozent zurückging. So kehrte man eben wieder zum Bier zurück.

Eine Ironie der Geschichte: Der Eiserne Kanzler führte sogar auf Bahnreisen ein Sortiment aus Bier, Portwein, Nordhäuser Korn und Cognac mit sich, zum Eigenbedarf, versteht sich ...

In kaum einer anderen Gegend blühte der Missbrauch geistiger Getränke allerdings so sehr wie in Ostfriesland. Einen vergeblichen Versuch, die Einwohner von ihrer Trunksucht zu heilen, unternahm Anfang 1846 der preußische Jurist Albert Freiherr von Seld († 1867), der als „Mäßigkeits-Agent" dem gesellschaftlichen Verfall entgegenzuwirken versuchte. Seld war so beseelt von seiner Mission, dass er sogar zu Fuß von Ortschaft zu Ortschaft marschierte, um in Kirchen und Scheunen gegen das Laster des Trunkes zu wettern. Doch kaum ein Ostfriese mochte sich für die von Seld propagierte Abstinenz erwärmen.

Laut eigener Angabe sei er in Bunde (heute Landkreis Leer) sehr „unerfreulich" empfangen worden: Ganze Haufen von Kindern hätten ihn verfolgt und gar mit Kot beworfen. Nach sechs Monaten beendete der Baron entnervt seine Mission: Er habe noch kein Land gefunden, in dem die Mäßigkeitssache so viel Spaltung, ja Feindseligkeit hervorgerufen hätte wie in Ostfriesland.

Nachdem unter den Preußen der Alkoholmissbrauch gerade bei der ärmeren Bevölkerung extrem zunahm, entschied man sich, zur Abhilfe das Mittel der Säufertabellen anzuwenden. Die Gemeinden mussten fortan die notorischen Trinker melden. Dabei führten sie natürlich nur die sozial Schwachen auf, die im Dorf nichts galten. Deren Namen wurden dann in den Schänken öffentlich angeschlagen und es war verboten, ihnen Branntwein zu verkaufen. Auf diese Weise kamen sie nicht mehr an das begehrte Getränk heran ... glaubte man.

Die wohl bekannteste ostfriesische Brennerei war Doornkaat in Norden. Die Firma wurde 1806 von dem aus Groningen stammenden Mennoniten Jan ten Doornkaat Koolman gegründet. Trotz großer Konkurrenz (es gab seinerzeit allein in Norden 24 Kornbrennereien) setzte er sich mit seinem Produkt durch. Doornkaat wurde zu einem deutschlandweit bekannten Genever. (Übrigens ist auch Gin ein Genever.)

Die Jahre nach dem Zweiten Weltkrieg brachten nochmals einen Aufschwung mit sich. In den 1970er und

Die Firma Doornkaat wird 1806 in der Stadt Norden gegründet. Trotz großer Konkurrenz (es gab seinerzeit in Norden 24 Kornbrennereien) setzt sich der Wacholderschnaps durch. Im Laufe der Jahrzehnte wird Doornkaat zu einer deutschlandweit bekannten Kornmarke. Die Jahre nach dem Zweiten Weltkrieg bringen dann nochmals einen großen Aufschwung. Ende der 1960er Jahre wird Doornkaat mit dem legendären Doornkaat-Mann (von Ludwig Hohlwein bereits in den 1920er Jahren geschaffen) mit dem Slogan „Doornkaat – heiß geliebt und kalt getrunken" beworben. Ab 1991 geht es mit dem Verkaufserfolg steil bergab – die Trinkgewohnheiten hatten sich verändert.

1980er Jahren erfolgte jedoch ein rapider Einbruch. Die deutsche Wiedervereinigung führte bei Doornkaat zu einem kurzen Absatzplus. Trotzdem konnte der Negativtrend nicht gestoppt werden: Im August 1991 erwarb die Berentzen-Gruppe den Geschäftsbetrieb der damaligen Doornkaat AG, was schließlich dazu führte, dass ab 1997 kein Doornkaat mehr in Norden gebrannt wurde.

Gegenwärtig stellt die Firma „I.W. Wolff Spirituosen Leer" all das her, was Ostfriesen und Touristen gern trinken: Vor allem sind es die Küstenspezialitäten wie der „Sanddorngrog" oder der Kräuterlikör „Seehund", die für reichlich Umsatz sorgen.

Der „Meiningers International Spirits Award" zeichnete den Likör „FREEsia-Birne mit Whiskey" mit einer Goldmedaille und dem Titel „Bester Fruchtlikör des Jahres 2019 national" aus. Dabei wurden 1000 Spirituosen durch 67 Experten blind verkostet. Weitere herausragende Produkte sind „Philipp Greve Stirnberg's Alter Schwede ", ein sanfter Magenbitter, die fruchtigen Ostfriesen wie „Karsentje" und „Plumke" – und nicht zu vergessen: die bekannte „Sinbohntjesopp", *'n oostfreeske Brannwien mit Rosinen*. Mit diesem stößt man gern auf Geburten oder Taufen an.

... und der Wein

Im Jahr 1800 wurde in die Stadt Emden und bis in das Amt Leer reichlich Wein importiert: 3080 Oxhooft entsprechen 634.480 Litern (nach preußischem Maß) beziehungsweise 450.450 Litern (nach ostfriesischem Maß). Der meiste Wein wurde über die Häfen Hamburg und Bremen nach Ostfriesland gebracht, geringere Mengen wurden direkt aus Frankreich oder Portugal bezogen. In den Küstenregionen und damit auch in Ostfriesland – vor allem in bürgerlichen Kreisen – erfreute man sich besonders an den Rotweinen aus dem Bordeaux, weshalb diese gerade im 17. Jahrhundert regelmäßig importiert wurden. Deutsche Weine waren wesentlich seltener, weil die Transportmöglichkeiten über Land nicht so gut waren.

Weltmeister im Teetrinken

Im Durchschnitt trinkt jeder Ostfriese rund 300 Liter Tee pro Jahr, was in etwa dem Elffachen des deutschen Durchschnittsverbrauchs entspricht. Oder anders gerechnet: Ein Viertel des Tees, den die Deutschen trinken, wird von den 465.000 Ostfriesen getrunken. Damit haben die Ostfriesen den weltweit größten Teeverbrauch pro Kopf. Zum Vergleich – die Türkei: 283 Liter, Afghanistan: 279 Liter, Libyen: 275 Liter. England ist mit „nur" 187 Litern weit abgeschlagen.

Vor der Einführung des Teetrinkens war im Lande gebrautes Bier das Standardgetränk. Doch der Tee gewann (wie anderswo der Kaffee) gegenüber dem Alkohol in der Neuzeit an Boden.
Die Anfänge ostfriesischer Teekultur reichen in das 17. Jahrhundert zurück. Um 1610 brachten erstmals Schiffe der Niederländischen Ostindien-Kompanie Tee nach Europa. Seltsamerweise wurde der Tee – wie Jahrhunderte zuvor in China – zunächst nur als Heilmittel der Mediziner angesehen, bevor er zum allgemeinen Genussmittel wurde.

1667 machte Cornelius Bontekoe, der niederländische Leibarzt des Großen Kurfürsten, mit seiner Schrift „Zur Erhaltung der Gesundheit" von sich reden. Er propagierte das tägliche Teetrinken von zehn bis fünfzig Tassen und bezeichnete den Verzehr von bis zu 300 Tassen als völlig unbedenklich. Dadurch geriet er in den Verdacht, von der Ostindischen Handelskompanie bestochen worden zu sein.

Um 1720 herum existierte in Ostfriesland bereits ein umfangreicher Teehandel. Der Teegenuss verbreitete sich im späten 18. Jahrhundert in ganz Ostfriesland und wurde zunächst auch von Friedrich II. gefördert. Nach dem Scheitern der Königlichen Ostasiatischen Handelskompanie in Emden versuchte er ab 1768 den Ostfriesen das inzwischen liebgewonnene Teetrinken wieder abzugewöhnen. Seiner Ansicht nach würden durch das Teetrinken Gelder und Steuereinnahmen verschwendet, was dem Staat nachhaltig Schaden zufüge. Sein wenig überzeugender Alternativvorschlag: Zitronenmelisse oder eine Petersilienart, anstelle des „Krauts" aus China. Außerdem wurde gefordert, mehr Bier zu brauen, da die Zutaten doch im eigenen Land in ausreichender Menge angebaut würden. Die ostfriesischen Landstände verfassten am 11. Mai 1779 einen Brief, in dem sie erklärten: „Der Gebrauch des Thee und Caffe ist hierzulande so allgemein und so tief eingewurtzelt, dass die Natur des Menschen schon durch eine schöpferische Kraft müsste umgekehrt werden, wenn sie diesen Getränken auf einmal gute Nacht sagen sollte." Der König von Preußen gab sein Vorhaben schließlich auf und erlaubte wieder den Genuss des „chinesischen Drachengiftes".

Während der Napoleonischen Kontinentalsperre (1806–1813) betrieben die Ostfriesen ein umfangreiches Schmuggelwesen, um weiterhin die Versorgung mit Tee gewährleisten zu können.

Ein ostfriesischer Kolonialwarenhändler berichtete im Jahr 1846, dass selbst die ärmste Tagelöhnerfamilie jährlich für zwanzig bis dreißig Taler Tee verbrauchte. Für alle übrigen Verkaufsartikel nähme er bei weitem nicht so viel ein wie für den Tee. Und in einer Darstellung der wirtschaftlichen Lage aus dem Jahr 1881 heißt es: „Wie bedeutend der Theekonsum in Ostfriesland, besonders in dem westlichen Teil desselben, in Reiderland, Krummhörn und auf den Fehnen, ist, geht

Der Teeklipper „Cutty Sark“ auf hoher See: Von der Mitte der 1840er bis zum Ende der 1860er Jahre sorgten die damals wegen ihrer Schnelligkeit und Eleganz bestaunten Teeklipper für Schlagzeilen. Die britische Ostindien-Kompanie transportierte den Tee in Schiffen mit einer möglichst großen Ladekapazität. Daher benötigten sie von England nach China und zurück mindestens zwei Jahre. Die Qualität des geladenen Tees auf der Rückfahrt litt häufig unter dieser langen Transportdauer. Da empfahlen sich die amerikanischen Klipper. Diese Dreimaster erreichten eine Geschwindigkeit von bis zu 20 Knoten (36 km/h). 1849 brachte einer der ersten Klipper Tee von China nach England und brauchte „nur“ 97 Tage. Der Suezkanal und die Dampfer beendeten die Ära der Klipper.

schon daraus hervor, dass 1878 aus Amsterdam nach Ostfriesland allein 7876 Kwart-Kisten à 37 ½ Kilogramm, nach Russland 5686, nach Hamburg und Bremen 1415, nach dem gesamten übrigen Deutschland nur 115 Kisten ausgeführt wurden. [...] so werden doch mindestens 8000 Centner, also über ein Viertel des ganzen deutschen Verbrauchs, in Ostfriesland konsumiert.“

Mit Beginn des 19. Jahrhunderts bis in die Anfangsjahre des 20. Jahrhunderts wurden die heute noch existierenden großen ostfriesischen Teehandelshäuser Bünting in Leer, Thiele in Emden und Onno Behrends in Norden gegründet.

Im 20. Jahrhundert kam es in Ostfriesland im Zusammenhang mit den beiden Weltkriegen wieder zu „Teenotzeiten“. Im Laufe des Ersten Weltkriegs wurde der ohnehin seit 1909 hoch besteuerte Tee immer knapper. Auch im Zweiten Weltkrieg erhielten die Ostfriesen zunächst 20 Gramm pro Monat für jeden Erwachsenen (ab dem 35. Lebensjahr) als Zuteilung. Im Laufe des Kriegs wurde die Ration auf 30 Gramm erhöht, was den Ostfriesen selbstverständlich immer noch als zu gering erschien, lag der Vorkriegsverbrauch etwa beim Zehnfachen (300 Gramm pro Monat pro Erwachsenem). Dabei war diese Zuteilung ein echtes Privileg: Im übrigen Reichsgebiet war die Ausgabe eines solch „entbehrlichen Genussmittels“ überhaupt nicht vorgesehen. Unmittelbar nach dem Zweiten Weltkrieg brach eine Periode des Hamsterns an. Zahlreiche Ostfriesen fuhren in das Ruhrgebiet, um mit Bergarbeitern Handel zu betreiben: die Schwerstarbeiter-Teezulagen gegen Speck, Butter oder Eier. Auch umgekehrt kamen die Frauen mit Tee aus Bergarbeiter-Sonderrationen zum Tausch nach Ostfriesland.

Durch die Handelstätigkeit der Niederländischen Ostindien-Kompanie gelangte auch Porzellan nach Europa. Nachdem Ostfriesland an

Alles Zubehör ist vorhanden: Teekanne, Stövchen zum Warmhalten, Kandistopf, Sahnekanne mit Sahnelöffel, Tassen mit Untertassen, Teelöffel und ein Keks für jede Person auf der Untertasse.
Und so wird Tee getrunken: Man nehme einen Teelöffel Tee pro Tasse, lasse ihn drei Minuten ziehen, gebe nach Bedarf Kandis (Kluntje) in die Tasse, gieße den Tee in die Tasse und gebe einen Teelöffel Sahne hinein. Nicht umrühren und genießen.
Drei Tassen sind Ostfriesenrecht, danach darf man den Löffel in die Tasse stellen als Zeichen, dass man nicht mehr möchte.
Dass die Ostfriesen Weltmeister im Teetrinken sind, sollte bekannt sein.

Preußen gefallen war, gründete König Friedrich der Große 1751 die Emder Ostasiatische Handelskompanie, die in der kurzen Zeit ihres Bestehens eine große Menge von Porzellangefäßen und Tee von erheblichem Handelswert aus China importierte.

Nach der Entdeckung der Porzellanherstellung in Europa fand in Ostfriesland besonders Geschirr aus der Wallendorfer Porzellanmanufaktur weite Verbreitung. Dieses sogenannte „Dresmer Teegood“ (Dresdner Teegeschirr) gab es in zwei typischen Dekors: eine blaue Bemalung („Blau Dresmer“) und die bekannte rote Rose („Rood Dresmer“). Aus solchen Tassen ein kräftiger Tee mit Kluntje und Sahne – das ist schon zauberhaft! Die ostfriesischen Teefirmen kaufen die besten Tees aus Indien: Aus Darjeeling den hellen, zarten, aus Assam den kräftigen, leicht bitteren, dazu einige Sorten, die den gleichmäßigen Geschmack der echt ostfriesischen Mischung über die Jahre (!) gewährleisten. Die Teekoster in Emden, Leer oder Norden probieren täglich wohl 50 Tassen, aufgebrüht mit je 2,8 Gramm Tee.

Feuchtkaltes Klima, harte körperliche Arbeit, medizinische oder religiöse Gründe, schlechtes Trinkwasser, hohe Steuern oder Ersatzgetränk zur Vermeidung eines überzogenen Alkoholkonsums … zahlreiche Gründe, Tee zu trinken, viel Tee zu trinken. Aber warum gerade und vor allem die Ostfriesen? Ihre Nachbarn leben unter ganz ähnlichen Bedingungen … und trinken Kaffee!

Die Ostfriesen sind Weltmeister im Teetrinken.

Dahinter muss ein Geheimnis stecken.

Wird aber nicht verraten.

Drei prominente Dichter zu Besuch

Gotthold Ephraim Lessing

Im Jahre 1756 reiste der damals 27-jährige Lessing (1729–1781) als Gesellschafter eines reichen Leipziger Kaufmannssohnes auf dem Weg nach Holland und England über Ostfriesland. Die Gesellschaft nutzte den Heerweg Leer-Emden, da der Weg durch das Rheiderland unbenutzbar war.

Übrigens: Lessing soll später einmal gesagt haben: „Ob ich morgen leben werde, weiß ich freilich nicht. Aber dass ich, wenn ich morgen lebe, Tee trinken werde, weiß ich gewiss."

Der berühmte Dichter Gotthold Ephraim Lessing (1729 – 1781) hat Ostfriesland zwar nur auf einer Englandreise gestreift und dabei im „Weißen Haus" in Emden übernachtet, aber er erinnerte sich gut an den schlechten Zustand der Straßen – und an den guten Tee.

Heinrich Heine (1797–1856) war mehrfach auf Norderney und hat da auf der Marienhöhe Gedichte geschrieben. Eine merkwürdige Beziehung hatte er zu den Ostfriesen: „... ein Volk, das flach und nüchtern ist wie der Boden, den es bewohnt, das weder singen noch pfeifen kann, aber dennoch ein Talent besitzt, das den Menschen adelt, ich meine das Talent der Freiheit. Die Häuptlingsperiode abgerechnet, war die Aristokratie in Ostfriesland niemals vorherrschend, nur sehr wenige adlige Familien haben dort gewohnt, und der Einfluss der hannöverschen Herren betrübt manches freie Friesenherz."

In seinen „Reisebildern" (1826) äußert er sich so über die Norderneyer: „Die Eingeborenen sind meistens blutarm und leben vom Fischfang, der erst im nächsten Monat, im Oktober, bei stürmischem Wetter, seinen Anfang nimmt. Viele dieser Insulaner dienen auch als Matrosen auf fremden Schiffen und bleiben jahrelang vom Hause entfernt, ohne den Angehörigen irgendeine Nachricht von sich zukommen zu lassen.

Das Seefahren hat für diese Menschen einen großen Reiz; und dennoch, glaube ich, daheim ist ihnen am wohlsten zu Mute. Sind sie sogar nach den südlichen Ländern gekommen, wo die Sonne blühender und der Mond romantischer leuchtet, so können doch alle Blumen dort nicht den Leck ihres Herzens stopfen, und mitten in der duftigen Heimat des Frühlings sehnen sie sich wieder zurück nach ihrer Sandinsel, nach ihren kleinen Hütten, nach dem flackernden Herde, wo die Ihrigen, wohlverwahrt in wollenen Jacken,

Heinrich Heine (1797–1856) war mehrfach und gerne auf Norderney. Als Satiriker, der er nun einmal auch war, machte er sich über die Norderneyer Frauen und den ostfriesischen Tee lustig (links).

Ein bedeutender und heute noch viel gelesener Dichter ist Theodor Fontane (1819 – 1898). Am bekanntesten sind wohl sein Roman „Effie Briest“ und Balladen wie „John Maynard“ und „Herr von Ribbeck“. Bei seinen Aufenthalten in Ostfriesland lernte er Kultur und Geschichte des Landes schätzen. Leider hat er seinen Plan, einen Störtebeker-Roman zu schreiben, nicht umgesetzt.

herumkauern und einen Tee trinken, der sich von gekochtem Seewasser nur durch den Namen unterscheidet, und eine Sprache schwatzen, wovon kaum begreiflich scheint, wie es ihnen selber möglich ist, sie zu verstehen.“

(Ein ostfriesischer Dichter, der Heine zum Vorbild hatte, war **Enno Hektor** *aus Dornum. Über ihn mehr im Kapitel* „Bedeutende Ostfriesinnen und Ostfriesen“)

1880 reiste **Theodor Fontane** (1819–1898) erstmals an die ostfriesische Küste und kehrte, der Norderneyer Sommerfrische wegen, auch 1882 und 1883 nach Ostfriesland zurück. Im Archiv der gräflichen Familie zu Inn- und Knyphausen erhoffte er sich Erkenntnisse für die Fertigstellung des fünften Bandes seiner „Wanderungen durch die Mark Brandenburg“.
Als Fontane zum letzten Mal den Zug Richtung Berlin bestieg, plante er, „Klaus Störtebeker“ zu seiner letzten großen Romanfigur zu machen, doch erschien stattdessen 1895 der Roman „Der Stechlin“.

Materielles Kulturgut

Aus dem bisher Gelesenen ergibt sich fast von selbst: Uralte Bauten gibt es nicht, Burgen und Schlösser nur bedingt, die Kirchen sind in der Regel klein und bescheiden, wegen der Bodenbeschaffenheit oft ohne Turm, und, wenn reformiert, im Inneren ausgesprochen schmucklos. Aber eine kulturelle Besonderheit hat Ostfriesland aufzuweisen: Nirgendwo auf der Welt gibt es so viele wunderbare **Orgeln** wie zwischen Groningen und der Jade.

Es lohnt ein Besuch im Organeum in Weener, natürlich ein Konzert in der Ludgerikirche in Norden mit der phantastischen Arp-Schnitger-Orgel, aber viele andere verdienen ebenso einen Besuch. Konzerte finden regelmäßig statt!

An **Burgen** gibt es nur noch wenige: Burg Berum, die Lütetsburg (1893 und 1953 aber weitgehend abgebrannt und wieder aufgebaut), Burg Hinta. Die Osterburg in Groothusen lohnt einen Besuch. Aber so richtig klassische Burgen wie am Rhein sind das nicht, die Friesen wollten keine befestigten Herrschaftssitze. Ein *Steinhaus* wurde schließlich hingenommen, ein solches steht zum Beispiel in Bunde, ein anderes in Greetsiel.

Und Schlösser? Neustadt-Gödens bietet eins, Jever, Dornum, die Evenburg in Leer ist ein Schloss. Aber das sind späte Entwicklungen seit dem 16. Jahrhundert. Meistens bot eine Burg oder ein Steinhaus die Grundlage. Die Evenburg in Leer ist ein barockes Wasserschloss auf einer Insel.

Die großen **Gulfhöfe** sind architektonisch interessant und auch die Landarbeiterhäuser, die als Miniaturausgaben dieser Herrenhöfe gebaut und bewohnt wurden, wie das Landarbeitermuseum in Suurhusen.

Vor allem die **Windmühlen** prägen die Landschaft bis heute, manche nur noch als Fassade, aber es gibt noch eine Anzahl, deren Inneres erhalten oder wiederhergestellt ist

Die weltberühmte Arp-Schnitger-Orgel ist das wertvollste Ausstattungsstück der Ludgeri-Kirche in Norden. Sie ist ein Werk des bedeutendsten norddeutschen Orgelbaumeisters der Barockzeit aus Hamburg. Die Orgel wurde in den Jahren 1686/87 erbaut und 1691/92 erweitert. Sie hat 46 Register (Pfeifenreihen); die Register mit ihren insgesamt 3110 Pfeifen sind auf fünf Werke verteilt, die über drei Manuale und das Pedal gespielt werden. Die Orgel ist am Kreuzungspunkt von Längs- und Querschiffen angebracht, sodass der Klang gleichmäßig den Raum erfüllt.

Die Burg Berum ist eine Wasserburg im gleichnamigen Ortsteil der Gemeinde Hage. Sie zählt zu den bedeutenden Stätten ostfriesischer Geschichte. Wann genau der Bau der Burg begann, ist unklar. Erste urkundliche Hinweise datieren die Häuptlingsburg auf das Jahr 1310.

Die von einer breiten Graft umgebene Manningaburg von Pewsum: 1565 verkaufte Hoyko Manninga (1509 – 1568) Niederungsburg und Mühle an Graf Edzard II. von Ostfriesland und dessen Gemahlin Katharina von Schweden. Die Burg diente Katharina später als Witwensitz. Von der ursprünglichen Burganlage ist nur noch die Vorburg erhalten.

und in denen sogar noch gemahlen wird. Nicht ganz so beliebt sind die modernen Windräder ... aber wohl notwendig.

Die großen **Museen** in den Städten bieten historische Schätze: das Ostfriesische Landesmuseum in Emden, das Teemuseum in Norden, das Historische Museum in Aurich, das Heimatmuseum in Leer. Aber reizvoll sind auch die vielen kleinen Einrichtungen: das Dörpsmuseum in Münkeboe, die fünf Museen im Sielhafen von Carolinensiel, in Ditzum das Fischereimuseum, in Campen das Landwirtschaftsmuseum, in Folmhusen das Schulmuseum oder das Fehn- und Schifffahrtsmuseum

Das schöne Ensemble von Kirche und Burg ist in dieser Form in Ostfriesland einmalig. Die im 18. und 19. Jahrhundert umgebaute in sich geschlossene vierflügelige Wasserburg Hinta befindet sich in der Gemeinde Hinte im Landkreis Aurich. Seit 1567 ist die Burg im Besitz der Familie von Frese und kann daher nur von außen besichtigt werden.

Die Norderburg, auch Schloss Dornum genannt, ist ein Wasserschloss in der ostfriesischen Gemeinde Dornum im Nordwesten Niedersachsens. Die Burg wird im 14. Jahrhundert von Häuptling Hicko Kankena erbaut. Im 17. Jahrhundert stattet Haro Joachim von Closter das Schloss mit besonderen Portalen, Giebeldreiecken und Wappen verwandter Familien sowie Skulpturen und Sinnsprüchen aus. Haupt- und Nebengebäude werden seit 1951 als Schule genutzt.

Westrhauderfehn, das Fahrradmuseum in Wybelsum und viele mehr!

Es gibt so viele schöne große und kleine Museen in Ostfriesland, unmöglich alle zu nennen oder gar zu beschreiben.

Und der **Ostfriesensport** gehört natürlich auch dazu – als immaterielles Kulturgut. Zwei typisch friesische Sportarten sind sehr bedroht durch den Klimawandel: Schöfeln und Klootschießen. Schöfeln ist Schlittschuhlaufen. Vor allem auf der Langstrecke. In Friesland (Niederlande) findet (fand?) in guten, das heißt kalten Wintern die Elfstedentocht statt, ein Schlitt-

Das barocke Wasserschloss Evenburg bildete einst den herrschaftlichen Mittelpunkt des kleinen Dorfes Loga im Stadtgebiet von Leer. Das Schloss hat in der Vergangenheit mehrfach sein Gesicht verändert. Mitte des 19. Jahrhunderts war es vom Verfall bedroht, wurde im neugotischen Stil wieder neu aufgebaut. Mit dem Kauf des Ensembles Schloss und Park 1975 durch den Landkreis Leer ist die Evenburg wieder zu einem kulturellen Kristallisationspunkt geworden.

schuhwettlauf über fast 200 Kilometer, auf der alle elf friesischen Städte berührt werden. Die bisher letzte Tocht war 1997. Ähnlich schwer hat es das Klootschießen. Während das Boßeln auf normalen Straßen stattfindet – jeder Tourist stellt das bei Gelegenheit verwundert fest, benötigt das Klootschießen gefrorene Felder, auf denen die Klote, die Holzkugeln, möglichst so geschickt geworfen werden, dass sie noch über den nächsten Graben springen. In dieser Sportart gibt es Kämpfe zwischen Ostfriesland und Oldenburg sowie Europameisterschaften, gemeinsam mit den Niederlanden, Schleswig-Holstein, Nordirland und Italien.

Eine weitere typische Sportart ist das Pulsstockspringen, ein Stabweitsprung über Gräben. Der Pulsstock (auch Pult-) hat unten einen Teller, dass er nicht zu weit im Schlick versackt. Man nimmt entsprechend Anlauf und springt. Bei zu wenig Schwung bleibt der Stock in der Mitte des Grabens stehen, und der Springer fällt meistens ins Wasser. Früher war

Windmühle in Dornum: Die Flügel stehen in X-Stellung, das bedeutet: Ruhe. Mit den langen Balken hinten, Steert genannt, lässt sich die Mühle in den Wind drehen. Die Niederländer bevorzugen diese Bauweise gegenüber der deutschen Windrose, da der Steert ein Gegengewicht zu dem Flügelpaar bildet.

der Pulsstock ein Arbeitsgerät, da es oftmals auf dem Weg zur Weide keine Brücke gab.

Das Wattenmeer lädt ein zum Schlickschlittenrennen, mehr noch zum Wattwandern. Sehr zu empfehlen: der Weg vom Festland nach Baltrum, aber bitte mit Führer.

Natürlich wird Wassersport aller Art ausgeübt: Segeln, Rudern, Surfen, Schwimmen, Tauchen. Merkwürdig eigentlich, dass **Fahrradrennen** keine Rolle spielen - bei so vielen Radfahrern und einer so fahrradfreundlichen Landschaft.

Ein klassischer Ostfriesischer Gulfhof: Wir sehen die Hinterseite mit der Einfahrt für die Heuwagen links. Die kleine Tür führt zu den Kühen, die mit den Köpfen zur Wand stehen, so dass ihre Exkremente leicht zu beseitigen sind. An der Stirnseite sind die Pferde untergebracht. Über dem Pferdestall schliefen früher die Knechte und Mägde.

Bedeutende Ostfriesinnen und Ostfriesen

Eine der bedeutendsten friesischen Frauen des 17. Jahrhunderts war **Occa Ripperda**. Sie wurde 1619 in Farmsum bei Delfzijl an der Ems geboren, verbrachte ihre Kindheit und Jugend aber in Den Haag, wo ihr Vater Rechnungsrat der Generalstaaten war. 1639 heiratete sie auf der Klunderburg in Emden den ostfriesischen Adeligen Enno Adam Freiherr von Inn- und Knyphausen zu Jennelt. Sie bewohnten einige Jahre die Burg in Jennelt sowie das Schloss Klempenow in Pommern. 1654 starb ihr Mann mit nur 42 Jahren.

Die junge Witwe zog nach Schloss Klempenow, um sich um die dortigen Besitzungen zu kümmern. Ihre jungen Kinder ließ sie bei Verwandten in Jennelt zurück. In Klempenow lernte sie vermutlich auch den schwedischen Grafen und General Erik Stenbock-Bogesund kennen, der in erster Ehe mit Katharina von Schwerin verheiratet war. Am 21. September 1656 heiratete das Paar. Ihr Mann fiel knapp zweieinhalb Jahre später 1659 bei der Belagerung von Kopenhagen. Occa lebte danach hauptsächlich in Stockholm. 1671 ernannte Königin Hedwig Eleonora von Schweden sie zur Obersthofmeisterin. 1686 starb Occa Ripperda. Die Hofdamen sollen den Tod der unbeliebten Occa mit einem Feuerwerk gefeiert haben. Sie wurde in der Gruft in Jennelt neben ihrem ersten Mann beigesetzt.

Soweit einige Informationen über eine Tochter aus gutem Hause mit Verbindungen zum Hochadel. Dabei können Menschen aus dem Bereich der Kultur viel wichtiger und prägender sein als die bekannten politischen Akteure. Um deren Rolle mehr ins Licht der Öffentlichkeit zu rücken, wurde 2014 der Runde Tisch „FrauenLeben in Ostfriesland“ ins Leben gerufen.

Sara Oppenheimer, geb. 1844 in Esens, gest. 1906 in Mainz. Die in ihrer Zeit bekannte Opernsängerin aus einer alteingesessenen jüdischen Familie schaffte den Sprung an das renommierte Konservatorium in Leipzig. Als Berufsmusikerin in Frankfurt / Main hatte sie ein festes Einkommen, dennoch musste sie als Frau gegen viele Widerstände ankämpfen. Nach ihrer Heirat engagierte sie sich in Mainz für die Mainzer Liedertafel und die Frauenarbeitsschule.

Die Dichterin **Wilhelmine Siefkes** (1890–1984) in Leer, engagierte Lehrerin, die ihren Beruf verlor, weil sie eine Ergebenheitsadresse für Hitler nicht unterschreiben wollte, und die aus der lutherischen KIrche austrat, weil die Pastoren keinen Widerstand gegen die Nazis leisteten. Ihr war verboten, unter ihrem Namen zu veröffentlichen, doch sie schrieb unter Pseudonym vor allem plattdeutsche Erzählungen, Märchen, Theaterstücke, und den berühmten Roman „Keerlke", der 1941 sogar erscheinen konnte.

Hermine Heusler-Edenhuizen (1872–1955) aus Pewsum wurde mit Unterstützung ihres Vaters (aber gegen viele Widerstände im akademischen Bereich) zur ersten deutschen Frauenärztin. Als Frauenärztin war sie seit 1911 in Berlin niedergelassen, wo sie bis 1937 in einer Praxis für Privatpatienten praktizierte.

Recha Freier (1892–1984) aus Norden war eine deutsch-jüdische Widerstandskämpferin gegen den Nationalsozialismus, Lehrerin und Dichterin. Am 30. Januar 1933 gründete sie die „Kinder- und Jugend-Alijah". Die Organisation rettete Tausende von jüdischen Kindern und Jugendlichen durch Hilfe bei der Emigration aus dem Deutschen Reich. Sie starb 1984 in Jerusalem.

Wilhelmine Siefkes (links) hatte schon vor der Machtergreifung der Nationalsozialisten als Lehrerin viel von der Armut insbesondere der Arbeiterkinder gesehen und sich politisch den Sozialdemokraten angeschlossen. Gemeinsam mit dem Lehrer Hermann Tempel, der in den Reichstag gewählt worden war, und dem Gewerkschafter und Fraktionsführer der Leeraner SPD, Louis Thelemann, mit denen sie eine enge Freundschaft verband, arbeitete sie am „Volksboten", dem Presseorgan der Sozialdemokraten, mit.

Hermine Heusler-Edenhuizen (rechts) war eine der ersten Frauen, die das Abitur ablegten. Danach begann sie ein Studium, wobei sie aber, da Frauen an den Universitäten noch nicht zugelassen waren, für jeden Vorlesungsbesuch den zuständigen Professor um Erlaubnis bitten musste. Trotzdem studierte sie in Zürich, Halle und Bonn Medizin, machte 1903 das Examen und ließ sich als erste im Kaiserreich zur Frauenheilkunde ausbilden.

Antje Brons (links) war eine ostfriesische Kirchenhistorikerin, Schriftstellerin und bekennende Mennonitin. Durch ihre Persönlichkeit, ihre Schriften und Aktivitäten hat Antje Brons das deutsche Mennonitentum im 19. Jahrhundert entscheidend geprägt.

Ingrid Buck (rechts) war eine Tochter von Albrecht Neddersen und hatte zwei jüngere Schwestern. Ihr Vater arbeitete als praktischer Arzt und Chirurg. Sie reiste mit ihrem Vater oft zu dessen Patienten und lernte so Land und Leute kennen. Später galt sie als „Neddersen sien Ollste" und konnte häufig das Renommee und die Vertrauenswürdigkeit ihres Vaters für sich nutzen. Ihr Ehemann starb 1944. Als alleinstehende Mutter mit einer kleinen Tochter hatte Buck keinen Beruf erlernt. 1953 besuchte Buck einen Heimatpflegelehrgang der Ostfriesischen Landschaft, der zur Basis für ihre folgenden Arbeiten als Volkskundlerin wurde.

Die international anerkannte Kirchenhistorikerin **Antje Brons** (1810–1902) aus Emden gehörte der Gemeinschaft der Mennoniten an. Sie unterhielt in Emden eine Armenspeisung und engagierte sich für die Gründung einer Höheren Töchterschule. 1884 verfasste sie die erste deutschsprachige Gesamtdarstellung der Geschichte der Mennoniten.

Fräulein **Maria von Jever** (1500–1575) prägte die Entwicklung von Stadt und Land nachhaltig. Maria von Jever ist über die Jahrhunderte hinweg immer noch die Identifikationsfigur schlechthin im Jeverland. Sagen und Legenden, Bauwerke, Denkmäler und Kunstwerke sind noch heute mit ihrem außergewöhnlichen Leben verbunden.

Ingrid Buck (1913–1996) aus Aurich erforschte viele Lebensbereiche, in denen die Arbeit und die Belange von Frauen sichtbar wurden. Aus diesem Wissen konnte sie ein Archiv erstellen, das ganz auf die volkskundliche und frauengeschichtliche Forschung in Ostfriesland spezialisiert war. Zwanzig Jahre lang wirkte sie als einzige und erste Landschaftsrätin in der Ostfriesischen Landschaft und erwarb sich in dieser von Männern dominierten Einrichtung Respekt und Ansehen.

Und wir sollten **Eske Nannen** (1942) nennen, die Ehefrau von Henri Nannen: Diese beiden haben ihr gesamtes Geld und sehr viel Engagement in die Emder KUNSTHALLE gesteckt. Jedem ist bewusst, wie schwierig es in der heutigen Zeit ist, mit Kultur über die Runden zu kommen – hier kann man jedoch bestaunen, wie Eske Nannen das Vermächtnis ihres Mannes in die Hand genommen hat.

Bleiben wir doch gleich bei **Henri Nannen,** (1913–1996) geboren in Emden, gestorben in Hannover. Henri erhielt im März 1933 am Emder

Wilhelmsgymnasium das Reifezeugnis. Der Abiturient Nannen hatte keine Vorstellung von seiner beruflichen Zukunft, er arbeitete auf dem Bauernhof und im Buchhandel, begann ein Studium der Kunstgeschichte und verdiente sein Geld beim Reichssender München. 1940 wurde er Gefreiter in einer Kriegsberichterkompanie, musste sich aber zunächst zum Bordschützen ausbilden lassen. Er berichtete dann vom Großangriff auf Moskau 1941, von Angriffen auf den Kessel von Charkow oder die Seefestung von Sewastopol. Seit Sommer 1943 war er Leutnant und Zugführer einer Propaganda-Einheit. In krassem Gegensatz zu seiner „öffentlichen“ Kriegsprosa standen seine privaten Briefe, in denen er über das Leiden der russischen Kriegsgefangenen und die „Erschießung von Tausenden von Juden“ schrieb.

Bereits im September 1946 erhielt Nannen in Hannover eher zufällig die Zulassung für eine Tageszeitung. Als ihm dann 1948 die Lizenz der in Schwierigkeiten steckenden Jugendzeitschrift „Zick-Zack“ angeboten wurde, griff er zu.

Seine Idee: Er wollte eine Illustrierte machen. Am 1. August 1948, sechs Wochen nach der Währungsreform, erschien unter der Lizenz des „Zick-Zack“ dann der „Stern“ – unglaublich erfolgreich.

Nannen besaß ein starkes Gefühl für den Zeitgeist und hatte die Gabe, mit seinem linksliberalen STERN Trendsetter zu sein. Doch im Laufe der Jahre kam es zu Konflikten mit Verlag und Redaktion.

So fasste er den Plan, seiner Vaterstadt Emden nicht nur seine Sammlung deutscher Expressionisten, sondern auch das dazugehörige Museum zu stiften. Mit Unterstützung seiner Frau Eske wurden die Pläne umgesetzt, die Kunsthalle Emden wurde 1986 eingeweiht. Henri Nannen starb 1996 und seine Frau führt weiterhin erfolgreich das Museum.

Die Einrichtung der Kunsthalle veränderte die Emder Kulturszene nachhaltig: Das Ostfriesische Landesmuseum stellte sich neu auf, und aus der Ruine der Großen Kirche entstand unter maßgeblichem Einsatz von Pastor Walter Schulz (1955-2019) eine international anerkannte wissenschaftliche Bibliothek, untergebracht in einem wunderbaren Bau aus alten Mauern, Stahl und Glas.

Johannes Diekhoff, geboren 1919 in Boekzetelerfehn, gestorben 2013 in Emden, lange Jahre in Aurich zu Hause, war Soldat, Lehrer, Kulturschaffender und Heimatforscher. Nach Abitur und Reichsarbeitsdienst

Henri Nannen durchlief eine Buchhändlerlehre, studierte von 1934 bis 1938 Kunstgeschichte in München. Beim Reichssender München begann er seine journalistische Karriere. Während der Olympischen Spiele 1936 war er Stadionsprecher in Berlin. Im Zweiten Weltkrieg diente Nannen bei der Luftwaffe als Kriegsberichterstatter in einer Propagandakompanie. Nach dem Krieg war er Gründer, langjähriger Herausgeber und Chefredakteur der Zeitschrift *Stern*. Anlässlich seines 70. Geburtstages schenkte der passionierte Kunstsammler seiner ostfriesischen Heimatstadt Emden seine bedeutende Kunstsammlung.

meldete Diekhoff sich zum Herbst 1938 als Offiziersanwärter. Nach Kriegsbeginn nahm er zunächst 1939 am Polenfeldzug und im Jahr darauf am Einmarsch in die Niederlande teil. 1944 geriet er in Gefangenschaft. Nach dem Krieg absolvierte er eine Ausbildung zum Volksschullehrer an der Pädagogischen Hochschule Oldenburg. Vor dem Hintergrund der Kriegserfahrung überdachte Diekhoff seine Weltsicht. Er wandelte sich zum Pazifisten und suchte den Kontakt zu überlebenden Auricher Juden und zu den Niederländern. Daraus entwickelte sich die Idee einer Heimvolkshochschule für Menschen aus beiden Ländern. 1956 wurde eine solche Einrichtung in Aurich eröffnet, erster Leiter wurde Johannes Diekhoff. Und 1972 wurde er Leiter der Integrierten Gesamtschule Aurich West, wobei er das Konzept umsetzte, die bürgerlichen Auricher Schüler mit den oft benachteiligten Moordorfern zusammenzubringen. Das gelang. Außerberuflich sorgte Diekhoff 1988 für die Errichtung einer „ Fachstelle für Plattdeutsch", dem jetzigen „Plattdüütskbüro" bei der Ostfriesischen Landschaft. Weitere wichtige Anstöße waren die Gründung des Arbeitskreises ostfriesischer Autorinnen und Autoren, die Einrichtung eines Literaturtelefons, die Gründung des Vereins „Oostfreeske Taal" (Verein für Sprache und Kultur in Ostfriesland) sowie Anregungen zur Vereinheitlichung der geschriebenen plattdeutschen Sprache.

Max Windmüller (1920–1945), geboren 1920 in Emden, war das dritte Kind von Moritz und Jette Windmüller, die in Emden eine sehr gut gehende Schlachterei betrieben, bis ihnen 1933 das Gewerbe verboten wurde. Bereits als Schüler war Max politisch aktiv. Er engagierte sich in der sozialistischen Arbeiterjugend. 1933 verließ er Emden und wohnte mit seiner Familie in der Folkingestraat in Groningen. In den Niederlanden schloss er sich zionistischen Organisationen an und bereitete sich auf eine Auswanderung nach Palästina vor. Kurz vor Kriegsausbruch 1939 verließ er ein bereits betretenes Auswandererschiff, um seine Aufgabe weiter zu erfüllen. Während der deutschen Besatzung der Niederlande bildete er eine Widerstandsgruppe, die circa 700 Juden durch Ausschleusung nach Spanien das Leben rettete. Im Juli 1944 wurde er durch Verrat in Paris verhaftet. Nach einer Odyssee durch verschiedene Konzentrationslager wurde Max Windmüller auf einem Todesmarsch vom KZ Flossenbürg am 21. April 1945 bei Winklarn erschossen, einen Tag vor der Befreiung der Häftlingskolonne durch US-Panzereinheiten.

Die von den Nazis 1933 in „Webergildestraße" umbenannte Emder „Judenstraße" heißt seit 1998 Max-Windmüller-Straße, und auch ein Emder Gymnasium trägt jetzt seinen Namen.

Hannes Flesner, geboren am 8. Dezember 1928 in Rahester Moor bei Aurich. Seine schulische Ausbildung absolvierte er am Ulrichsgymnasium in Norden. Als 16-Jähriger wurde er im letzten Jahr des Zweiten Weltkriegs als Luftwaffenhelfer eingezogen. 1949 begann er mit einer journalistischen Ausbildung beim

Ostfriesischen Kurier, 1955 bei der Oldenburger Nordwest-Zeitung und ab 1956 bei der Bild-Zeitung in Hamburg, wo er das Ressort *Leichte Muse* sowie eine regelmäßige Jazz-Kolumne aufbaute. Beim „Hamburg-Schlager-Wettbewerb 1964" errang Flesner mit dem Titel *Die Kleine Bank im Alsterpark*, gesungen von Lale Andersen, den zweiten Preis.

1964 nahm Flesner die Stelle eines PR-Managers beim Plattenproduzenten Philips/Phonogram an. In den 1970er Jahren nutzte er die Welle der Ostfriesenwitze und brachte die erste Schallplatte mit Ostfriesenwitzen heraus. Flesners früherer Schulkamerad Gerd Pundt, der damalige Inselvogt von Memmert (und Vollblutmusiker), lieferte zu den meisten Texten die Melodien. 1975/76 hatte Flesner eine eigene Rundfunksendung bei Radio Bremen, hier bediente er das Klischee vom „naiven, rückständigen und trinkfesten Ostfriesen". Ab 1980 produzierte er einen Fernsehfilm für den NDR und schrieb regelmäßig Texte mit Geschichten aus Ostfriesland für die „Welt".

Hannes Flesner starb 1984 – viel zu früh – in Leezdorf. Zu seinem Gedenken findet jedes Jahr zu seinem Geburtstag an der Schleuse Kukelorum bei Aurich ein Fest statt.

Enno Hektor (1820–1874) aus Dornum war der Sohn des dortigen Gerichtsschreibers. Nach dem Tod seines Vaters musste Enno zum halben Gehalt die Stelle seines Vaters übernehmen, um die Familie zu versorgen. In dieser Zeit machte er seine Erfahrungen mit den örtlichen Honoratioren, die in dem klugen jungen Mann nur einen besseren Dienstboten sahen. Im Jahr der Revolution 1848 gab Hektor eine satirische Zeitschrift „Der Vagabund" heraus, das Blatt ging jedoch bald ein, da es zu gebildet und zu satirisch war. Der Bürgerschreck saß zwischen allen Stühlen.

Immerhin: Der renommierte Verlag Hoffmann und Campe in Hamburg druckte seine „Lieder aus Schilda". Schilda ist erkennbar Dornum. Hektor machte sich dort keine Freunde, fand aber glücklicherweise Förderer, die ihn in Bonn studieren ließen. Seine Doktorprüfung legte er 1856 in München ab und erhielt eine Anstellung als Bibliothekar am Germanischen Nationalmuseum in Nürnberg. In Ostfriesland bleibt er unvergessen durch sein Lied – fast die ostfriesische Nationalhymne – „In Oostfreesland is 't an besten".

Leo Fürbringer, (1843 in Gera–1923 in Emden) Er war Oberbürgermeister, Landtagsabgeordneter, Landschaftsrat, Ehrenbürger der Stadt Emden,

Hannes Flesner war ein deutscher Musik-Journalist, Liedtexter und ostfriesischer Liedermacher. Zu seinen bekanntesten Hits zählt der Bottermelk-Tango (Buttermilch-Tango). Flesner bediente das Klischee vom „naiven, rückständigen und trinkfesten Ostfriesen", verstand sich aber eher als Barde und Chansonnier der Menschen aus der Region und wollte durch seine Lyrik zu einem „affirmativen Selbstverständnis der Ostfriesen" beitragen.

Leo Fürbringer war von 1875 bis 1913 Oberbürgermeister der Seehafenstadt Emden. Untrennbar mit seinem Namen verbunden ist der Ausbau des Emder Hafens, den er zusammen mit dem Emder Abgeordneten im Preußischen Landtag, Carl Schweckendieck, vorantrieb. Wesentlicher Gesichtspunkt dabei waren die Autarkiebestrebungen des Reichs, das den Hafen zum Seehafen des Ruhrgebietes erweitern wollte, denn die Rheinmündungen waren ja unter Kontrolle Belgiens und der Niederlande.

insofern einer der prägendsten Persönlichkeiten der jüngeren Emder Stadtgeschichte. In seine lange Amtszeit fiel die Industrialisierung Emdens.

Der noch während der Hannoverschen Zeit erfolgte Bau der Nesserlander Schleuse hatte dem Hafen allerdings eine Entwicklungsperspektive gegeben und mit dem Bau der Westbahn war Emden Mitte der 1850er Jahre mit dem Ruhrgebiet, dem industriellen Herzen Deutschlands, verbunden. Als Ostfriesland 1866 wieder an Preußen fiel, dauerte es zunächst mit neuen Projekten. Die guten Beziehungen Fürbringers nach Berlin halfen dann sehr dabei, dass Emden ein kaiserliches Post- und Tele-graphenamt erhielt, das Deutschland mit Übersee verband. Der Bau des Dortmund-Ems-Kanals in der Regierungszeit Kaiser Wilhelms II. folgte dem strategischen Plan, dass im Kriegsfalle die Ems „die künstliche Rheinmündung" sei. Nach der Einweihung des neuen Hafens 1903 erfolgten die Ansiedlung der Werft „Nordseewerke", einer Eisenhütte und einer Brikettfabrik. Alle drei Projekte scheiterten allerdings zunächst. Zwischen 1890 und 1911 schuf Leo Fürbringer die Grundlage für die moderne Emder Stadtanlage. Als er nach fast 38 Amtsjahren im Dezember 1912 in den Ruhestand trat, verliehen ihm die städtischen Kollegien nicht nur eine Ehrenrente, sondern auch das Ehrenbürgerrecht.

Klaus-Peter Wolf, geb. 1954 in Gelsenkirchen, ist ein weiterer bekannter Mann mit großen Verdiensten um die Region, obwohl auch er „eigentlich" gar kein Ostfriese ist. Doch Ostfriese kann man werden, wenn man lange genug in Ostfriesland lebt, wenigstens 10 Jahre sollten es schon sein. Und die Ostfriesische Landschaft kann das Indigenat verleihen, wodurch man echter Ostfriese wird. Klaus-Peter Wolf hätte da wohl Chancen, mit seinen unfassbar erfolgreichen Ostfriesen-Krimis hat er Unglaubliches geleistet für den Tourismus im Lande.

Conrad Borchling (1872 in Hitzacker–1946 in Hamburg) war ein deutscher Germanist. Schwerpunkt seiner Forschung war das Niederdeutsche.

Er besuchte Gymnasien in Leer (Ostfriesland), Hildesheim und Emden, wo er 1889 sein Abitur ablegte. Die Emder Jahre waren für Borchling prägend: „... die entscheidenden Anregungen habe ich aber doch erst in Emden bekommen." 1896 erhielt er die Lehrbefähigung für Griechisch, Latein, Deutsch und Englisch. Im folgenden Jahr wurde er nach einer preisgekrönten Dissertation zum Dr. phil. promoviert. 1903 habilitierte er sich mit Studien zur Geschichte der niederdeutschen Sprache in Ostfriesland. 1919 wurde er an der neugegründeten Universität Hamburg Deutschlands erster Professor für Deutsche Sprachwissenschaft und Literatur mit besonderer Berücksichtigung des Niederdeutschen.

Borchling war 1933 Mitglied der NSDAP geworden. Ebenfalls 1933 unterzeichnete er das Bekenntnis der Professoren an deutschen Hochschulen zu Hitler und dem NS-Staat. Ob und inwieweit er seine jüdische Kollegin Agathe Lasch unterstützte, bleibt eine offene Frage. 1945 wurde er von der britischen Militärregierung entlassen. Er starb 1946 in Hamburg.

Eduard Norden (1868 in Emden als Sohn jüdischer Eltern geboren, gestorben 1941 in Zürich) war einer der bedeutendsten deutschen klassischen Philologen zu Beginn des 20. Jahrhunderts.

Ab 1876 besuchte er das Emder Wilhelmsgymnasium, an dem er im Februar 1886 die Reifeprüfung ablegte, nachdem er sich 1885 hatte „evangelisch" taufen lassen.

Bereits mit 28 Jahren wurde er vom Preußischen König Wilhelm II. zum Professor ernannt, für einen Gelehrten mit jüdischem Hintergrund eher ungewöhnlich.

Schon vor dem 1. August 1914 Beamter geworden, blieb seine Stellung 1933 zunächst unangetastet. In einer Vorlesung hat er die Machtergreifung Hitlers freudig begrüßt. Und noch in einem Brief vom April 1934 hat er geschrieben: „Den Steuermann Hitler liebe ich, trotz allem, wie Sie."

Im August 1934 leistete er den Diensteid auf den Führer, im Februar 1935 hielt er seine letzte Vorlesung, im April wurde er in den Ruhestand versetzt und erhielt im Juli 1935 ein Schreiben des Führers und Reichskanzlers, mit dem dieser ihm für seine „akademische Wirksamkeit und die dem Reich geleisteten Dienste" dankte (!).

Auf einer USA-Reise wurde ihm anlässlich der 300-Jahr-Feier der Harvard-Universität die Ehrendoktorwürde verliehen. Norden wurde dort als „the most famous Latinist of the world" eingeführt.

Nach dem Pogrom vom 9. November 1938, den er unversehrt überstand, weil ein junger Nachbar sein Haus schützte, bat er sehr schnell um die Genehmigung, in die Schweiz ausreisen zu dürfen. Im Mai 1939 wurde das Ehepaar dort freundlich aufgenommen. Doch zu produktiver Arbeit nicht mehr fähig starb er 1941 in Zürich.

Und es geht wohl kein Weg an **Otto Waalkes** vorbei. Mit seinem Geburtsjahr 1948 eigentlich noch kein Mann der Geschichte, aber in die wird er wohl eingehen. Er ist bekannter Komiker, Comiczeichner, Musiker, Regisseur, Schauspieler und Synchronsprecher.

Nach seiner Kindheit und Jugend im Stadtteil Transvaal machte Otto 1968 am Emder Johannes-Althusius-Gymnasium das Abitur. Nach der Schulzeit studierte er in Hamburg Kunstpädagogik, wurde aber nie Lehrer. Seinen ersten Auftritt auf

Häufig nur Otto genannt, ist Otto Waalkes ein deutscher Komiker oder Comedian, Comiczeichner, Musiker, Schauspieler, Regisseur und Synchronsprecher sowie Hubschrauberpilot. Der Ostfriese gilt als einer der erfolgreichsten Vertreter des deutschen Humors. In Emden kann man sein „Dat OTTO Huus“ besuchen, nachdem man die Straße mit der Otto-Ampel überquert hat.

einer Bühne absolvierte er im Hamburger Folkloreklub Danny's Pan, als Gage fünf Mark + ein Getränk für zehn Minuten. In Hamburg wohnte er in der Wohngemeinschaft „Villa Kunterbunt“ mit vierzehn Mitbewohnern, unter ihnen Udo Lindenberg und Marius Müller-Westernhagen.

1973 lernte er den Autor und Zeichner Robert Gernhardt kennen, nachdem Otto sich fälschlicherweise als Verfasser eines Gernhardtgedichtes ausgegeben hatte. Damit aber begann eine lange Freundschaft und Zusammenarbeit.

Bereits 1972 gründete Otto das Musiklabel Rüssl Räckords, da keine Plattenfirma die Live-Mitschnitte als LP herausbringen wollte. Noch im selben Jahr erschien die LP *Otto*, die sich 500.000 Mal verkaufte. Nach vielen Fernsehshows wandte sich Waalkes 1985 dem Kino zu. Seine erste Produktion lief unter dem Titel *Otto – Der Film*. Weitere Filme folgten.

Am 1. August 1987 eröffnete er in seiner Heimatstadt Emden „Dat OTTO Huus“ in der Nähe des Rathauses am Delft. Dort befindet sich ein Museum, in welchem Erinnerungsstücke aus der Anfangszeit seiner Karriere ausgestellt sind, darunter Ottos erste Bartstoppeln, ein Foto aus Konfirmandentagen sowie sein erstes Kaugummi. Im Erdgeschoss werden Fanartikel verkauft, wie etwa die berühmten Ottifanten.

Otto ist Ehrenbürger der Stadt Emden, und am Rathausplatz zeigen die Verkehrsampeln als grünes Männchen einen hüpfenden Otto.

Unbedingt zu erwähnen ist auch **Ernst Pagels** (1913 in Stockelsdorf bei Lübeck geboren, gestorben 2007 in Leer), der wohl bedeutendste Pflanzenzüchter Deutschlands im 20. Jahrhundert. In Leer hinterließ er „Pagels Garten“.

So weit, so gut.

Es gibt weitere Musiker, Künstler, Autoren, Filmschaffende, Maler, Wissenschaftler, Verleger, Komiker, Ehrenamtliche, die es verdient hätten, gewürdigt zu werden.

Hier noch ein kurzer (und in jedem Falle ungerechter) Abriss:

H.P. Baxxter, geboren 1964 als Hans Peter Geerdes in Leer, ein sehr erfolgreicher deutscher MC (Sprechgesangskünstler), „Master of Ceremonies“, da der MC ursprünglich in den 1970er Jahren eine Art Conférencier war. Baxter ist Frontmann der Gruppe „Scooter“.

Otto Buurman, geb. 1890 in Kirchborgum; gest. 1967 in Göttingen, deutscher Philologe, Arzt und Ministerialbeamter. Er gab das zwölfbändige hochdeutsch-plattdeutsche Wörterbuch der ostfriesischen Sprache heraus, das 1962 bis 1975 im Verlag Wachholtz erschien, und 1993 vom Verein „Oostfreeske Taal“ noch einmal neu herausgegeben wurde.

In Ihrhove bei Leer wurde **Carl Carlton** *(eigentlich Karl Walter Ahlerich Buskohl)* 1955 geboren. Carlton ist ein deutscher Rockmusiker, Komponist und Musikproduzent, der in international führenden Bands gespielt und mit weltweit bekannten Musikern zusammengearbeitet hat. Mit seiner eigenen Band *Carl Carlton & the Songdogs* hat er bisher vier Alben veröffentlicht. Auch sein Sohn Max ist Musiker, er nennt sich – zurück zu den Wurzeln! – Max Buskohl.

Wolfgang Petersen (geboren 1941 in Emden, gestorben 2022 in Los Angeles), deutscher Filmregisseur, Produzent und Drehbuchautor. Sein Durchbruch in Hollywood gelang ihm mit dem Kriegsfilm *Das Boot* (1981). Dieser Film wurde für zwei Oscars nominiert. Zu Petersens weiteren Filmen gehören *The Never Ending Story* (1984), *Enemy Mine* (1985), *In the Line of Fire* (1993), *Outbreak* (1995), *Air Force One* (1997), *The Perfect Storm* (2000), *Troy* (2004) und *Poseidon* (2006).

Und wir sollten **Theo Schuster** (1931–2016) in Leer nennen. Er war ein hoch engagierter Buchhändler und Verleger. Als solcher gab er Sprechplatten heraus, so die ambitionierte Reihe „Niederdeutsche Stimmen“. Und mehr und mehr entwickelte er einen Schwerpunkt mit niederdeutschen Büchern. Darunter waren viele wichtige, längst vergriffene Werke wie auch beeindruckende Ergebnisse seiner eigenen volkskundlichen Sammeltätigkeit. Er arbeitete eng mit dem Bremer Institut für niederdeutsche Sprache zusammen und betreute auch dessen Buchveröffentlichungen, darunter einige plattdeutsche Wörterbücher oder die erste niederdeutsche Grammatik. Für sein Engagement erhielt Theo Schuster zahlreiche Auszeichnungen.

Rudolf Eucken (1846–1926) war ein deutscher Philosoph. 1908 erhielt Eucken den Nobelpreis für Literatur.

Ganz am Rande soll jetzt noch **Rudolf Eucken** aus Aurich erwähnt werden. Ganz am Rande – das entspricht dem Interesse der Ostfriesen (und der Welt) an ihm, der immerhin 1908 den **Literaturnobelpreis** erhielt, „auf Grund des ernsten Suchens nach Wahrheit, der durchdringenden Gedankenkraft und des Weitblicks, der Wärme und Kraft der Darstellung …“

Ostfriesland öffnet sich der Welt

Als am 3. Oktober 1797 mit Norderney die erste Seebadeanstalt auf einer Ostfriesischen Insel eröffnet wurde, besuchten nur wenige Kurgäste, die teilweise noch in Zelten hausen mussten, die Insel. Doch schon kurz nach seiner Eröffnung erlitt das Seebad einen herben Rückschlag, als 1805 aus Angst vor den Truppen Napoleons und wegen der bevorstehenden Kontinentalsperre die Gäste ausblieben. Von 1806 bis 1813 war Norderney dann von französischen Soldaten besetzt. Mit dem Wiener Kongress fiel Ostfriesland an Hannover. Und weil vor allem König Georg V. von Hannover (1819–1876) eine Vorliebe für dieses Seebad entwickelte, wurde Norderney seine Sommerresidenz und damit ab 1851 gesellschaftlicher Mittelpunkt des Königreiches. Natürlich folgten die anderen Inseln bald dem Norderneyer Vorbild, denn für das deutsche Bürgertum war ein Badeurlaub ein gepflegtes Abenteuer – Damen und Herren wohlweislich sehr getrennt: die Damen wurden in Karren ins Wasser hinausgefahren und benetzten nur die Füße.

Der Zustrom an Gästen wurde auch dadurch erleichtert, dass es jetzt die Eisenbahn gab, die die Urlauber bequem bis an die Küste brachte.

Bereits 1825 stellte der deutsche Eisenbahn-Vordenker Friedrich Harkort fest, dass eine Verbindung des Rheins mit einem deutschen Nordseehafen einen großen Vorteil bieten würde. Nachdem 1835 zwischen Nürnberg und Fürth die erste Bahnstrecke auf deutschem Boden errichtet worden war, wagte man sich nur fünf Jahr später auch in Ostfriesland an eine konkrete Planung. Trotzdem dauerte es noch bis 1854, bevor ein Zug einen Emder Bahnhof erreichte. Ostfriesland gehörte zu dieser Zeit nun einmal zum Königreich Hannover – und der Herzog von Oldenburg befürchtete, Hannover könnte mehr Vorteile aus

Seit etwa 1800 geht das Badeleben auch in Deutschland los. Vorbild waren die Engländer. Die Personalunion zwischen Großbritannien und Hannover, die von 1714 bis 1837 bestand, trug sicher mit dazu bei. Hier sehen wir den Strand von Norderney um 1905 – mit Strandkörben.

einer Bahnverbindung über oldenburgisches Gebiet ziehen als sein eigener kleiner Staat. So wurde 1856 zunächst eine Eisenbahnlinie von Emden nach Rheine fertiggestellt, und 1869 wurde schließlich auch die Strecke von Bremen über Oldenburg nach Leer und Emden freigegeben.

Die Ems und später der Dortmund-Ems-Kanal waren die idealen Verkehrswege ins Ruhrgebiet – und sollten im Ersten Weltkrieg ja als „künstliche Rheinmündung" dienen. Aus diesem Grund erbaute man bis 1902 die Nesserlander Schleuse, und Emden wurde zum Dockhafen (das bedeutet: immer der gleiche Wasserstand und damit feste Kaianlagen). 1913 wurde die Große Seeschleuse eingeweiht, damals eine der größten Schleusen der Welt. Und da die Marine einen Kanal zwischen Emden und Wilhelmshaven zum Kohletransport für ihre Schiffe benötigte, wurde der alte Treckfahrtskanal von Emden nach Aurich zum Ems-Jade-Kanal (mit der sehenswerten Kesselschleuse in Emden) erweitert. Diese Rundkammerschleuse verbindet gleich vier Wasserstraßen unterschiedlichen Niveaus miteinander und ist damit ein in Europa einzigartiges Bauwerk.

Das Gebiet rund um Wilhelmshaven erwarben die Preußen schließlich, um einen Kriegshafen einzurichten. Er war zwar dem Regierungsbezirk Aurich zugeordnet, aber in keiner Weise ostfriesisch. „Eine Marinestadt" trifft's am besten.

Aus den Kriegen konnten sich die Ostfriesen seit dem 19. Jahrhundert leider nicht mehr heraushalten. So waren sie sowohl 1870/71 gegen Frankreich als auch in den Ersten und den Zweiten Weltkrieg marschiert. Sie jubelten Kaiser Wilhelm zu, dem Ersten mehr als dem Zweiten, sie ertrugen die Inflation nach dem Ersten Weltkrieg, sahen den Aufstieg der Nazis, applaudierten Hitler … man

Der Ems-Jade-Kanal wird in den Jahren 1880 bis 1888 gebaut. Seine Entstehung verdankt er der Notwendigkeit, die Schiffe der Kaiserlichen Marine im Reichskriegshafen Wilhelmshaven mit Kohle aus dem Ruhrgebiet zu versorgen. Er wird seit einiger Zeit vor allem touristisch genutzt.

Die Kesselschleuse in Emden entsteht im Zuge der Fertigstellung des Ems-Jade-Kanals in den Jahren 1885/86. Sie ist ein in Europa einzigartiges Bauwerk. Die Rundkammerschleuse verbindet gleich vier Wasserstraßen: den Ems-Jade-Kanal, den Emder Stadtgraben, das Fehntjer Tief und das Rote Siel.

kann behaupten, sie waren in Deutschland angekommen. Wenige Sozialdemokraten und Kirchenleute und eine größere Anzahl von Kommunisten, vor allem in Moordorf und Emden, leisteten Widerstand; die große Mehrheit hoffte darauf, Krieg und Naziregime halbwegs schadlos zu überstehen. Und so manch einer zog auch einen Nutzen aus den herrschenden Verhältnissen …

Die Juden wurden vertrieben.

Der Krieg kam aus der Luft nach Ostfriesland. Zunächst wurden immer wieder unplanmäßig Bomben abgeworfen. Bei einem Angriff gegen Hannover mit 599 britischen Bombern am 27. September 1943 warf ein Teilverband seine Bomben auf die kleine und militärisch völlig unbedeutende Stadt Esens ab.
165 Menschen, davon 104 Schulkinder starben.

Allein auf Emden gab es 80 Luftangriffe mit Bombenabwürfen. Der schwerste Angriff, geflogen von der britischen Royal Air Force (RAF), ereignete sich am 6. September 1944. Durch 35 große Luftschutzbunker konnte die Zahl der Bombenopfer begrenzt werden. Insgesamt starben im Luftkrieg von 1940 bis 1945 daher „nur“ 413 Emder Bürger, Zwangsarbeiter und Soldaten. Zum Ende des Kriegs lagen mehr als 90 Prozent der Altstadt in Trümmern. Inzwischen ist es erwiesen, dass die britische Luftwaffe gezielt die Emder Innenstadt mit ihren Wohnungen, Schulen, Kirchen und Geschäften in Schutt und Asche legen sollte. Die Zerstörungen im Hafengebiet und in der Verkehrsinfrastruktur blieben dabei sehr überschaubar. Bereits im

Sommer 1945 konnten die Nordseewerke den Betrieb wieder aufnehmen.

Und in der unversehrten Kaserne brachte die britische Besatzungsmacht von 1947 bis 1948 knapp 2400 Juden unter, die mit dem Schiff „Exodus“ nach Palästina hatten einwandern wollen. Die Briten hatten ihnen die Einreise verwehrt und sie wieder zurück nach Deutschland transportiert. Bis sie endlich ins neu gegründete Israel reisen konnten, mussten die Juden also bis August 1948 in der Emder Kaserne zu bringen, etwa 300 von ihnen wurden noch nach Bergen-Belsen weitergeleitet (!!!), bevor sie nach Israel ausreisen durften.

Immerhin: In vielen Orten Ostfrieslands gibt es – nach Jahren des Nichtwissenwollens – „Stolpersteine“, die an ermordete Juden und verfolgte Kommunisten erinnern.

Nach Kriegsende wäre Emden (eventuell inklusive Emsmündung und Borkum) dann fast doch noch eine niederländische Stadt geworden. Die Annexion, von den Holländern als gerechter Ausgleich für die Besetzung ihres Landes angesehen, scheiterte jedoch am Widerstand der Westalliierten. Sie brauchten Deutschland jetzt gegen den neuen Feind im Osten.

Ansonsten ist das Verhältnis zu den niederländischen Nachbarn sehr entspannt, gut zu sehen am Umgang mit der Grenze in der Ems: Nach deutscher Rechtsauffassung ist die Ems gemäß einem Lehnsbrief von Kaiser Ferdinand I. aus dem Jahr 1558 und bestätigt im Westfälischen Frieden 1648 ein Teil der Grafschaft Ostfriesland, folglich liegt die Grenze auf der Niedrigwasserlinie der niederländischen Flussseite. Die Niederlande hingegen gehen, wie international üblich, von einer Mittellinienregelung aus.

Am 8. April 1960 wurde ein „Vertrag zwischen der Bundesrepublik Deutschland und dem Königreich der Niederlande über den Verlauf der gemeinsamen Landesgrenze [...]“ geschlossen. Zur praktischen Umsetzung wurde eine ständige Deutsch-Niederländische Grenzgewässerkommission eingerichtet. Der Grenzverlauf in der Emsmündung wurde in dem Grenzvertrag allerdings nicht geregelt. Beide Staaten behielten sich ihren Rechtsstandpunkt ausdrücklich vor.

Das undatierte Archivbild zeigt das während des Zweiten Weltkriegs stark zerstörte Emden.

1947 brechen 4500 Shoah-Überlebende mit der Exodus (Bild) von Südfrankreich nach Palästina auf. Sie werden von den Briten zurück nach Deutschland verschifft. Knapp 2400 Juden werden bis August 1948 in einer Emder Kaserne untergebracht, bis sie dann endlich nach Israel auswandern können.

Verteiler für das Azorenkabel der Deutsch-Atlantischen-Telegraphengesellschaft (DAT) von 1944, heute zu sehen im Museum für Kommunikation in Frankfurt: Bevor 1956 das erste 3600 Kilometer lange Kabel auf dem Boden des Atlantiks zwischen Schottland und Neufundland in Betrieb ging, war eine Verbindung nur auf Langwellenfunk möglich. Erst ab 1963 konnte ein halbautomatischer Telefondienst zwischen der Bundesrepublik und den USA angeboten werden. Seit 2001 kommt in Norden das eine Ende der inzwischen vierzehn verlegten Kabel (TAT–14) ans Tageslicht.

Ostfriesland mit der Welt verkabelt

Ganz am Rande der Welt liegend war unser Ländchen keineswegs von der weiten Welt abgeschnitten, wie wir verschiedentlich ja schon gesehen haben.

Die Stadt Norden scheint vor allem ein Ort zum Entspannen und Verweilen zu sein – und doch: Norden ist ein Knotenpunkt für das Transatlantische Telefonkabel Nr. 14. Dieses Seekabel ist für den Telefon- und Datenverkehr zwischen Europa und Nordamerika zuständig. In der Stadt Norden kommen die Kabel aus der Nordsee bzw. führen von dort ins Meer – es ist die Auf- und Abfahrt zur Datenautobahn. TAT–14 ist parallel angelegt, das bedeutet: Reißt das eine Kabel an einer Stelle (etwa durch ein Fischfanggerät), kann über das andere immer noch jede Verbindung aufrecht erhalten werden. Über die insgesamt vier Glasfaserpaare von TAT–14 kann die unvorstellbare Datenmenge von 160 Gigabyte pro Sekunde übertragen werden. „Der Ort mit dem höchsten Verkehrsaufkommen Deutschlands heißt Norden." So formulierte es mal sehr treffend die ZEIT. Die Verbindung wurde 2001 in Betrieb genommen und ist über zwei Strecken als Ring angelegt. Fällt die eine Strecke aus, kann der Datenverkehr über die andere umgelenkt werden.

Anders als auf hoher See können die Kabel an den Küsten durch Boote, Anker oder Schleppnetze beschädigt werden. Daher müssen sie an den Küsten eingeschlämmt werden und im Reparaturfalle auch wieder leicht auszubuddeln sein. Das geht am besten an Orten mit wenig oder keinem Schiffsverkehr, wie etwa am Hilgenriedersiel bei Norden, das im Gegensatz zu den meisten Sielorten der ostfriesischen Küste keine Fährverbindung zu den Inseln hat, aber dennoch über die Straße gut zu erreichen ist.

Die Seekabelendstelle der Deutschen Telekom (neudeutsch: Competence Center Submarine Cables CCSC) ist nur mit ein wenig Spürsinn hinter dem alten Postamt zu finden. Die Immobilie ist von außen ein schmuckloser Betonbau aus den 1970er Jahren, geschützt durch Gitter und Kameras. Schilder warnen vor dem Nähertreten. Ein Neubau ist geplant. Das kleine ostfriesische Norden ist in der virtuellen Welt des dritten Jahrtausends also eine echte Metropole.

Diese Seekabel hatten natürlich Vorläufer – gleichfalls mit Bezug zu Ostfriesland: Auf Initiative des Generalpostmeisters Heinrich von Stephan war damit begonnen worden, verschiedene Betriebsgesellschaften für Seetele-grafenkabel zu gründen, um ein deutsches transatlantisches

Kabelnetz aufzubauen. Im Zuge der Fortentwicklung des See-Telegraphenverkehrs über das Telegraphenamt Emden gab es seit 1866 eine dauerhafte Kabelverbindung mit England und seit 1882 auch über Irland nach Amerika. 1901 wurde eine direkte deutsche Kabellinie nach New York verlegt. So war Emden zeitweise zu einer der wichtigsten deutschen Telegraphenstationen aufgestiegen.

1904 konnte das erste große, von den Norddeutschen Seekabelwerken *NSW* gefertigte, aus hochreinem Kupfer bestehende und mit Guttapercha isolierte Seekabel verlegt werden. Es führte, wie bereits 1899 geplant, von Borkum über die Azoren nach New York. Nach dem Ersten Weltkrieg aber mussten laut Versailler Vertrag die Kabelschiffe samt den noch darin lagernden Kabeln an die Alliierten abgeliefert werden. Ein Stück altes Kabel ist aber häufig noch zu sehen bei einer Wattwanderung auf Borkum, es liegt im Sand hinter der ehemaligen Kaserne fast an der Oberfläche.

Norddeich Radio, Rufzeichen DAN, war eine deutsche Küstenfunkstelle bei Norddeich (heute: Stadt Norden) in Ostfriesland. Nach der Errichtung im Jahr 1907 wurde von hier aus rund 90 Jahre lang der Funkverkehr mit Schiffen in aller Welt durchgeführt. Am 31. Dezember 1998 wurde die Anlage endgültig abgeschaltet. Heute läuft der Funkkontakt über Satelliten. Aber für Technikfreunde ist das Museum ein MUSS!

... und verbunden: Norddeich Radio

Nach der Errichtung von Norddeich Radio im Jahr 1907 wurde von dort rund 90 Jahre lang der Funkverkehr mit Schiffen in aller Welt durchgeführt. Am 31. Dezember 1998 wurde die Anlage endgültig abgeschaltet, da inzwischen durch Satelliten eine technisch überlegene Möglichkeit der Kommunikation über fast den gesamten Erdball vorhanden war.

Über viele Jahre war Norddeich Radio die einzige Verbindung der Schiffe und Seeleute mit der Heimat. Und viele Seenotfälle wurden über den Seefunk begleitet, so der Untergang des Segelschulschiffes PAMIR 1957. Dabei kamen 80 der 86 Besatzungsmitglieder, unter ihnen viele Kadetten, ums Leben.

Noch bis zum 1. Januar 1996 wurden die Seeleute täglich per Morsezeichen mit den wichtigsten Nachrichten aus der Heimat versorgt. Die Gebäude von Norddeich Radio können besichtigt werden, auch ein Museum ist vorhanden.

Der abgebildete Kurzwellen-Tastfunk Arbeitsplatz diente von 1957 bis 1981 dem Telegrammaustausch mit Schiffen.

Die Städte

Der Hafen der Stadt Emden ist der am westlichsten gelegene Seehafen Deutschlands. Hauptsächlich werden Kraftfahrzeuge, Forstprodukte und Windenergieanlagen umgeschlagen. Bei Kraftfahrzeugen ist der Emder Hafen der drittgrößte Europas.

Die längste Zeit war Ostfriesland Agrarland, ländlich geprägt, an der Küste ein paar Hafenorte. Ein echtes städtisches Leben gab es kaum, das war den alten Friesen auch nicht wichtig. Um ein Handelszentrum zu werden, ist die Lage an einem Gewässer günstig: Emden liegt an der Ems, am Ende des Handelsweges von Westfalen herauf.

Norden erhebt den Anspruch, älteste Stadt Ostfrieslands zu sein. In einem Vertrag aus dem Jahre 1255 wurde der Ort erstmals gesichert urkundlich erwähnt, was vielfach irrtümlich mit der Verleihung des Stadtrechts verwechselt wird. Aus diesem Irrtum heraus erklärt sich, dass Norden sich bis in die jüngste Zeit als „älteste Stadt Ostfrieslands" bezeichnet. Emden wurde allerdings 1224, also 31 Jahre früher, erstmals urkundlich erwähnt, als ein Emder Handelsschiff in London anlegte.

Emden war lange Zeit das Wirtschafts- und Machtzentrum des Landes, dann Gegenspielerin des Grafenhauses und zwischendurch eine quasiautonome Stadt, Mitspieler auf der europäischen Ebene. Trotz der Zerstörung der Innenstadt im Zweiten Weltkrieg lohnt ein Besuch: Die vielen Wasserwege, der Wall, die Kunsthalle, das Ostfriesische Landesmuseum, die a Lasco Bibliothek, das OTTO-Huus und das VW-Werk.

Im Alten Rathaus zu Norden, direkt am Marktplatz und ganz nahe bei der Ludgeri-Kirche mit der weltberühmten Arp-Schnitger-Orgel gelegen, befindet sich ein sehr einladendes Teemuseum. Im Erdgeschoss links hat die Theelacht, die älteste bäuerliche Genossenschaft in Europa, von 884 ihren Sitz.

Norden war immerhin bis 1150 Vorort des Gaues Nordendi und nach dessen Auflösung Hauptort des Norderlandes. Von der zentralen Bedeutung des Ortes zeugt, dass sich hier neben zwei Kirchen auch zwei Klöster und eine Burg in enger Nachbarschaft befanden – eine Konzentration, die es im Norderland sonst an keinem anderen Ort gab. Ob es in Norden jemals eine Stadtrechtsverleihung gegeben hat, ist unbekannt, jedoch gab Graf Enno II. dem Ort 1535 eine Stadtordnung. Davon abgesehen hatte Graf Edzard I. Norden schon 1491 und 1498 als „Stadt" bezeichnet. Nachdem die Leybucht sich durch verschiedene Sturmfluten ausgedehnt hatte, wurde Norden auch Hafenstadt. Die Leybucht verlandete, und in der Gegenwart ist Norddeich der Hafen – vor allem für den Fährverkehr zu den Inseln. Sehr sehenswert in Norden sind das Teemuseum und die Ludgeri-Kirche mit der Arp-Schnitger-Orgel.

Der dritte Ort, der nach den ostfriesischen Landesverträgen eine „Stadt" war, ist **Aurich**. Die Geschichte Aurichs lässt sich bis in das 13. Jahrhundert zurückverfolgen. Wann die Besiedlung des Stadt-

Die Ostfriesische Landschaft residiert in diesem von 1898 bis 1901 im Stil der Neorenaissance erbauten Gebäude in Aurich. Sie nimmt im Auftrage ihrer Gebietskörperschaften und des Landes Niedersachsen zentrale kommunale und dezentrale staatliche Aufgaben auf den Gebieten der Kultur, Wissenschaft und Bildung wahr und betreibt dazu entsprechende Einrichtungen.

gebietes begann, ist unbekannt. Erstmals wird der Ort 1276 in einer friesischen Rechtsaufzeichnung, dem Brookmerbrief, erwähnt. Diese ursprüngliche Siedlung war um die Lambertikirche entstanden, die Graf Moritz von Oldenburg stiftete. In den folgenden Jahren behielten die Grafen von Oldenburg die Oberhoheit über den Ort. Aurich blieb zunächst ohne größere politische Bedeutung – die Grafen Ostfrieslands residierten in Emden –, konnte aber durch seine zentrale Lage innerhalb der Grafschaft seine wirtschaftliche Stellung als großer Viehhandelsplatz mit sieben Jahrmärkten ausbauen.

Unter der Regierung Ennos II. wurden die Befestigungswerke der Stadt nach 1529 erneuert und ausgebaut. Neue Wälle und Gräben wurden errichtet. Im Jahre 1539 bekam der Flecken Aurich von Graf Enno II. und seinem Bruder Johann das Stadtrecht verliehen.

Ab 1561 verlegten die Grafen von Ostfriesland ihre Residenz in die Stadt und machten das Schloss zum Mittelpunkt des höfischen Lebens. Sie wurde damit zur Hauptstadt der Grafschaft und des späteren Fürstentums Ostfriesland. In dieser Zeit nahm die Stellung Aurichs als Verwaltungssitz für Ostfriesland ihren Anfang, die bis in die Gegenwart erhalten blieb. Aurich entwickelte sich zur Residenz- und Beamtenstadt, in der neueren Zeit entstanden auch kleinere und größere Industriebetriebe, der Windradbauer ENERCON ist das bekannteste Beispiel. Bedeutsam ist die Stadt als Sitz der Ostfriesischen Landschaft.

Ein genaues Gründungsdatum von **Leer** ist nicht bekannt. Trotz der strategisch und wirtschaftlich günstigen Lage brachte Leer es zunächst zu keiner großen Bedeutung. Und obwohl Leer mit der Furt durch die Ems eigentlich alle Voraussetzungen bot für einen wichtigen Ort auf dem Handelsweg von Dänemark über Hamburg und Bremen nach Groningen, grub die Stadt Emden mit

dem ihr 1494 verliehenem Stapelrecht den Leeranern das Wasser ab.

Gegen Ende des 8. Jahrhunderts kam der Friesenapostel Liudger im Auftrag Karls des Großen nach Friesland, um die Friesen zum Christentum zu bekehren, und gründete im Jahr 791 die erste Kapelle im ostfriesischen Raum. Doch im Laufe des Mittelalters verloren das Bistum Münster und die eingesetzten fränkischen Gaugrafen ihre Macht in Friesland. Der Häuptling Focko Ukena verlegte seinen Hauptsitz nach Leer und brachte die Herrschaft über den größten Teil Ostfrieslands an sich. Leer war somit für eine kurze Zeit das wichtigste politische Zentrum des Landes.

Ukena hatte mit Seeräubern gemeinsame Sache gemacht und so nutzte die Hanse – insbesondere die Hamburger – die Gelegenheit und bemächtigte sich der wichtigsten ostfriesischen Verkehrswege. Unweit des Dorfes Leer wurde von den Hamburgern 1435 an dem Zusammenfluss von Ems und Leda aus den Steinen der zerstörten Burg Focko Ukenas die Festung Leerort errichtet.

1508 verlieh Edzard der Große dem Flecken Leer, der fortan mit dem Markt im nahen Groningen konkurrieren sollte, das Marktrecht. Der Gallimarkt (benannt nach dem Gallustag am 16. Oktober) findet noch immer jedes Jahr im Oktober statt.

In Leer ließen sich zahlreiche protestantische Glaubensflüchtlinge aus den Niederlanden nieder und brachten ihr Wissen um die Leinenweberei mit in die Stadt. Das Leinen aus Leer wurde in der Folgezeit in weite Teile Europas exportiert. Zeugen dieser Blütezeit sind zahlreiche Bauten in der Altstadt. 1643 wurde im Stile des niederländischen Frühbarocks das „Haus Samson“ erbaut. Heute ist das Haus Sitz der bekannten Weinhandlung Wolff. Der weltberühmte Pflanzenzüchter Ernst Pagels (1913–2007) hat der Stadt einen „Bürgergarten“ hinterlassen.

Der Hafen von Leer, eigentlich ein ehemaliger Arm der Leda, ist durch eine Schleuse vor dem Auf und Ab der Gezeiten geschützt. Ein Spaziergang um den Hafen herum lohnt sich. Die immer noch ein wenig niederländisch geprägte Innenstadt liegt ganz in der Nähe. Bemerkenswerte Bauwerke sind das Rathaus, das mit seinem hohen Eckturm 1894 im Stil des Historismus fertiggestellt wurde. Davor die Alte Waage, die 1714 am Handelshafen von Leer entstand als letzter Bau im Stil des niederländischen klassizistischen Barocks in Ostfriesland. Sie beherbergt ein geschätztes Restaurant.

Im 9. Jahrhundert nach Christus wird der Großgrundbesitzer Reginhard von Wikingern verschleppt. Nach seiner glücklichen Freilassung vermacht er all seinen Besitz dem Kloster Werden an der Ruhr. In den Heberegistern des Klosters taucht damit 951 zum ersten Mal der Name **Weener** auf.

Früh entwickelt sich Weener zu einem geistlichen Zentrum der Region: Schon bald entstehen eine erste Kirche und ein Herrenhof, an den alle Einkünfte der Klöster links der Unterems und der Krummhörn abgeliefert werden müssen. Um 1650 ist Weener eine kleine Ackerbürgersiedlung mit 300 Einwohnern, deren Existenzgrundlage die Landwirtschaft ist. Im 17. und 18. Jahrhundert erlebt Weener eine wirtschaftliche Blütezeit, die vor allem auf den aufstrebenden Großhandel mit Pferden zurückzuführen ist, jährlich werden mindestens 1000 Pferde verkauft. Die Eisenbahnlinie zwischen Emden und Münster erhält erst 1876 einen Anschluss nach Weener. Mit dem Bau des Dortmund-Ems-Kanals wird der Rheiderland-Metropole gewissermaßen das Wasser abgegraben, der Hafen verödet bis auf den Torfhandel.
Im Jahr 1929 erhält Weener die Stadtrechte. Als Unternehmen in Weener waren die Hesse-Baumschulen und die Puddingfabrik Polak bekannt, deren traditionelle Sorte „Mändelchen" seit den 1990er Jahren von der Firma RUF hergestellt wird und in der alten Packung immer noch zu haben ist. Durch den Sportboothafen und den Marina Park schafft sich Weener ein neues Standbein im Bereich Tourismus und Wassersport. Und ein wahres Kleinod ist das Organeum, das in einer prunkvollen Villa aus dem Jahre 1870 beheimatet ist und eine bedeutende Sammlung historischer Tasteninstrumente beherbergt: Hausorgeln, Orgelmodelle, Cembali, Clavichorde und Hammerklaviere bieten ein musikalisches Spektrum von der Renaissance bis zur Spätromantik.

Vermutlich wurde **Esens** um 800 als Handels- und Marktort auf dem

Weener ist die einzige Stadt der historischen Region Rheiderland, die sich linksseits der Ems erstreckt. In vergangenen Jahrhunderten war der Hafen von Bedeutung, der allerdings mittlerweile ökonomisch keine Rolle mehr spielt. Stadt und Hafen sind vom Tourismus geprägt.

Esens – eine idyllische Kleinstadt im Harlingerland – früher ein wichtiger Häuptlingssitz und Hafen für die Seeräuber. Mit dem Ortsteil Bensersiel ist Esens auch Fährhafen und Küstenbadeort. Im Bild das Rathaus mit Straßencafé

sturmflutsicheren Geestrand unweit der Küste gegründet, um dem Bedürfnis der bäuerlichen Siedler, ihre Produkte über See zu verkaufen, Rechnung zu tragen. Mit dem Bau der dreischiffigen St.-Magnus-Kirche im 13. Jahrhundert stellten die Harlinger ähnlich wie andere ostfriesische Landesgemeinden ihre Eigenständigkeit von Landesherren dar.

Esens war lange Zeit Hauptort des Harlingerlandes, das auch nach seiner Vereinigung mit Ostfriesland seine weitgehende Eigenständigkeit bewahren konnte. Mit dem Übergang Ostfrieslands an Preußen begann 1744 der langsame Abstieg der Stadt, der erst im 20. Jahrhundert beendet werden konnte, als der Tourismus an wirtschaftlicher Bedeutung gewann.

Wittmund liegt zwischen Aurich und Jever im Nordosten Ostfrieslands. Flächenmäßig gehört Wittmund mit 210,13 Quadratkilometern zu den zehn größten Städten Niedersachsens und seit der Eingemeindung mehrerer umliegender Orte bei der Kommunalreform 1972 ist Wittmund die flächengrößte Stadt Ostfrieslands. Nach Norden hin stößt die Wittmunder Stadtgrenze mit dem Stadtteil Carolinensiel direkt an die Nordseeküste.

Zu den ältesten Ortschaften im Stadtgebiet gehört Ardorf, das bereits seit dem 9./10. Jahrhundert existiert. Der Ortsteil Asel wurde 1150 erstmals in einer Urkunde des Klosters Fulda erwähnt. Um 1200 war Wittmund der zentrale Ort der friesischen Landgemeinde Wangerland, davon spaltete sich das Harlingerland ab, zu dem Wittmund seitdem gehörte.

Erst 1600 fiel das Harlingerland, also auch Wittmund, durch politische und familienbedingte Zusammenschlüsse endgültig an Ostfriesland. Im Jahr 1607 erhielt Wittmund das Marktrecht von Graf Enno III. Das Harlingerland blieb dem Grafen hörig. Landstände, wie sie sich in Ostfriesland herausgebildet hatten, gab es im Harlingerland nicht. Stattdessen wurde in Esens

Namensgeberin des 1730 gegründeten Sielortes und Fischerdorfes ist die Gemahlin Sophie Caroline des Fürsten Georg Albrecht von Ostfriesland, der den Ort gründete. Carolinensiel ist heute ein Ortsteil von Wittmund. Seine Blütezeit erlebt der Hafen Mitte des 19. Jahrhunderts. Um 1860 gibt es hier allein 40 Kapitäne mit insgesamt 59 Schiffen, außerdem zwei Werften, vier Brauereien und zahlreiche Gaststuben. Heute liegen im Museumshafen wieder die typischen Plattbodenschiffe vor Anker und erinnern an die große Zeit der Carolinensieler Seefahrt.

eine fürstliche Kanzlei für die Verwaltung des Landstrichs eingerichtet. Agnes von Rietberg, die ehemalige Regentin des Harlingerlandes, verlieh Wittmund 1567 die Stadtrechte, die jedoch später wieder verfielen. 1929 wurden Wittmund erneut die Stadtrechte verliehen.

Der Landkreis Wittmund nahm nach dem Zweiten Weltkrieg eine große Zahl von Heimatvertriebenen und Flüchtlingen aus den Ostgebieten des Deutschen Reiches auf. Viele von ihnen, die erst kurz zuvor in den Landkreis gekommen waren, verließen ihn wieder und gingen in prosperierende Regionen.

Nachdem sich bereits 1956 ein Bade- und Verkehrsverein Carolinensiel gegründet hatte, wurde in den folgenden Jahrzehnten der

Tourismus stark ausgebaut. Auch ein Badestrand wurde westlich von Harlesiel aufgespült. Mit der letzten Eindeichungsmaßnahme auf dem Stadtgebiet 1956 ist die Rückgewinnung der Harlebucht damit nach mehreren Jahrhunderten abgeschlossen.

Wiesmoor ist die jüngste Stadt Ostfrieslands und eine der jüngsten Städte Niedersachsens. Als einzige der ostfriesischen Städte verdankt Wiesmoor seine Entstehung der Industrialisierung, konkret der ab 1906 einsetzenden industriellen Abtorfung des Moores. In der Stadt wurden nacheinander die drei wesentlichen Phasen der Moorkolonisierung in Ostfriesland durchlaufen: zuerst die ungeplante Moorkolonisierung in Streusiedlungen, die Kolonisierung durch Fehnkanäle und schließlich die industrielle Moorkolonisierung. Die Stadtrechte erhielt die Kommune 2006.

Bis ins späte 18. Jahrhundert war das heutige Stadtgebiet völlig unbewohnt, da es einen Teil des Ostfriesischen Zentralhochmoors bildete und somit über Jahrhunderte eher Barriere zwischen den historischen Gauen Auricherland und Östringen war. Bislang ließen sich nur wenige Spuren finden, die überhaupt die

Als einzige der ostfriesischen Städte verdankt Wiesmoor seine Entstehung der ab 1906 einsetzenden industriellen Abtorfung des Moores. Das ist inzwischen Geschichte – der Tourismus ist neben dem Gartenbau und der Milchwirtschaft ein maßgeblicher Wirtschaftsfaktor.

frühere Anwesenheit von Menschen belegen. Erst ab 1780 wurden Teile des heutigen Stadtgebietes dauerhaft besiedelt.

Über einen Zeitraum von rund 60 Jahren wurde in Wiesmoor durch Torfverbrennung elektrischer Strom gewonnen. 1909 wurde das Torfkraftwerk Wiesmoor nach zweijähriger Bauzeit in Betrieb genommen. Die Stadt nennt sich selbst *Blumenstadt*, da die Verbrennung des Torfs im ehemaligen Kraftwerk und die Nutzung der daraus resultierenden Abwärme für die Aufzucht von Pflanzen, insbesondere Blumen, bis heute einen bedeutenden Wirtschaftszweig bildet. Dazu gehört auch die jährliche Wahl der Blütenkönigin.Die Stadt ist seit 1977 als Luftkurort anerkannt; der Tourismus ist neben dem Gartenbau und der Milchwirtschaft ein maßgeblicher Wirtschaftsfaktor.

Der Name der Stadt **Papenburg** geht auf die Wasserburg „Papenborch" zurück, die der Bischof von Münster um das Jahr 1250 errichten ließ. Sie befand sich auf dem heutigen Gelände des Forums Alte Werft. Die Papenborch diente den Bischöfen von Münster als Reiseunterkunft auf ihrem Weg nach Ostfriesland.

Papenburg ist Deutschlands älteste Fehnkolonie. Das Netz aus Kanälen reicht vom Hafen an der Ems bis zum Küstenkanal. Ursprünglich wurden die Kanäle angelegt, um das Moor zu entwässern, bald aber als Transportwege entdeckt.

1620 kam die Papenborch in den Besitz des Freiherrn von Schwarzenberg. Jedoch war die Burg in schlechtem Zustand. Nach einer damaligen Beschreibung bestand sie aus einem verfallenen Turm mit starken Mauern, der unterkellert und von einem doppelten Graben umgeben war. Schwarzenberg wollte die Burg verkaufen, da er die Instandhaltungskosten nicht mehr bewältigen konnte. Der Drost des Emslandes Dietrich von Velen bewarb sich um das Lehen. Er wollte eine Fehnkolonie nach holländischem Vorbild errichten. Aufgrund dieses Vorschlages belehnte Bischof Ferdinand von Münster seinen Drosten und dessen Nachkommen mit Burg und Gut Papenborch im April 1631. Dieses Jahr gilt im Allgemeinen als Gründungsjahr der späteren Stadt Papenburg. (Am 1. August 1860 genehmigte das Königliche Hannoversche Innenministerium die Annahme der Städteordnung von 1858.)

1661 existierten lediglich 15 Wohnungen in der Fehnkolonie. Daher ließ von Velen im Emsland, in Ostfriesland und in der Provinz Groningen ein Plakat verbreiten, auf dem mit günstigen Siedlungsbedingungen geworben wurde. Auch wurden darauf die Rechte und Pflichten der Kolonisten neu festgelegt, um die Siedlungsbedingungen zu verbessern. Das Plakat gilt daher als eine Art Verfassungsurkunde der Stadt.

Da die Grenzen Papenburgs nie endgültig geklärt wurden, kam es besonders mit den Ostfriesen häufig zu Grenzstreitigkeiten. Bis ins 18. Jahrhundert konnte man sich nicht einigen. Da die Papenborch genau auf der Grenze zwischen dem Emsland und Ostfriesland lag, erhoben sowohl die Ostfriesen als auch das Hochstift Münster Anspruch auf dieses Gebiet. Erst unter der Herrschaft der Preußen in Ostfriesland (ab 1744) schwächten sich die Streitigkeiten langsam ab.

Am 13. Oktober 1719 wurde vom ostfriesischen Fürsten ein Handelsverbot für Torf aus Papenburg verhängt. Währenddessen nahm der Schiffbau in Papenburg weiter an Bedeutung zu. Bereits 1744 war jeder vierte Papenburger im Schiffbau tätig.

Die weitbekannte MEYER WERFT wurde am 28. Januar 1795 von Willm Rolf Meyer, dessen Nachfahren das Unternehmen heute in siebter Generation leiten, als Holzschiffswerft am Papenburger Hauptkanal gegründet.

In Papenburg gab es bis 1920 etwa zwanzig Werften. Nur die Meyer-Werft überlebte bis ins 21. Jahrhundert, unter anderem weil das Unternehmen bereits 1872 auf Initiative von Joseph L. Meyer mit dem Bau von Stahlrumpfschiffen mit Dampfmaschinenantrieb begann. Seit ihrer Gründung bis in die 1980er Jahre befand sich die Meyer-Werft in der Papenburger Stadtmitte. Vor allem durch Platzmangel aufgrund stetig wachsender Neubauten war die Werft gezwungen, ihren Sitz an den heutigen Standort im Außenhafen direkt an der Ems zu verlagern. Auf dem ehemaligen Gelände befindet sich heute das Kulturzentrum Forum Alte Werft. Da die Schiffe immer größer sind, muss die Ems ausgebaggert werden, und das Sperrwerk

bei Gandersum (östlich von Emden) dient zum Aufstauen des Wassers. Wenn dann ein neues Kreuzfahrtschiff rückwärts die Ems herabgezogen wird, ist das ein touristisches Großereignis, aber zugleich ein Angriff auf die Natur.

Genauso wenig wie Papenburg ist **Jever** eine ostfriesische Stadt. Hier ist man in Friesland. Eine bekannte Biermarke weist darauf hin. Jever ist ein alter Ort. Das legendäre *Kudrunlied* aus dem 13. Jahrhundert berichtet über die Dänenherrschaft in Friesland und vom dänischen Sänger *Horand*, der gen „Givers" auf dem Sande ritt, das könnte sehr gut „Jever" sein. In Jever geprägte Münzen, die am Finnischen Meerbusen und im Wartheland gefunden worden sind, lassen die Bedeutung Jevers als Handelsort erahnen. Im 10. und 11. Jahrhundert war die Stadt Seehafen und hatte Zugänge zur Harlebucht und zur Jade. Allerdings versandeten diese Seezugänge im Laufe der Zeit, so dass die Stadt heute tief im Binnenland liegt. Dennoch behielt Jever seine Bedeutung als Handelsort und Endpunkt eines bedeutenden Heerweges.

Unter der Herrschaft der letzten Häuptlingstochter, Fräulein Maria, wurden Jever im Jahre 1536 die Stadtrechte verliehen. Nach dem Tod dieser Herrscherin fiel Jever an die Grafschaft Oldenburg und Mitte des 17. Jahrhunderts an Anhalt-Zerbst. Als Erbe der Prinzessin Sophie Auguste Friederike, die dann als Katharina II. Zarin wurde, war Jever von 1793 bis 1807 „russisch" und nach kurzem Zwischenspiel durch die Napoleonische Besetzung und die darauf folgende Befreiung fiel das Jeverland wieder an Oldenburg.

An der Stelle des heutigen Schlosses stand schon seit dem Mittelalter eine Wehrburg, die den Kern der späteren Stadt Jever bildete. Von 1560 bis 1564 ließ die damalige Regentin Maria von Jever diverse Umbauarbeiten im Stil der Renaissance vornehmen. Nach der Zerbster Teilung im Jahre 1793 bis zu ihrem Tod 1796 war Zarin Katharina die Große Besitzerin des Schlosses. Aufgrund ihrer Verpflichtungen in Russland hat sie das Schloss in dieser Zeit jedoch nicht bewohnt.

Nördlich der Ostfriesischen Inseln, bei klarem Wetter sichtbar, entstehen mehrere Windparks, die Deutschland mit erheblichen Mengen Windenergie versorgen.

Durch eine Kreisreform 1977 wurde der Landkreis Friesland in seiner bisherigen Form aufgelöst. Die Stadt Jever und die Gemeinden Sande, Schortens, Wangerland und Wangerooge wurden mit dem ostfriesischen Landkreis Wittmund zum neuen Großlandkreis Friesland zusammengefasst. Jever verlor seinen Kreissitz an Wittmund. Aufgrund verschiedener Verfassungsklagen wurde die Kreisreform in Teilen für verfassungswidrig erklärt. Zum 1. Januar 1980 wurde die Neugliederung des Raumes zurückgenommen. Kreisstadt ist seitdem wieder die Stadt Jever.

Zuletzt zwei weitere ostfriesische Städte: Die ganze Insel **Norderney** ist seit 1948 eine Stadt und gehört zum Landkreis Aurich. Auch **Borkum** gilt politisch gesehen insgesamt als Stadt, das Stadtrecht erhielt die Gemeinde 1954 und musste beim Landkreis Leer bleiben.

Ja, das ist Ostfriesland! Von See kommend nähern wir uns der Fassade mit den schönen alten Hotels aus glorreichen Zeiten. Aber so schön die Vergangenheit auch war – die Zukunft sieht auch nicht schlecht aus: Über das Jahr gesehen hat Borkum eine Touristenauslastung von mindestens 90 Prozent. Die anderen Inseln auch. Kein Wunder, bei solchen Stränden.

Die Geschichte ist damit nicht zu Ende

Nun sind wir schon am Ende des Buchs angelangt, aber noch lange nicht am Ende der Geschichte Ostfrieslands.

Die Region hat Sturmfluten, Seuchen, Klimakatastrophen, Seeräuber, Kriege und Eroberungen, Kaiser, Könige, Häuptlinge, Fürsten, Grafen und Gauleiter überstanden.

Nach einer Blüte im Mittelalter und in der frühen Neuzeit brachte die Industrialisierung frischen Wind an die See, viele mittelständische Betriebe entstanden: Schnapsfabriken, Bonbonfabriken, Dachpappenfabriken, Eisengießereien, Ziegeleien, Molkereien, Teehandelshäuser – aber die Werften gingen unter, und es blieb nichts Dauerhaftes.

Mit der Erfindung der Dampfmaschine und damit dem Beginn des Industriezeitalters hatten sich auch die gesellschaftlichen Verhältnisse verändert. Wo im 19. Jahrhundert noch mit Pferd und Wagen, mit hölzernen Geräten wie Hacke und Spaten gearbeitet wurde, dann aber die Maschinen die Arbeit übernahmen, zerbrach auch das familiäre Verhältnis von Knecht und Magd und den großen Bauern der Marsch. Langsam entwickelte sich eine Arbeiterklasse, das Land wurde vor allem im Westen sozial-demokratisch.

Durch die beginnende Industrialisierung und den Zuzug von außen breiteten sich sozialistische Ideen aus. In Emden und Moordorf spielten auch die Kommunisten eine Rolle, und in Wilhelmshaven begann mit dem Widerstand der Heizer und dem Aufstand der Matrosen im November 1918 das Ende des Kaiserreichs.

Die Zeit der Windmühlen und Segelschiffe, der einklassigen Dorfschulen, des Dorfgasthauses und des Plattdeutschen als Standardsprache ist vorbei. Ostfriesland hat den Anschluss an die Welt geschafft. Meyer in Papenburg, Enercon in Aurich, das

Volkswagenwerk in Emden sind große Beispiele. Und schließlich gab und gibt der Tourismus neuen Schwung. Auch gerade jetzt, wo wir klimabewusst werden und es „zu Hause" am schönsten ist.

Und gibt es da ein besseres Urlaubsziel als Ostfriesland?

Viel Geschichte gilt es zu entdecken, viel Kultur und viel Landschaft. Und wenn die Temperaturen hoffentlich (!) nur langsam und begrenzt ansteigen, sind Badeferien an der südlichen Nordsee geradezu perfekt.

Der Anstieg des Meeresspiegels wird nach Auffassung namhafter Wissenschaftler nicht so rasant stattfinden, wie zwischenzeitlich befürchtet wurde. Also nicht um die prognostizierten vier Meter bis zum Ende des Jahrhunderts – dagegen böten auch die besten Deiche keinen Schutz, sondern um zwanzig, vielleicht vierzig Zentimeter.

Ziemlich gute Aussichten also?

Und bis dahin: Beobachten. Abwarten und Tee trinken.

Wie die Ostfriesen es schon immer taten. Nein. Nicht immer, erst seit gut 300 Jahren. Drei Tassen!

Die Zwillingswindmühlen von Greetsiel gehören zu den bekanntesten Sehenswürdigkeiten Ostfrieslands: Die grüne, westliche Mühle stammt aus dem Jahr 1856, die rote, östliche Mühle (Schoof's Mühle) wurde erstmals 1706 erbaut und brannte zweimal ab. Sie kann besichtigt werden.

Quellen und Literatur

Allgemein

Heinrich Schmidt (1975): *Politische Geschichte Ostfrieslands.* Ostfriesland im Schutze des Deiches Band V, Deichacht Krummhörn, Pewsum

Walter Deeters (2004): *Kleine Geschichte Ostfrieslands.* Verlag Schuster, Leer

Franz Kurowski (2009): *Die Friesen. Das Volk am Meer.* Nikol, Hamburg

Karl-Ernst Behre und Hajo van Lengen (Hrsg.) (1996): *Ostfriesland. Geschichte und Gestalt einer Kulturlandschaft.* Ostfriesische Landschaft, Aurich

Deichbau

Johann Homeier / Ernst Siebert (1969): *Der Gestaltwandel der ostfriesischen Küste im Laufe der Jahrhunderte – Ein Jahrtausend ostfriesischer Deichgeschichte – Entwicklung des Deichwesens vom Mittelalter bis zur Gegenwart*

Johannes Ohling, (Hrsg.) (1969): *Ostfriesland im Schutze des Deiches.* Band III, Deichacht Krummhörn, Pewsum

Emden

Geschichte der Stadt Emden. 3 Bände (= Ostfriesland im Schutze des Deiches. Bände VII, X, XI). Band 7: Geschichte der Stadt Emden 1750 bis zur Gegenwart; Band 10: Geschichte der Stadt Emden von den Anfängen bis 1611; Band 11: Geschichte der Stadt Emden von 1611 bis 1749. Emden als quasiautonome Stadtrepublik. Verlag Gerhard Rautenberg, Leer 1994

Friesische Freiheit

Hajo van Lengen u. a. (2003): *Die Friesische Freiheit des Mittelalters - Leben und Legenden.* Ostfriesische Landschaft, Aurich

Juden

Herbert Reyer / Martin Tielke (Hrsg.) (1988): *Frisia Judaica. Beiträge zur Geschichte der Juden in Ostfriesland.* Ostfriesische Landschaft, Aurich

Nordsee

Richard Pott: (2003): *Die Nordsee: Eine Natur- und Kulturgeschichte.* Beck, München
Bernd Rieken (2005): *Nordsee ist Mordsee. Sturmfluten und ihre Bedeutung für die Mentalitätsgeschichte der Friesen.* Waxmann Verlag, Münster
Jürgen Ehlers (2008): *Nordsee. Vom Wattenmeer zum Nordatlantik.* Primus Verlag, Darmstadt

Orgeln

Uda von der Nahmer (2008): *Windgesang. Orgeln, Wind und Verwandte.* Ostfriesische Landschaft, Aurich

Personen

Häuptlinge und Grafen, Frauen und „kluge Köpfe" wurden auch mit Hilfe dieses Werkes erarbeitet:
Biographisches Lexikon für Ostfriesland.(1993–2007). Vier Bände, hrsg. im Auftrag der Ostfriesischen Landschaft von Martin Tielke, Aurich

Störtebeker

Johannes Ruhr (2011): *Störtebeker. Der Weg eines Mythos.* Verlag Soltau-Kurier, Norden

Tee

Johann Haddinga (1977): *Das Buch vom ostfriesischen Tee.* Verlag Schuster, Leer
Karl Wassenberg (1991): *Tee in Ostfriesland. Vom religiösen Wundertrank zum profanen Volksgetränk.* Verlag Schuster, Leer

Urgeschichte

Peter Zylmann (1933): *Ostfriesische Urgeschichte.* August Lax Verlagsbuchhandlung, Hildesheim und Leipzig (Unveränderter Nachdruck 1972, Verlag Schuster, Leer)
Wolfgang Schwarz (1995): *Die Urgeschichte in Ostfriesland.* Verlag Schuster, Leer

Wege und Straßen

Harm Wiemann / Johannes Engelmann (2002): *Alte Wege und Straßen in Ostfriesland.* Verlag Schuster, Leer. (= Neuauflage Ostfriesland im Schutze des Deiches, Band VIII, Pewsum 1974)

Sehr empfehlenswerte historische Romane

Erskine Childers (1975): *Das Rätsel der Sandbank.* Diogenes Verlag
Lothar Englert (2018): *Friesische Freiheit.* (Ostfriesland Saga), Gmeiner Verlag
Ders. (2015): *Friesische Macht.* (Häuptlingszeit), Gmeiner Verlag
Ders. (2017): *Friesische Herrlichkeit.* (Ostfriesland im 15. Jh.), Gmeiner Verlag
Ders. (2020): *Radbods Schwert.* (Friesland im 7. Jh.), Gmeiner Verlag
Ders. (2024): *Radbods Zorn. Der Kampf um die Freiheit der Friesen.* (Friesland im 7. Jh.), Ellert & Richter Verlag
Ders. (2026): *Die unbeugsame Königstochter. Katharina von Wasa in Ostfriesland.* (Ostfriesland im 16. Jahrhundert), Ellert & Richter Verlag
Werner Hilko Janssen (2019): *Der Advokatus von Emden.* Independent Publishers
Marie Ulfers (2019): *Windiger Siel* (Seefahrt und Carolinensiel), Deutsches Schifffahrtsmuseum

Personenregister

C

D

E

F

G

H

Ostfriesland im Ellert & Richter Verlag

Carl-Heinz Dirks
Wi proten un wi snackt in Ostfriesland
978-3-8319-0792-2
210 Seiten mit 65 Abb., Klappenbroschur

Dieses Buch schließt endlich eine Lücke. Allerdings: Snackt Ostfriesland wirklich so? Snackt Ostfriesland überhaupt? Die Mehrheit würde sagen: Wi proten Platt. Ostfriesland zerfällt in Proterland und Snackerland. Das war schon immer so. Also, seit da wieder Menschen wohnen. Die großen Moorgebiete, die das Land von Nordwesten bis Südosten durchzogen, teilten die ostfriesische Halbinsel.
So blieben die Friesen an der südlichen Nordsee lange Zeit wenig betroffen von den Entwicklungen im Binnenland. Sie behielten ihre Sprache, ihre Sitten und gesellschaftlichen Strukturen.
Ihre friesische Sprache gaben sie auf, als es ihnen vorteilhafter schien, so wie die meisten anderen Niederdeutsch zu sprechen. Und es lohnt sich, mal zuzuhören. Dieses Buch ist dabei eine wertvolle Hilfe.

Thomas Schumacher
365 Tipps für einen schönen Tag in Ostfriesland
978-3-8319-0720-5
256 Seiten mit 190 Abb., Klappenbroschur

Selbst ausgewiesene Ostfriesland-Kenner werden in diesem Buch Neues entdecken.

Sie erfahren zum Beispiel:
· Wo man die urigste Kneipe findet.
· Was Fehn bedeutet.
· Warum Sahne in den Tee muss.
· Wo man den besten Fisch essen kann.
· Was die Kulturszene anbietet.
· Wo es in Ostfriesland „kriminell" wird.
· Und so weiter, und so weiter …

Ein Buch für all jene, die Ostfriesland gut zu kennen glauben, aber immer wieder von Neuem überrascht sind. Und für die, die neugierig auf Ostfriesland und seine geheimen, aber auch bekannten Orte sind und die es genießen, diese schöne Region aus allen Blickwinkeln zu erobern.

Bildnachweis

AKG: S. 83 li., 123 re. (Heritage Images / Fine Art Images), 146
BallinStadt Auswanderermuseum Hamburg: S. 130 u., 131 o.
bpk, Berlin: S. 42 u., 110 o. (Abraham Pisarek), 110 u. (Gemäldegalerie, SMB / Christoph Schmidt)
https://dorfgemeinschaft-wiesede.de: S. 131
Archiv Ellert & Richter: S. 20/21, 119
Emder Stadtarchiv: S. 87, 95, 97
Emder Jahrbuch 65: S. 61 (H. Ramm)
Verlag M. Glückstadt & Münden, Hamburg – Poststempel 1940: S. 133 u.
huber images, Garmisch-Patenkirchen: S. 17, 25, 152/153 (Cornelia Dörr), 26, 134, 175, 179, 181 u. (Günter Gräfenhain), 136, 152 u., 172/173, 176, 177 u., 183 (Christian Bäck)
Imago images, Berlin: S. 111, 145, 174, 177 o.
istock.com: S. 21 (seewhatmitchsee), 22 (ae-photos), 23 (sergeklein), 27 (venemama), 29 (eyewave), 101 (ZU_09), 170 (JimmyLung)
Bildarchiv der Johannes a Lasco Bibliothek: 133 o.
mauritius images, Mittenwald: S.37 (Chromorange / Silke Rottleb), 42 o. (World Book Inc.), 48 (The Picture Art Collection / Alamy Stock Photos), 49 (rphstock), 50/51 (Nick Fox / Alamy Stock Photos), 84 u. re. (The History Collection / Alamy Stock Photos)
www.nord-luftbilder.de: S. 12/13
www.ostfriesland.travel: S. 18
Bildarchiv Ostfriesische Landschaft: S. 80 re., 82, 91, 93, 100, 112, 117, 118, 155 li., 155 re., 156 li., 156 re., 159, 160
picture alliance: S. 14/15, 68, 92, 126 (akg-images), 157 (ASSOCIATED PRESS), 167 o. (dpa), 167 u. (REUTERS)
Staatsarchiv Hamburg: S. 129 o.
Sylt Museum, Keitum: S. 138
wikimedia commons: S. 15, 16/17, 24, 30, 33, 34, 35, 36, 38, 43, 54 o., 54 u., 55, 57, 58, 59, 62, 64, 66, 67, 69, 70, 72, 76/77, 78/79, 80 li., 81 li., 81 re., 83 re., 84 o., 84 u. li., 85, 86 o., 86 u., 88, 90, 96, 98, 103, 105, 106, 113 o., 113 u., 114, 115, 120, 122, 123 li., 124, 125, 129 u., 130 o. 132, 135, 139, 142, 144, 147 li., 147 re. 149, 150 o., 150 u., 151 o., 151 u., 153, 162, 163, 165, 166 o., 166 u., 168, 169, 171 o., 171 u., 180/181

Coverabbildungen (v. l. nach re.): Karte Ubbo Emmius (wikimedia commons), Edzard I., genannt „der Große“ (wikimedia commons), Pilsumer Leuchtturm (wikimedia commons), Otto Waalkes (picture alliance / Geisler-Fotopress)

Autor und Impressum

Autor:
Carl-Heinz Dirks, geboren, aufgewachsen und wieder in Emden. Studierte in Hamburg Niederdeutsch und Regionalgeschichte. Veröffentlichte Texte in plattdeutscher Sprache und Texte über Plattdeutsch und ostfriesische Geschichte in verschiedenen Zeitschriften und Büchern. Gab 25 Jahre lang die plattdeutsche Zeitschrift „Diesel" heraus. Bei Ellert & Richter ist sein Buch „Wi proten un wi snackt in Ostfriesland" lieferbar.

Impressum:
Bibliografische Information der Deutschen Nationalbibliothek
Die Deutsche Nationalbibliothek verzeichnet diese Publikation in der Deutschen Nationalbibliografie; detaillierte bibliografische Daten sind im Internet über http://dnb.d-nb.de abrufbar.

ISBN 978-3-8319-0808-0

3. Auflage 2026

Text und Bildlegenden:
Carl-Heinz Dirks, Emden
Gestaltung: BrücknerAping, Büro für Gestaltung, Bremen
Gesamtherstellung: ADverts printing house, Riga, Lettland

Ellert & Richter Verlag
Borselstr. 16 C
22765 Hamburg
info@ellert-richter.de

www.ellert-richter.de
www.facebook.com/EllertRichterVerlag
Instagram: @ellert_richter_verlag